IWANAMI TEXTBOOKS

社会学原論

Takashi Miyajima 宮島 喬

岩波書店

はしがき

　社会学的に問題をとらえ，思考し，分析することにはどういう意義があるか。これを問いながら，いま，筆者がたどりついている考え方は，序章に書いたように，社会学を「社会関係および社会構造の生成，存立とその変化を，主に人々の行為・相互行為とそれを規制する文化(価値や規範)，さらにその他の客観的な諸条件と関連づけながら研究する，社会科学の一分野」ととらえるというものである。

　定義めいた文章を初めにかかげることは，リスクを伴う。そのように限定したり，焦点化したりすると，これこれの関係や要因が無視されるのではないか，しかじかの方法やアプローチが退けられるのではないか，という別の問題が生じる。社会学の活発な研究や議論が行われるには，定義がいたずらに制限的な役割を演じないほうがよい。むしろ上にかかげたものは社会学の定義というより，コンセプトというべきもので，中心となる接近方法を確認した上で，社会学研究の可能性を大きく開いていこうとするものである。

　周知のように，コントとともに「社会学」(sociologie)の名称が誕生するが，その半世紀後の1897年になお，デュルケムは，社会学は「10年前には知られていなかったし，ほとんど問題にされてもいなかった」と書いている(『自殺論』)。隣国ドイツではそれに輪をかけてマイナーな地位にあり，国家学や歴史派経済学が強固な伝統をなすこの国では社会学は，まったく周辺的位置しか与えられていない。『ゲマインシャフトとゲゼルシャフト』(1887年)の著者テンニースはこれを大いに嘆いていて，彼，ジンメル，マックス・ウェーバーらによる1909年のドイツ社会学会の設立も，急には事態を改善しなかった。いったいウェーバーはどんな思いで「社会学の根本概念」のような，今日からみてひじょうに重要な仕事に取り組んだのだろう。アメリカの事情は大分ちがうが，ジェームズ，サムナー，ウォードの時期は前史であり，大学の中に社会学が位置づけをみて，トマス，パークらシカゴ学派がその研究成果を上げるのはたか

だか第一次大戦後からではなかろうか。

　一挙に時間をスキップすると，20世紀後半には，社会学は社会科学内でまぎれもなく市民権を獲得し，大西洋の両岸でも日本などでもその研究は旺盛で，注目が向けられている。それはおそらく，さまざまな社会問題，社会現象をあつかいながら，人々の生きた行為や相互行為，そこからの関係の形成や意味の形成の理解に取り組むという重要な作業を行っているからだろう。一例をあげると，筆者の専攻分野の一つ，エスニシティ研究でも，政治学や経済学とならんで社会学の貢献が明らかであり，行為者たち(外国人，移民，民族文化的マイノリティなど)への直接の接近である行為論的アプローチを通して，アイデンティティ，生活史，ネットワークなどをとらえるという作業をなしえていて，むしろこの分野では，社会学がリーディング・サイエンスになっているといって過言ではない。

　さて，本書は，多年にわたって試行錯誤しながら大学で行ってきた講義を振り返り，それをもとにして考えた筆者なりの社会学の展開である。筆者はかねて社会学の意義は，現実の社会的諸問題への接近と分析の有効性によってこそ検証されるべきだと考え，そのため，理論と社会的現実の往復運動が重要であると考えてきた。したがって，『原論』とはいえ，できるだけ現実の社会諸問題を視野に入れ，論じながら，社会学的アプローチの意味，意義に触れるようにした。

　もちろん筆者にとり，駆け出しの研究者だった頃に向き合っていた社会学的問題と今日のそれはかなり違う。このことは「あとがき」に触れた。1960〜70年代には，ジェンダー，エスニシティ，国際社会，グローバリゼーションなどは，社会学の主題，分野としては明示的に登場していなかった。80年代以降これらを押し出したパラダイムの転換の意味は何だったか，あらためて考えてみなければならない(同じく「あとがき」で，このことへの筆者なりの考えは述べてみた)。とはいえ，この間，社会学の存在理由とは何かという基本の考え方は自分の中ではあまり変わっていないはずである。

　依拠したり，紹介する社会学理論については，筆者の研究の出発点，当初からの関心，収集した現実の変動動向の事例などの関係から，ヨーロッパに比重

はしがき

がかかっていて，われながら気にならないでもない．しかしデュルケム，ウェーバーなど古典的理論からブルデュー，パスロン，ギデンズ，ルーマン，ベックなどの現代理論にいたるまで，社会学へのヨーロッパからの問題提起が決して小さなものでないことを示すのも，本書の使命の一つと考えることとした．

本書は単独のいわゆる書き下ろし本だが，構想の点で類縁性があるのは，筆者（宮島）が編著者となった『現代社会学』（有斐閣，初版は1995年）である．同書は14人の執筆者の協力によりつくられた本であり，性格が違うが，全体の構成に筆者の社会学の考え方が示されている．とはいえ，同書のプランをつくるとき，特に江原由美子氏に助言を仰ぎ，藤田英典氏，小倉充夫氏からも貴重な示唆をうけており，いまあらためて三氏には謝意を表するものである．一人で書くことになった本書にも，『現代社会学』の構想はかなり生かされている．

この『現代社会学』を除くと，筆者は，著者としても編者としても，社会学の入門や概論に属する本をつくったことはない．だが，長年大学で社会学の講義に苦闘してきたことが外にも知られたのか，岩波書店編集部から，これまでの経験を踏まえて社会学とは何かを論じるような一書をまとめてはどうか，という勧めをいただいた．これを引き受けることとした．

今春ようやく脱稿し，手渡しした原稿を一読された編集部の佐藤司氏から，「"社会学原論"という書名でどうでしょう？」という提案をいただいた．書名としていささか面映ゆいものがあるが，奇しくも10年間以上立教大学社会学部で行ってきた講義の科目名と同じであり，これに多少の愛着もあったので，同意することにした．

本書の構想に貴重なアドバイスをいただき，本の作成のこまごまとした作業を引き受けてくださった佐藤司氏をはじめ，藤田紀子氏，その他岩波書店の皆様にも心から感謝する次第である．

2012年8月

宮島　喬

目　次

はしがき

序章　社会学とは何か　……………………… 1
1　社会学の現代的条件　1
2　社会学とは　8
3　制度と制度化　13
4　社会変動と公正な社会秩序　16

1章　社会学的思考の展開　……………………… 21
　　　　——歴史的コンテクストから
1　資本主義的産業化と社会学　21
2　分業の危機と再組織化，合理化　24
3　社会的人間　26
4　民主主義の危機と政治統治　28
5　都市化の社会問題へ　31
6　システム論の精緻化か，批判理論か　34
7　70年代の社会変動と批判理論の展開　36
8　近代主義批判と再生産の視点　37
9　「第二の近代」と社会学の危機あるいは変容　39

2章　社会的行為者　……………………… 41
1　近代的行為者　41
2　関係のなかの行為者　43
3　役割，地位，属性　46
4　プラティックとしての行為と再生産　51

3章　社会場面での理解，行為，相互行為　……………………… 55
1　社会学における「理解」　55

2　規範と行為，相互行為　　58
　　3　日常生活者の方法としての「理解」　　61
　　4　権力，権威と意味理解　　67
　　5　間接的社会関係と理解，コミュニケーション　　68

4章　社会関係と集団形成　……………………………………… 71
　　1　集団と境界　　71
　　2　構造化　　74
　　3　規範と規則　　76
　　4　準拠集団のもつ意味　　79

5章　家族，都市，官僚制　……………………………………… 83
　　　　――集団の動態と構造化
　　1　家族と社会　　83
　　2　都市コミュニティの実像と虚構　　89
　　3　組織と官僚制化，その変容　　96

6章　社会的不平等と階級，階層　……………………………… 103
　　1　階級，階層の概念　　103
　　2　階層の編成の原理――現代社会と不平等の現れ方　　108
　　3　階層，教育水準，メリトクラシー　　110
　　4　「エリート」の形成の基盤　　112
　　5　雇用と格差　　114
　　6　階層間移動と地位の非一貫性　　115
　　7　福祉国家と不平等　　118
　　8　階層化と第三世界　　120

7章　文化と社会――象徴的生産・再生産　…………………… 123
　　1　文化と意味　　124
　　2　日常行為に埋め込まれた文化　　128
　　3　文化の複数性――主流文化と下位文化　　129

4　文化のヒエラルキーと選別　132
　　5　象徴的なものと文化的恣意　134
　　6　文化的再生産の過程　136

8章　ジェンダーと社会　141
　　1　社会的，文化的につくられる性差と性差別　141
　　2　政治，雇用の世界──性別の看過と自明視　143
　　3　「ジェンダー」概念とジェンダー秩序　146
　　4　平等へのアクションとアイデンティティ　150
　　5　層の分化　154
　　6　グローバリゼーション下のジェンダー　155

9章　エスニシティ　159
　　1　「民族」の視点　159
　　2　国家と民族　160
　　3　エスニシティの概念　163
　　4　社会の変動と国際化，多文化化　166
　　5　社会構造のなかのエスニック・マイノリティ　168
　　6　エスニックな行為者たちとそれへのアプローチ　171
　　7　エスニシティの可変性と被構築性　173

10章　グローバル化と世界社会　177
　　1　国民国家の相対化　177
　　2　トランスナショナル化と社会学的アプローチ　179
　　3　貧困と発展──二つの世界の関係　182
　　4　グローバリゼーション，世界社会，ローカル社会　186
　　5　地球的規模の問題と課題　192

　あとがきと謝辞　197
　引用・参考文献目録　205
　索　引　219

序章
社会学とは何か

　多種多様な人びとがいるという人間の多数性は，活動と言論がともに成り立つ基本的条件であるが，平等と差異という二重の性格をもっている。もし人間が互いに等しいものでなければ，お互い同士を理解できず，自分たちよりも以前にこの世界に生まれた人たちを理解できない。そのうえ未来のために計画したり，自分たちよりも後にやってくるはずの人たちの欲求を予見したりすることもできないだろう。しかし他方，もし各人が，現在，過去，未来の人びとと互いに異なっていなければ，自分たちを理解させようとして言論を用いたり，活動したりする必要はないだろう。なぜならその場合には，万人に同一の直接的な欲求と欲望を伝達するサインと音がありさえすれば，それで十分だからである。

ハンナ・アーレント『人間の条件』(志水速雄訳)

1　社会学の現代的条件

　なぜアメリカでは社会の下層の成員に逸脱行動が高い頻度で生じるのか。これを説明するのにロバート・マートンは，アメリカ社会は「金銭的成功」という文化的目標をかかげ，これを追うようにと絶えず成員を駆り立てながら，その達成のため用いるべき制度的手段の遵守を同じようには強調しない，というその特質によるという分析を提示した。古典中の古典，「社会構造とアノミー」の分析である(マートン 1961)。

　より最近のピエール・ブルデューとジャン＝クロード・パスロンは，無償の公教育制度が確立しているフランスで，にもかかわらずなぜ高等教育進学者が明らかに高い割合で上層階層出身者で占められるのかを説明するのに，経済のみならず文化に関わる資源(文化資本)も上層成員に有利に配分されている，とする説を展開し，論証した。これもいまや古典になりつつある注目すべき理論化の試みだった(ブルデュー，パスロン 1991)。

　本書は『社会学原論』と銘うつ。社会学の理論書でもなく，また概説書でももちろんない。社会学とは何か，という問いの書である。近代社会とは何かを絶えず問うことと，行為 – 関係 – 構造の間の関連をできるかぎり動的に展開す

ることを軸に、このディシプリンの性格を示したいと思う。

ただし、それは理論的に論じてすむことではない。筆者はかねて、社会学のレゾンデートルは、現実の社会的諸問題への接近と分析の有効性によってこそ検証されるべきだと考えてきた。そのため、理論と社会的現実の往復運動が重要であると考え、たとえば先のマートンやブルデューの作業は、社会学の意義を開示する範例的意味をもつとみてきた。「原論」とはいえ、本書ではつとめて現実の社会諸問題を視野に入れながら、社会学的な思考の意味、意義をたどるものである。

関係のなかの行為者

社会秩序はいかにして可能か——これを社会学の基本問題だとしたタルコット・パーソンズは、いわゆる「ホッブズ的問題」に言及し、諸個人が対峙している状況を解決するのに、功利主義的説明をしりぞけ、共通価値（文化）のパーソナリティへの内面化と社会制度化にそれを求めた。だが、ノルベルト・エリアスはある機会に「あらゆる限定条件がありながらも個人的行為をあたかもそれがすべての相互行為に先立って存在しているもののごとくあつかうパーソンズの行為理論」は「原子論的理論」だとして批判した(2009：254)。筆者も、無規定な個人行為者に規範が内面化され、秩序形成が進むとみるのは、あまりに予定調和的ではないかと感じる。

出発点は、具体的な条件、関係のなかにある行為者であるべきだろう。これは人々の行為のおびる再生産的な性質[1]を考えても、重要な点である。実際の社会は、政治的不平等、雇用や就学へのアクセス格差、性別分業、文化的有利・不利、身体的条件の差異、等々に条件づけられた成員から成っており、権力を通しそれら条件の違いを正当化し、または一部是正しながら、維持されている。それは事実的な秩序というべきで、異議申し立てや紛争を含みながらのそれである。1950年代アメリカといえば、あの公民権運動の展開を間近にし、『社会体系論』(1951年)の著者もそのことの予兆をもたなかったはずはない。

---

[1] 人々の行為はその都度その都度新たに一回的にとられるのではなく、所与の条件によって規定されながら多少とも慣習的に生じるものとみるならば、「再生産的」と特徴づけられよう。

行為者の多様性と公正な秩序

　経済学では商品，貨幣など比較的ヴィジブルで計算可能な財をめぐる相互行為が考察され，したがって行為者を，かなりの程度抽象してとらえることが許される(「生産者」-「消費者」など)。社会学ではそうはいかない。多様な行為者の境遇と，質的に多様なその欲求を想定しながら，行為の論理をとらえなければならないからである。この点，アマルティア・センが「人間とは全く多様な存在で……平等を評価する場合，人間につきまとうこのような多様性を考慮せざるをえない」(1999：1)というみごとな社会学的見方を押し出していて，かれが経済学者であるだけに驚かされる。

　ある人々は個人の自由(思想，信条，身柄など)の保障が何よりも重要だというかもしれない。だが具体的人間の欲求は多様であり，それぞれの制約のなかで人は思考し欲求する。求職中のある青年は，自分の学歴に見合う職に就くことを欲し，それが自分のアイデンティティにも関わると考える。途上社会のある女性は，家族計画を決めるのに夫と対等であることを強く希望している。また移民として異郷に生きるある個人は，自分が属すると感じる民族コミュニティと結ばれることをなによりも欲している，等々。

　本書では，社会・文化的に条件づけられ，行為の選択にも制約を受けている人々の状況をとらえるため，階層，ジェンダー，エスニシティ，などの視点からの接近を重視した。多様な行為者の相互関係を問うとき，おのずと平等な，または公正な関係とは何かという問いにもみちびかれる。その場合社会学は，行為者の有利な，または不利な社会的背景と，それを再生産している制度の機能の仕方を経験的に明らかにするという課題を主に引き受けることになる。

　こうしたアプローチを重視するにいたるのに，筆者には過去四半世紀の社会変動が大きな刺激となり，思考の促進剤にもなった[2]。それは，脱工業化(post-industrialization)と「知識社会」化によって労働，教育，男性-女性の関係などに変化が生じ，平等が大きな目標・争点となり，文化が同じく有力な資源とみなされるようになってきたこと，グローバリゼーションが進む1990年代には人の国際移動の活発化にともない，社会の多文化化，多民族化とその

---

2)　逆に，それだけの時間をさかのぼると，標準的な社会学テキストにも今日的意味での格差，ジェンダー，エスニシティは固有主題としては登場していないということである。

問題点が明らかになったこと,そして世紀が変わっての十年間には,グローバル化の負の影響といおうか,雇用の形態の多様化に応じて格差化が進み,貧困問題も登場し,少子高齢化にともなう福祉国家の危機とあいまち,公正という問題に議論が向かうようになったこと,等々である。以上の点では欧米,日本そしてアジアの成長国もかなり共通の問題に直面している。ただ,それへの対応は一様ではなく,各社会の発展の歴史的・文化的コンテクストが無視できないことが明らかになってきた。

客観的・主観的アプローチ

社会学的アプローチの特徴はと問うに,すぐ後に示すように「社会関係および社会構造の生成,存立とその変化を,主に人々の行為・相互行為とそれを規制する文化(価値や規範),さらにその他の客観的な諸条件と関連づけながら研究する」点にあると考える。

いわゆる客観的アプローチによれば,社会はいくつかの経済指標により,"豊かな社会"あるいは"格差社会"の特徴をわれわれに示してくれる。また,公表データにより日本では,雇用の三分の一以上が非正規雇用になり,生活保護受給者が200万人を超えていること,等々が知られる。しかし,それらの事実は当事行為者たちには主観(体)的にも経験されているのだ。社会学における行為論的アプローチは,あえてそうした視点に立つ。たとえば,生活保護者が×××万人というデータの背後に,その保護を得て安堵している者もいれば,公的扶助に頼るのを恥とし,できるだけ早くそこから脱したいと考える行為者もいれば,同じ感情から困窮していても生活保護申請などつゆ考えない者もいる。社会科学にはえてして客観的データを最重要視し,主観的なものは夾雑物とみなす傾向さえあるが,ブルデューはこれを「上空から見下ろすような視点」(1988:39)という言葉で批判している。

社会学は,行為者の意識や行動につねに関心を向けるから,客観的なデータのみで満足することができない。客観的アプローチと主観的アプローチは対立するものではなく,両者は関連づけられなければならない。そして,それは「個人と社会」の対立といった議論とは関係がない。行為者に担われる個人的と映じる主観的なものも,同時に社会的なもの(共同主観的なもの)であり,社

会構造として客観的に映じるものも、エスノメソドロジー(62頁参照)の用語を借りれば「社会構造感」(sense of social structure)として、個々人の主観によってつくられ、日常化しているという面がある(ライター 1987：90)。

たとえば階級の現象を取りあげてみる。階級の含意する客観的諸条件が人々の生活を規定することはだれも否定しない事実である。だがそれは客観的構造として自立しているのではなく、実際には、人々に生きられる階級というものがある。藤田英典は、「行為論的な〈階級・階層〉の捉え方」の必要を強調し、行為者にとって「社会空間の歪み」がどのように生きられるかを注目すべきだとする(2005：78～79)。すぐれて社会学的主張だろう。

たとえば労働者層の成員たちが美術館を訪れる頻度が低いということは確かめられている。だが、なぜかを問おうとすれば、行為者の経験に耳を傾けなければならない。大きな理由に、かれらにとりリアリティのある関心世界に芸術はなかなか入ってこないことがあげられ、上層の人々に比べ、美術館に足を向けることは「自然の」行為とならない。ある者は、「泰西絵画など自分には贅沢だ」と語り、ある者は「普段みる習慣がないから、分からない」と述べ、自らの主観世界の一端をのぞかせている。階級現象の主観的、行為論的な諸側面といえよう。なぜかれらはそのように感じるのか、それは社会学が明らかにしなければならない課題である。

下位集団、下位文化を通して

次に、社会学の眼は、社会を均質なものとみる見方から解放され、現実にある差異をはらんだ下位諸集団、下位諸文化を認識することになる。さもないと、社会における紛争や対立の由因も、その変動をうながす力もとらえられない。それだけではなく、価値、信仰、アイデンティティなどの差異を認めることは、平等、公正の問題でもあるからである。

じっさい、社会的条件や属性の異なる人々の存在を無視し「普遍的」と信じる施策を行えば、社会的にはかえって平等を損なう結果となる。たとえば離婚の自由の拡大は、経済力のある男女にはたぶん自由をもたらすだろうが、女性配偶者が経済力を欠き、and/or 労働市場が女性に十分開かれていないような場合、不平等な制度となる可能性がある。また、母語など文化的背景の異なる

生徒がいる時，学校が単一のカリキュラムしかもたなければ，学校は文化選別の機関となる恐れがある。C. テイラーは「人間の生の，この決定的な特徴とは，それが根本的に対話的(dialogical)な性格をもつことである」(テイラーほか 1996：47)という言葉を導入にしながら，フェミニズムの主張や自国カナダの中のフランス語系のケベック州民の言語文化要求をとり上げ，自由主義的平等一辺倒ではなく，文化の尊重・承認にも開かれた政策モデルを支持すると述べる。

　日本でも，政治の場への女性の進出の困難，地域や民族の独自文化の喪失の危機，定住外国人の政治的・文化的権利の未保障など，「承認」を必要とする問題はさまざまに存在する。なぜ，議論が進まないのか。フランスのように多年，反多文化主義に立って共和国の統合を推進してきた社会でも，「文化的多様性」の考慮はもはや避けられていない。そして議論は性，文化，宗教，出身国(民族)等のアイデンティティを公的空間でどう承認するか，違いを理由とする差別をどうなくすか，をめぐり展開されはじめている(Wieviorka 2008)。

行為，相互行為の動態──ハビトゥスと戦略

　行為および相互行為へのアプローチはどうあるべきか。ここでも具体的に条件づけられた，また同じく具体的な価値，欲求によって動かされる諸個人の行為が対象とされなければならない。かれら行為者は社会的な場面，場面で自省的にモニタリングをしながら振る舞う。たとえば自殺をする(あるいは試みる)という行為においても，しばしば他者の反応をうかがい，当人の望むような反応を得るためのモニタリングが行われていて，それが飛び降りか薬物服用かといった自殺方法の選択にも影響を与える(ギデンズ 1986：282)。

　そこでは社会的経験からの習得の所産でありながら，状況に応じて柔軟に行為を編み出しうるような性向，ハビトゥス(*habitus*)がはたらくと想定される。

　たとえば結婚という二人の男女の共生の選択はどう行われるのか。継続的交際があり，互いの階層や職業も近く，暗黙のものの見方や感じ方で通じるものがあり，抵抗なくスムーズに行われる場合もある。逆に相手が自分にとりまったく未知の職業で階層も明らかに違う場合，「考えもおよばぬ」対象として選択の範囲から早々と除外してしまう。だが，よくあるのはそのいずれでもないケースだろう。互いに心惹かれるものの，環境や職業も異質で，迷いがある場

合，それぞれの寛容や辛抱強さなどの性格を確かめ，親や周囲の者の賛否を読み，それが乗り越えられゴールインすることもあろうが，なお不安があり，さらに時間をかけて交際を続ける，または試しに非法律婚の共同生活から始める，といった行為がとられることもある。こうした意識的，半意識的で，柔軟な行為のバリエーションを伴わせての行為の生産（実は再生産）が行われる。

　ここで強調したいのは，再生産的で，またジェネレイティヴ（生成的な）でもある性向（ハビトゥス）（74頁をみられたい）に着目し，その展開を追うことにより，従来のような規範＝価値の内面化によるスタティックな行為の説明を超えることである。

グローバル化と社会学

　20世紀前半まで社会学が研究対象とする「社会」は，たいてい国民国家に枠づけられた社会，国民社会だった。だが，この一国主義の視座を越えることがいまや求められている。本書でも日本社会の現状をレファレントとする考察はたしかに多い。しかし日本社会は現代社会の一ケースにすぎないと考えている。

　グローバル化または資本主義の世界化を背景に，社会問題においても諸社会の間に「収斂」といわぬまでも，多くの共通面が現れており，また途上国の間にさえ共通の問題が生じている。教育へのアスピレーションが高まり，女性の就業は多くの社会で増加している（海外移民なども含めて），また人の国際移動に伴い社会の構成の多民族化，多文化化が進んでいる，経済内部では雇用形態が多様化し，経済格差が問題化している，等々。もはやそれらは一社会の特徴や問題ではないから，一国的考察にとどまっていられない。

　ただし，通社会的に現れる現象がまったく同じ要因，条件によっているとはいえず，同じ社会問題として認識され，同じ解決が志向されるわけでもない。たとえば少子高齢化という変化に対し，移民の受け入れとその労働市場への配置により対応する社会もあれば，そうでない社会もある。女性の就業率が上がる時，家族のあり方や性別分業も変えつつ適応してきた社会もあれば，そうでなく，女性が困難な個人的選択に立たされる社会もある。なぜ収斂ではなく差異なのか。これは特に社会学的解明の課題といえよう。

現代社会の関係性自体における多様化，ハイブリッド化(混成化)についてはどうか。長らく非移民国を自認してきたドイツでも06年のミクロセンサス[3]で，総人口の20%がなんらかの程度で移民的背景をもつ人々であることが報告された(近藤2007：39)。また，民族だけではなく，宗教，ライフスタイル，性的志向性などの差異にもとづく多様性も以前よりは顕在化している。

　それを，なきがごとく，単一性においてあつかったのが国民国家イデオロギーである。その下で，ある成員たちに同化か，さもなければ排除の圧力が及んだことは周知の通りである。沈黙と偽装(通名使用による身元隠しなど)に堪えての同化ではなく，多様性という本来のテクスチュアをみとめ，承認し，対話を通しての合意の追求が目指されるべきではないか。ハンナ・アーレントの「多種多様な人びとがいるという人間の多数性は，活動と言論がともに成り立つ基本的条件である」という認識は，今日の社会学の基礎認識でもなければならない。

2　社会学とは

　いま，私たちは，社会学を，社会関係および社会構造の生成，存立とその変化を，主に人々の行為・相互行為とそれを規制する文化(価値や規範)，さらにその他の客観的な諸条件と関連づけながら研究する，社会科学の一分野と考えることとしたい。

　ただし，以上は最大公約数的な定式であり，社会学とは何かを考えるうえでのほんの出発点にすぎない。

　名称の誕生が，即，研究の始まりだなどとは，とうていいえない。「社会学」(sociologie)のタームが，フランスの哲学者で数学者のオーギュスト・コントにより1830年代に発案されたのは事実であり，偶然の思いつきでない以上，この哲学者にも新科学にこめる思いがあっただろう(1章をみられたい)。だが，それは社会学の前史の一里程標以上のものだろうか。

　大きく歴史的にみて，法律学，政治学，経済学などが一部すでに古代に，主

---

3)　ドイツ連邦統計庁の行う国勢調査で，全数調査ではなく1%抽出による標本調査なのでこう呼ばれる。

には近世に誕生している先輩社会科学としてあったとすれば，社会学は明らかに後発である。しかも，先輩科学に伍して社会学が市民権を得るのは，つまり大学などで講座が生まれ，教えられ，評価される研究成果を生むようになるのは，名称の誕生からさらに半世紀後だといわれる。通常それは，同じフランスのエミール・デュルケムの著作，『社会分業論』(1893 年)や，『自殺論』(1897 年)とともに語られる。これに少し遅れるが，時期的に接近する隣国ドイツのマックス・ウェーバーの『プロテスタンティズムの倫理と資本主義の精神』(1905年)，『経済と社会』(1922 年[4])なども重要な標柱に加えられる。

領域か，アプローチか

ここで確認しておきたいのは，社会学の社会科学としての性格とその位置である。

通常，政治学の研究対象は「政治」，法律学の対象は「法律」，経済学の対象は「経済」というように，それぞれ対象領域によって学問の性格づけがなされる傾向がある。では，社会学の対象は「社会」なのか。しかし，そうした規定は適切ではないだろう。法，政治，経済と並んで「社会」などという領域があるとは考えにくい。政治学も法律学も経済学もそれぞれに社会現象としての政治，法，経済を研究する科学である。社会学はどちらかといえば，そうした「領域」によって対象が示され，研究が進められる科学ではなく，社会現象に迫っていくその独特の観点または接近法(アプローチ)によって特徴づけられる科学と筆者は考える。誤解を恐れずにいえば，「領域」よりは，「アプローチ」によって特徴づけられる科学ではないだろうか，と。

たとえば，家族はよく社会学の研究対象だといわれる。なるほど家族については多くの社会学者の研究が行われ，研究の蓄積は大きい。だが，家族はもっぱら社会学の領域として留保されているのではなく，たとえば多くの法学者も人類学者も心理学者も，家族の研究を行っている。法学者の場合をとると，家族(より広くは親族)の生活には，民法の親族編に示されるように結婚，離婚，親権，相続などに関するさまざまな法的な規定があるからであり，またほかに，

---

[4] 死後編集。そのなかには「社会学の根本概念」「支配の諸類型」「支配の社会学」など，重要な著作が含まれる。

社会保障諸法や国籍法などでも，家族のあつかいは重要だからである。
　では，社会学者は，家族を研究するのに法学者とどう相対的に異なるアプローチをとるのだろうか。後者にとっては，制定された法規範において家族がどのようにあつかわれているか，また家族の実態に照らして法がどう制定されるべきか，という制定規範との関連のなかでの家族の考察が，アプローチの中心にあろう。
　その点では，次のことを知っておきたい。たとえば親族法の研究者が研究を深めるため，集団としての家族における相互行為やそれを律している規範などを経験的に知ろうというアプローチを採るようになれば，それはしばしば法社会学的研究と呼ばれる。他方，家族内で意思決定がどう行われているかを成員の相互行為や暗黙の規範などを通して研究する社会学者がいれば，それは"生ける法"の研究として，これまた法社会学的研究とみなされよう。同じことは，政治社会学，経済社会学といった分野の成立についてもいえる。社会学とその他の社会諸科学との間には明瞭に区画を分ける垣根があるのではなく，協力や補完の相互依存の関係があるといってよい。
　そう考えた上で，社会学の特有のアプローチはどのような点にあるのかが問われてくるが，これはもう前節で論じたことである。繰り返せば，そのエッセンシャルな特徴は，社会現象をフォーマルな規則（典型的には制定法）や，生産され交換される財貨などを通して把握し，説明するのではなく，社会現象を成り立たせている人々の生きた行為と相互行為，それらに込められている意味，その意味の背後にある規範と価値（文化）と関わらせて研究することにあろう。それは，以下に述べていくように「行為論的」アプローチを中心的アプローチの一つとするといってもよい。

行為の意味理解
　このように人々の行為の意味をとらえることが重要である以上，社会学は，理解という方法をどうしても欠くわけにはいかない。
　一つの例をあげてみたい。2011年3月に起こった未曽有の東北地方の大震災と原子力発電所破壊の不安のなかで，岩手県，宮城県，福島県では被災地域や避難指定地域から，またそうでなくともかなりの町村コミュニティから，住

民たちの離郷が生じた。その理由については，客観的原因とみられるもの，すなわち家屋の破壊，事業所の消失，雇用の喪失，破壊された原発からの放射線被害と広がり，漁業への被害，等々があげられ，これらは確かに決定的であると思われる。そしてコミュニティを離れた住民の数，その世代別，職業別，被災度別の内訳などのデータを集めることもできよう。だが，社会学研究者はそれらの事実の確認だけでは満足できない。

　それらと次元は異なるものとして，わが市，わが町を離れるという決定をした住民たちは，被災をどう主観的に体験したのか，離れるという行為の主観的動機づけ(動機，感情，意図)，その動機づけに影響を与えた人と人の相互作用，なども重要であろう。ほとんど同じ条件にあっても離郷しなかった住民たちがいるなら，どのような体験，動機の下に留まるにいたったのか。つまり，決定に関連があると思われる客観的事実の連関だけでなく，諸事実がどのように経験され，意味づけられたかも重要であり，社会学的に明らかにされるべき点である。

　社会学を「社会的行為を解釈によって理解するという方法で社会的行為の過程および結果を因果的に説明しようとする科学」と述べたのは，マックス・ウェーバーである(1972 : 8)。この定義に全面的に同意する必要はないが，社会学にとってきわめて重要なポイントの指摘として受け止めたい。

合理主義的モデルを越える

　行為の理解を重視するとは，裏を返せば，ア・プリオリにつくられたなんらかの合理的な説明モデルには依存しないということを意味する。ア・プリオリな合理的モデルとは，経験的事実から離れて頭のなかでつくられたモデルということであり，例としては，人間は本来的に「自己愛」とか「自己利益」にうながされて合理的に行動するものといった，アダム・スミスや功利主義に帰せられる「経済人」(*homo economicus*)の公準によるモデルがある。

　それに対し，上でみたウェーバーは，自らが「価値合理的行為」[5]と名付ける行為タイプに注目し，重視し，プロテスタンティズムの倫理の解釈にも努力

---

5) これは「或る行動の独自の絶対的価値——倫理的，美的，宗教的，その他の——そのものへの，結果を度外視した，意識的信仰による行為」とされている(ウェーバー 1972 : 39)

を傾注するなど、単純な合理主義的モデルには明らかに距離をとっている。また、これはデュルケムについてもいえる。自殺という行為をさまざまな角度から考察した『自殺論』の著者にも、功利主義の公準は問題になりえなかった。のち、T.パーソンズは「主意主義的」な行為の理論という性格づけでこれらの古典の考えを継承しようとした(1976：30)。

さまざまな社会的場面を想起してみても、人はつねに利害を計算し手段的に振る舞うとは限らない。これまでなじんだ前例に従うほうがよいとする場合もある。または、それが望ましいから、善だと思うから、自分の信念にかなうからというノーマティヴ(規範的)な態度から振る舞うことがある。また、短期的な欲望充足を望んで、ぱっと一時に自分の財を蕩尽してしまう行為者もいる。

といって、社会学は何かしら非合理的な人間観や、非合理的なものによる説明の理論を好んで受け入れるということではない。性的欲動(リビドー)の動きを重視しながら、無意識の心的構造に光をあてたジクムント・フロイトの精神分析学の影響は、20世紀のある時期から社会学にもおよんだ。たとえばドイツのナチズムの宣伝を受け入れ、支持した当時の民衆の意識を解明するため、E.フロムなどの社会学者によって不安と権威への服従の心理構造が研究され(フロム1951)、そこではフロイトの説にもとづく解釈が大きな役割をはたした。しかし、といって人間とは非合理な存在であるという公準が広く社会学に受け入れられたわけではない。

行為の条件、資源としての没意味的な事象

ところで社会学研究は、意味理解の対象とはなりえないとみられる没意味的事象をどうあつかうのか。ウェーバーはそのようなものとして、「ドラルト湾の氾濫」という、人の移住を引き起こした大昔の北海沿岸エムス河河口の湾の水没の大災害をあげている(1972：13)。自然災害、事故、資源の発見や枯渇、景気変動などは人々の意図や願望のこめられた行為の現れでないとすれば、こうした事象にあたるだろう。自然災害が時に社会全体に決定的な影響を与えることは、先の2011年3月の出来事でみた通りであり、また経済不況による生活の窮迫、失業などそれ自体は、直接社会学的な理解の対象にならなくとも、当事行為者の生活には甚大な影響を与えずにいない。

事実，あの大恐慌の時代のアメリカで子どもとして過酷な現実に遭遇した者には，それは災害に似たものとなった。それがかれ／彼女らに残した生活史上の痕跡は後年色々と回想されている。それらアメリカ市民は，年端もいかないのに，子どもらしい甘やかな生活を断たれ，おとな並みに稼がねばならないという厳しい経験をしたという。また長期失業で家計の必要を満たせない父親がその影を薄くし，家族が母親中心の傾向を強めるという，従来にない経験をしてきた者もいる（エルダー 1986：140）。

行為者の観点に立つとき，経済的条件やその他のさしあたり没意味的に現れる事実は，行為の「条件」として，また「資源」（ただし正，負の）として位置づけられるが，その行為への関わりは決して無視，軽視してよいものではない。

なお，没意味的な事象とは，自明の特質をもつものではない。客観的にみて人々の主観から独立している自然現象や事故が，行為者によってある意味づけをされ，解釈の対象とされ，その解釈が人々の行為に影響をおよぼすことはよくある。「苦難の神義論」として知られていることだが，凶作や洪水や地震といった災害を，「神の与えた試練」や「人々の安逸に対する神の怒り」の表れと人々が解釈し，それに反応することがある。そうした人々の営為は，社会学的理解が必要な対象となる。

3　制度と制度化

制度化

　　社会とは，制度化された行為の様式の束またはシステムである。社会的行為の〈制度化された〉形態について語ることは，時間と空間の長いスパンのなかで生起し，再生起する——あるいは，現代社会理論の用語法によるなら，社会的に再生産される——信念と行動のもろもろの様式に言及することになる。(Giddens 1982: 10)

人々の行為または相互行為は，その一回一回が質的に独自であるとしても，ある類似性，規則性をもって繰り返し行われることで，一定の型（パターン）ま

たは構造を獲得する。またはそうみなすことができる。その構造のなかになんらかの規範とサンクション[6]が盛られるような場合,「制度」という言葉が充てられる。上でアンソニー・ギデンズが「制度化された」(institutionalized)行為や信念について述べ,社会学は,「先進的」または「産業化された」社会の諸制度とその変容の研究に主に焦点化するのだ,と書いていることに注目しよう。

　「制度」という言葉は,日本語ではしばしば成文化された,ないしそれに類する行為規則のシステムを指すが,もともと"institution"にはそこまでの意味はない。そして,社会学は,成文化された規則や明確な地位・役割体系を備えたような関係(企業,行政機関など)だけでなく,そうではない,もっと可視性の低い関係のなかにも一定の行為,相互行為のきまったパターンとそれをつくりだすコード(規則または規範)を見出すように努めてきた。言語なども,きまったコードをもった行為であるという意味では,制度であるし,場合によってはスポーツやもろもろのゲームなども制度とみなすことができよう。

　家族の関係は,前記のように法的に制度化された面をもっているが,そのメンバーたちの行為,相互行為は大部分,ほとんど規則とは意識されないような規則性によって特徴づけられる。子どもの誕生日を毎年きまって祝うという親の行為や,子どもが一定の時刻になると親の指示が特になくとも寝につくという行為などは,そうしたものだろう。都市のストリート上や,社交のパーティの席のような一見規則が支配しているとみえないような場でも,アーヴィン・ゴフマンによれば,人々の相互行為を律するコードが目にみえないかたちではたらいていて,秩序をつくっている(ゴフマン 1980)。

　なお,人々の行為を律するコードの拘束的な性格を特に強調して「制度」の概念を展開した祖にあたるのが,デュルケムである。かれは,集合体によって定められたあらゆる信念や行為様式を「制度」と呼び,社会学を「諸制度およびその発生と機能に関する科学」と規定している(1978：43)。ゴフマンの上の

---

　6) サンクションとは,ある規範からみて望ましいとみられる行為への称賛・報償,望ましくないとみられる行為への非難・処罰というプラス,マイナス双方の制度の作動を指していう。法的な刑罰から日常生活のなかで親が子どもを叱ったり褒めたりする行為,さらには人々のなにげない感嘆やちょっとしたひんしゅくやけなしまで,さまざまな形態がある。

ような見方も，一部このデュルケムに負っているといわれる。

マクロレベルの制度と変動

マクロ（巨視的）なレベルでとらえられる構造化された制度についてはどうか。大規模な集合体や組織に対しても社会学のアプローチは基本的に変わらない。古典的な社会学（T. パーソンズまでの）は，社会や国家にはあたかも統合や機能的統一への力が備わっているかのように，ないし合理化への傾向が潜んでいるかのようにあつかう傾向があったが，もはやそのような前提を立てるべきではないだろう。社会－国家－国民が「三位一体」で重なるかのような見方も，自明ではありえない。

たとえば国家やその他の形式の政治共同体を考えてみる。フォーマルな行政機構や財政の仕組みの観点からこれらの研究を行うことは一般的である。だが，それは社会学固有のアプローチとはいえない。成員たちがどんな意識，態度，参加行為をもって共同体を維持しているのか，成員たちの属する下位集団（階層，民族集団，結社など）ごとに，その態度や行為がどう異なるのか，といった面から接近することは重要である。まただれがどのような理念やシンボルをかかげ，どのようなネットワークで政治指導のはたらきかけをしているか，という分析も欠かせない。社会学（ないし政治社会学）の主な関心は，そうした点からの解明にある。

「国民の存在は……日々の人民投票なのです」という有名な言葉が 19 世紀フランスの思想家エルネスト・ルナンによって発せられた（1997：62）。そう述べられた歴史的文脈はさておき，この言葉自体は社会学的に興味尽きない含蓄をもっている。諸市民との契約によって政治共同体が成り立っているという見方は歴史的事実に照らせばフィクションである。だが，近代の国家は，市民たちおよびその諸集団の欲求や行為，運動などと切り離された構造をもっているとは想定されえない。

じっさい，国民，その成員である市民たちのアイデンティティや政治の正統性と有効性の感覚が変われば，政治指導者との間の新たな相互行為が必要になり，そのギャップが埋まらなくなれば，政治共同体の構造自体も変わらざるをえなくなる。また，差別され劣った地位に置かれてきたマイノリティ集団の意

識が変わって，平等の権利を強く要求するようになれば，民主主義の根幹の制度も修正されねばならないことは，たとえばアメリカの 1950 年代から 60 年代にかけての公民権運動と公民権法の成立が教えているところである。

4　社会変動と公正な社会秩序

　コントはその社会学的思考の中心に，人間の知識の発達が経てきた諸段階を明らかにするという作業をおき，人間知識が「神学的」「形而上学的」「実証的」という段階をたどるとする有名な「三段階の法則」(la loi des trois états)をとなえた(1970b)。それは歴史哲学的な考察にすぎなかったといわれるが，社会学にとって社会の変動・発展をどうとらえるかは当初から大きなテーマをなしていたことを示すものである。

社会変動と経験的な見方

　コントにかぎらず，現在の社会をどのような性格のものとして理解し，それにもとづき社会の進み行く方向を予測し，制御することは，社会学にとって必須の課題と考えられた。マルクス，デュルケム，ウェーバー，パーソンズのいずれをとっても，近代社会の形成と変動を説明するための概念，法則，認識枠組みをさぐっていたのであり，それはキーワード的にいえば「生産力と生産関係の矛盾」と「階級闘争」(マルクス)，「社会的分業の有機的発達と無規制」(デュルケム)，「合理化と利害闘争」(ウェーバー)，「属性主義から業績中心の近代システムへ」(パーソンズ)などと表現できよう。

　ただ，今日の研究では，ドミナントな単一要因による社会変動の説明には無理があり，また，経験的参照事実(レファレント)から切り離された巨視的な変動理論にも批判が強まっている。「近代主義」とも称される，進化主義の流れを引く，欧米社会モデルの単系発展の考え方にはそれ以上に疑問が呈されている。

　そうした批判をまったく免れているとはいえないが，産業・職業構造や労働過程で求められる知のあり方の変化に着目して唱えられた「脱工業化」や，資本，情報の移動，人の移動などが国境を越えて進むことになって生じる社会問

題に目をむける「グローバリゼーション」は，経験的に肯定しうるものがある。そして，「近代主義」に対しては，不均等発展や不等価交換メカニズムを明らかにしようとする世界システム論や，経済の発展の"離陸"のかなわない第三世界の困難さを説明しようとした従属発展の理論なども，重要な批判的見方を含む。

ただ，そうした変動を研究するさい，経済的分析をそのまま援用するのでは不十分である。先に述べたように，社会成員の実践，相互行為，自省的な活動から切り離さずに考察することが求められる。たとえば脱工業化が，人々の教育アスピレーションを高めたり，女性の労働市場への参入をうながすという意識・行為の変化を伴うことは，それ自体として重視され，考察されねばならない。また，「従属的」発展からの離脱を模索する途上国における「爆発的」としばしば形容される人口増加とその帰結は，社会学的考察を要するものである。それは社会変動のもたらす結果でもあれば，再変動の要因でもある。

それら大きな変動のなかで，行為者である民衆はどのような行為をとろうとしているかを探らなければならない。たとえば脱工業化の一面としての知的支配集団（テクノクラート）の登場は，フランスでは，それによる社会管理のプログラム化に異議を申し立てる学生や知識労働者の運動を引き起こした（トゥレーヌ 1970a）。植民地的従属を強いられたアルジェリアなど途上社会の民衆の，貧困の日々を生きるためのハビトゥス，つまり慣習化されているが戦略性をもった行為性向にも目を向ける必要がある（ブルデュー 1993）。そして，「移民として発つ」という途上社会の多くの者の行為の選択にも，社会学者の分析があてられている（たとえば Sayad 1999）。

「公正とは」を問う規範アプローチ

社会学は，現代の変動，発展，その制御などの問題にも取り組まねばならない以上，純客観的・中立的にのみ問題を取りあつかうことは可能ではなく，また望ましいことでもない。事象の分析や調査の結果をみちびく過程では価値判断を抑制する厳しい態度をとることは当然としても，問題意識を練り，何を明らかにすべきかを考えるとき，探求の結果が明らかになったとき，一定の規範に照らした判断をもつことが責任として要求される。規範的な問題関心と判断

を，いたずらに回避すべきではない。たとえば人権とは，平等とは，公正とは何かという問いを自らのなかでもつことなしに，研究を進めることはできない。社会学にかぎらず，あらゆる社会科学において今日，「社会的公正とは何か」というテーマは，重みをもっているはずである（宮島・杉原・本田 2012）。

特に社会学は，経済財の配分や政治的権利の承認のように比較的基準の立てやすい公正の問題をあつかうとは限らない。さまざまな成員の潜在的な可能性を見出し，その実現の道を種々の社会的条件のなかで探るといった課題にも取り組まなければならない。たとえばアジアやアフリカの発展途上の社会では，一般の女性は自分の職業，収入をもつことはおろか，初等教育さえ保障されずにしばしば男性社会に従属させられている。その場合，教育が彼女たちの可能性を開くうえで決定的であるといわれる（Nussbaum 2010: 509）。このような場合，公正とは，どのように定義されるべきなのだろうか。経済学者 A. センが先鞭を付けた潜在能力（ケイパビリティ）アプローチ（158頁参照）などは，まさに社会学研究が取り組むべき問題を示唆している。

経験的アプローチの意義

社会学にかぎらずあらゆる社会科学は，現実のデータにもとづく研究を不要とすることはできない。目的がたとえ抽象度を高めた理論の形成にあっても，経験的なレファレントを参照しない思考はありえない。社会システムの理論化にコミットしたパーソンズは，皮肉をこめながらも自分が「理論病」におちいっていると書いたことがある。ところで，名だたる理論家である N. ルーマンは次のように経験主義を批判する。

> 社会学はほとんどの場合，自身を経験科学として理解している。しかし「経験的なもの」がきわめて狭義に，自己が行った調査データの利用として，つまりみずから創出したリアリティとして解釈されているのである。異論の余地のない事態であっても，それを種々の変奏を伴う理論構想によって，つまり異なる区別を用いて別様に記述する可能性がある。前記の理解ではこの点が視野に入ってこないだろう。（ルーマン 2003：7）

序章　社会学とは何か

　ルーマンは経験的なレファレントが必要ない、といっているのではなく、経験的なものをどれだけ広く考慮に入れるかを問題にしているのだ。たしかに限られた時間、空間と問題設定のなかで得られた経験的知見から一般的な言明を引き出してしまうことが社会学者にはある。そして理論家がかれ固有の思考のなかでたどりついた概念なり、テーゼ(ルーマンでいえば、たとえば「オートポイエシス(自己組織性)」)なりが、狭い経験的一般化とは別の、解釈のオルタナティヴをもたらし、新たな意味解釈を開いてくれることはある。それが、理論というものの真の意義かもしれない。

　だがそれでも、理論化の作業を進めようとする理論家には、その作業でどのような経験的現実をレファレントとしてきたか、をつねに反省的にとらえているべきで、問われれば答える必要はあるだろう。この点、ルーマンはどう答えるのだろうか。パーソンズについては、大恐慌、第二次世界大戦、マッカーシズム[7]、公民権運動、等々が打ちつづく激動の時代を生きながら、その理論化のなかにこれらの問題をとらえる理論装置を設けているとはみられない。それらの激動によっても揺るがない、批判と懐疑にかれを誘うことのない「近代社会」というものがあったのだろうか[8]。

　抽象という作業にもとづく理論化の意義は決して否定されえない。それどころか、以下の諸章では、そうした「理論」の意義にたびたび論及する。しかし、経験的現実に開かれた感性をもち、それを基礎としようと努めることは大切だと考える。その意味で、少々陳腐化しているが、「中範囲の理論」に徹頭徹尾注意の焦点を向けるというR.マートンの立場(1961：3)を参照することのほうが、より健全ではないかと思うものである。

---

7)　アメリカの上院議員マッカーシーに代表される冷戦などを背景とした1950年代前半の反共運動で、議会下院に設けられた非米活動委員会で多くの学者知識人が告発された。パーソンズにも「マッカーシズム」現象の考察にあてられた論文(1958)はある。

8)　A.グールドナーは、1930年代のT.パーソンズに触れて、人間行為とその相互作用システムの形成について主意主義的な見解を堅持しつづけ、それを可能にしたものに、失業、財産喪失、貧困に苦しみ、一部の人々がラディカル化していく現実をよそに、かれが席を与えられたハーヴァード大学が、十分な基金をもち、保護された環境をなし、社会学の大学院生の政治化を抑え、アカデミックな雰囲気を維持しえたことをあげている(1975：12)。しかし、40年代、50年代のパーソンズについては、U.ゲルハルトの言及もあり、本著34〜36頁も参照されたい。

1章
社会学的思考の展開
　——歴史的コンテクストから

　社会学の発展と，社会学の今日的な関心のありようは，近代世界をつくりだしたもろもろの変動の文脈のなかで理解されなければならない。(Giddens 1982: 4)

　この言葉の意味を，19世紀的近代から後期近代(第二の近代)への変転をたどりながら，またヨーロッパ，アメリカ，その他の世界の社会状況と問題状況に照応させながら，明らかにしたい。もとより限られたスペースだから，粗い素描にしかなりえないが。

1　資本主義的産業化と社会学

社会の再組織と社会変動
　社会について新しい科学的接近法の必要が意識されるには，それなりの切迫した問題認識がなければならない。その探究の重要な先行者とみてよいカール・マルクスがヨーロッパ社会，特にイギリスに見てとった社会構造の劇的変化は，産業革命後の機械制工業の猛烈な拡大によって中小手生産者が没落し，貧窮のプロレタリアが生み出されていくという酷薄な事実だった(マルクス 1969 [1867]：第1巻)。しかし，資本主義化のトップランナーではなく，それほど急激な階級分解をしらず，ようやく世紀の後半に産業革命を迎えるフランス，ドイツでは，見えている現実はややちがっていた。それでも，資本主義的産業化のインパクトを，それぞれ批判的に受け止める危機認識から社会学的問題がとらえられていた。

時期的にはむしろマルクスに先行して，オーギュスト・コントがいる。かれも自分の活躍した1820年代から40年代を，危機とみ，「社会の再組織化」が迫られている時代と考えていた。フランス革命と，始まりつつある産業化によって人々は旧制度から解放され，自由となったが，新しい秩序がかれのいう「実証的精神」[1]にもとづき建設されうるかどうかという問題があった。一時期かれの師でもあった，クロード・アンリ・ド・サン＝シモンの影響もみてとれる。

　ここでサン＝シモンへの言及を挟むと，この思想家は，1820年代という王政復古期フランスで，社会を管理し指導するのは，無為の有閑者（王侯貴族を指す）ではなく，産業者（industriels）であるべきだ，ということを力づよく説いた（2001［1823-24］）。この主張の歴史的意義は大きく，産業主義の思想家の名を与えてもよいだろう（「初期社会主義」思想家とするのは無理がある）（宮島1987：85）。当時のフランスでは，初の鉄道こそ開通していたが，産業革命はほとんど緒に就いてもいない。ただ，かれの眼はドーヴァー海峡の彼方，イギリスの状況に早くも向けられていて，産業革命下で進む労働者の貧困やそれゆえの抵抗にも関心を寄せ，晩年には下層産業者の境遇の改善を自分の使命だと考えるようになる。ただしそれが1820年代だったことは，現実に関する議論ではなく，早生の予測だったとみるべきだろう。実証的精神に基礎づけられた「人間科学」のアイディアもかれにはあった。だが，それを体系化する能力はもたず，これは秘書役だったコントに委ねられて終わる。

　コントにとり，産業化はいま少し進んでいた。危機の一つの側面は，産業の力が組織されていず，富は産出されても，他方，「プロレテール」と呼ばれる労働貧民を生みだし，それを企業家との対立のなかに置いている点にもある。こうしたプロレテールを無知から解放するとして，ささやかな実践を試みたこと[2]などにかれなりの社会改良の思考がみられる。社会学的思考の一つの先駆

---

[1] 「実証的」（positif）の語にコントは「現実的」「有用」「確実」「正確」「組織的」「相対的」の意味を与えた。すなわち経験科学的精神の強調とともに，所与の現実に否定的態度をとらないことの要請をこめた（1970c）。

[2] コントはプロレテールこそがスコラ的教育に毒されていず，「合理的実証性」を受け入れる準備ができつつあるとし，一時期，パリの自分のアパートに有志の労働者を集め，天文学等の講義をしていた。

形態としては興味深い。そしてコントが特に批判を向けたのはアダム・スミス以来の「経済学」であり，諸個人の活動を自由放任していても調和が自ずと実現するというその論理に反駁を加えた。

「社会学」の誕生，その秩序観

その経済学批判は，主著の『実証哲学講義』の第4巻(1839年)に現れるが，他書にゆずり(宮島 1977：112〜113)，ここでは立ち入らない。同じ巻で，「社会静学」(statique sociale)という別名で呼ばれる「社会学」を提唱するとき，その内容は，経済学批判の振り子が極端に反転するかのように，家族的秩序，合意，共感による有機的な社会結合を追求するものとなっている。そのなかの「家族社会学」は「両性の上下関係，および年齢上の上下関係」をあつかうことに限られているが，なぜなら「前者は家族をつくり，後者は家族を維持する」からである，とする(1970b：252)。ここからみても，かれの秩序観は，実証哲学の主張とどう関わるか不明の点も残しながら，「保守的社会理論」にいたっている(Benton 1977: 45)。今日，その社会静学の内容は，ほとんど顧みられることはない。同じく世界をつくり変えることを欲しながら，サン＝シモンに比べても，自らのいう歴史と社会の自然法則なるものに固執したため，コントはより一貫した保守主義に行きついたという評もある(Bryant 1985: 32〜33)。

「社会学」という言葉がとりあえず引き継がれたのは，イギリスの産業主義の思想家ハーバート・スペンサーにおいてだった。かれはマルクスとほとんど同時代にイギリスの現実を生きたのであるが，対蹠的に，またコントとも違い，徹底した自由主義，自由放任の立場から産業社会を称賛し，適者生存の競争への諸個人の適応を説いた。後の社会的ダーウィニズム[3]に影響を与えこそすれ，固有の意味で社会学的な問題は提起しなかった。スペンサー自身，コントの徒とみられることを嫌っていたが，その著『社会学原理』(3巻)が1870年代から90年代にかけて公刊され，社会学の名称の英米世界への普及に大いに貢献し

---

3) ダーウィン進化論を借りて社会現象を説明しようとする論だが，実際には，資本主義的産業化の下での貧困や没落層の発生を，自然淘汰に類するものとみなし，正当化する議論であり，レセフェールの競争経済を支持するものだった。スペンサーがその傾向を示し，W. G. サムナー，L. P. ウォードなどアメリカの初期社会学にも影響がみられた。

たのは皮肉といえる。

2　分業の危機と再組織化，合理化

　レイモン・アロンはその社会学史論の中で，デュルケムやウェーバーが知的活動を行った19世紀末から20世紀初めにかけてのヨーロッパは，「ベル・エポック(うるわしき時代)」と呼ばれたように，戦争と戦争の間の相対的に平和な時期に当たっていたにもかかわらず，かれらは反対に，「ヨーロッパ社会が危機にある」という認識をもっていた，と書いている(アロン 1984Ⅱ：2)。
　戦争がなく，経済発展を示す生産曲線が上向いていれば，普通の人々の時代認識は楽観的な色合いを示すだろうが，社会の表層の動きには惑わされない社会学者たちの眼にはそうではなかった。

産業の無規制(アノミー)から社会の診断へ

　エミール・デュルケムは，社会学研究の実質的定礎者として，重要な位置を占める。かれは近代社会の基本的過程の一つを，分業の進展にみた。ただし，有名なアダム・スミスの分業論は，「1本のピンの生産」のたとえから始まり，経済活動の分業を指していたのに対し，かれはより広く社会的分業(社会的機能も含めた分業)を視野に収めていた。そして仮説としては，分業が進めば進むほど，社会の諸単位はたがいに異質化し，他方それだけ相互依存の必要も強まり，有機的な連帯が生み出されるのではないか，と考えた。ただ，それは事実必然的に(*ipso facto*)進むのではなく，道徳的意識や法の進化とともに起こるものと考えられた。
　ところが，『社会分業論』を世にあらわした著者が，当時の現実のなかに見出したのは，分業の無規制(anomie)であり，弱肉強食の市場内競争，労－使の闘争，自由を奪う拘束的分業の展開だった(デュルケム 1971[1893])。デュルケムにとっては社会学的問題はここから始まる。かれは多分に誤解をこうむってきた社会学者で，伝統的秩序の擁護者とみなす見方が絶えない[4]が，実際には，

---
4)　たとえばD. バーンは「伝統的保守主義」に，カトリックの教義とともに，「伝統にもとづく一貫した社会秩序への個人の統合を強調するデュルケームの議論」が大きな影響を与えた，と書く

巨大な力をもつにいたった産業をどのように組織化すべきなのか，それがかれの自らに課した課題だった。

そのような問題意識を，自殺，家族，教育，宗教などの諸主題をくぐらせながらあつかった点に社会学的であるゆえんがある。19世紀の後半，ヨーロッパ諸国の自殺率がじりじりと上昇して，この確認から始まる『自殺論』では，人々の行為の意味(それは規範との関連で生じる)とそれによる類型の分化に着目し，同時に，生の意味を危うくしている社会構造の二つの問題側面に光をあてた。社会の統合の危機，および欲求の無規制がそれである。自殺率と自殺のタイプをつかむのに大規模に統計を用い，共変法[5]を適用したことも社会学的には特筆されるが，上記のような危機的な産業社会の変動との関連づけを試みた点にも意義があったといえる。『自殺論』の末尾の「実践的結論」で，著者が，自殺の発生の地盤を除くためにも，産業の無規制に立ち向かう職業集団の組織化が必要であることを力説している(1985：485〜493)。

資本主義と合理化の逆説

やや遅れてドイツに登場するマックス・ウェーバーは，同じく古典派経済学に批判的なドイツ歴史学派の流れに棹さすが，経済，法制，宗教にも通暁する総合的な社会科学者だった。

有名な『プロテスタンティズムの倫理と資本主義の精神』で，「資本主義とは何か」という問いを発し，追究するとき，経済学者としてよりむしろ社会学者として探究を行っていたといえる。かつて17世紀，資本主義の生成期に生産者のエートス(職業倫理)として重要な役割を演じた禁欲的プロテスタントの信仰が，合理的な勤労と経営の態度を生み，そしていまや巨大な生産力を備えるにいたった資本主義の下でこれが形骸化し，世俗的な功利的感情にとって代わられてきた，と書く(1955, 62[1905])。つまり，資本主義という生産の制度を成り立たせたものに，経済には還元できない行為者の倫理的態度と実践への構

(2010：39〜40)。これは1960年代まで強かったステレオタイプ解釈をそのまま受け入れた一例といえよう。

5) 二群の変量(一コミュニティにおける自殺の件数とカトリックの信者の割合)の間の対応関係から因果関係を類推するもので，相関係数を求める数学的手法はとられていなかった。

えがあったことが，当時の(20世紀の門口に立つアメリカの)資本主義に照らして，逆説的に浮き彫りにされている。

ウェーバーは資本主義の発展とともに成長し，企業や行政官庁の活動を可能にした近代官僚制の意義も強調した。官僚制についてのその考察は——そこでは理念型[6]が論じられているのだが——これが恣意や情実を排する，公正で，正確な近代的な組織運営の方式であることを示している(くわしくは97〜98頁を参照)。しかし現実には官僚制は無責任，非能率，因襲主義におちいる恐れがあり，指導者のいかんでは権力手段となりうることをも指摘することになる。

資本主義にせよ，官僚制にせよ，その生命をなすものは合理化(Rationalisierung)の力である。それを支えているのは技術的な合理性だけではない。行為者たちの日々の行為およびエートスのなかにはたらく実践的合理性が重要であり，またその衰弱こそが，それらの形骸化をうながすものである，と。今日も社会学的な思考として重要な意味をもちつづけている一つの批判的視点がうちたてられたといえる。

3　社会的人間

独力独行の個人と社会ダーウィニズム

大西洋の彼方のアメリカでは，当然ながら異なる光景が繰りひろげられた。

新天地に活躍する独力独行の人々(self-made men)——実はヨーロッパ系の白人たち——の間では，自らの意思や欲求によって行為する主体の織りなす自由な関係を正当なものと考えるところから，その社会学的思考は前記のスペンサーの自由主義に近かった。このため，多少とも社会的ダーウィニズムの影響を刻印されている。W. G. サムナーやL. P. ウォードが初期の社会学を講じた時代のことである。

サムナーの『フォークウェイズ』(1906年)は，著者の晩年の省察の成果であ

---

[6] ウェーバーが社会科学で用いられる概念の特徴を強調するために使った言葉で，研究者の視点から重要と判断される要素を複雑な現実のなかから取り出し，矛盾がないように構成した概念のこと。それがそのままのかたちで現実のなかに見出されることはなく，現実と照合し，比較し，その特徴をつかむための補助手段とされる。

り，アメリカらしく「人間は行為することより始めたのであって，思考からではない」(1975：7)という言葉をかかげ，民衆個人の欲求充足の努力からいかに社会の共通の行動(慣習)が生まれ，そこからいかに公共の善である規範が取り出されるかを考察している。だが，やはり人間の生来の差異の強調や適者生存の発想が含まれ，初期社会学の前記の特徴をのぞかせている。

心理学的社会学

その一方，アメリカでは自由な諸個人のネットワークとしての社会というとらえ方が，社会心理学的な思考の発展をうながした。19世紀後半，ヨーロッパ思想の影響を受けながらウィリアム・ジェームズ，チャールズ・クーリーなどが展開したのは，心理的関係に重きを置いた社会の像の考察だった。

ジェームズは有名な「意識の流れ」の観点から純粋自我を論じるとともに，社会的自我の生成をも論じ，後のミード自我論の先駆をなした。クーリーは第一次集団(primary group)の概念化によっても知られるが(クーリー 1974[1909])，それと並んで，「鏡に映った自己」(looking-glass self)というかれの概念が注目される。クーリーは，人は，周りの他者が自分をどのようにみているか，どのように評価しているかを，あたかも「鏡に映った自己」をみるように想像し，また判断しながら，自己像を形成していくとし，同じくミードに連なる社会的自我の議論の先がけをなした。

社会的自我の形成と社会改良

ただ，独力独行の個人の活躍の場とされた新天地「フロンティア」は1890年代には「消滅」がいわれる。以後，ヨーロッパから新たな大きな波動として新大陸の土を踏む南欧系，東欧系などの移民は，その相当部分が都市に留まり，あるいは大陸横断鉄道建設労働者として生活しはじめる。人々はしだいに社会の問題と向き合わねばならなくなる。

20世紀には，ジョージ・ハーバート・ミードのそれのような人間の心的活動と自我の形成をより一貫して社会過程のなかに位置づける試みが登場する。これは社会的行動主義とも呼ばれた。しかもミード自身，シカゴ大学で教鞭をとり，この新興の工業都市をとらえていた産業化，都市化，移民の増大などの

影響を社会過程の背景に読み込むなど，社会問題への関心を内在させていた。主著とされる『精神，自我，社会』(1973[1934])では，行為する人々の内なる心的作用が，有名な"I"と"me"というパースペクティヴの相互関係として記述されることになる。

かれが最も力点を置いたのは，他者の役割をつねにアクティヴに取りこみ自我を社会化していくという過程の考察だろう。「役割取得」(role taking)という営みへの注目に，その積極的人間観があらわれており，さらに人々は多くの他者との間に「一般化された他者」(generalized other)を共有し，より客観化された道徳や社会制度を生きることになる。こうして，社会的自我を，外から課されるものとしてではなく，絶えざる個人内的対話を媒介にしてもとらえた点に，社会的課題(都市問題など)にも開かれる改革的見方があらわれていた。

4 民主主義の危機と政治統治

統治の危機と中間集団，官僚制をめぐって

ヨーロッパでは，社会的協調ではなく階級的対立にねざす利害抗争が強まっていくだろうという見通しの下，政治統治のあり方にも社会学者は関心を向ける。

デュルケムは問題を二つのレベルでとらえた。大革命後のフランスでは，国家とちりぢりの個人が無媒介に対峙する不安定な状況が生まれており，中間集団の形成が重要な課題となっている。そして中間集団としてかれの重視したのは職業集団だった。国家-個人の間に生まれた空白で，最も危惧されるのが，激化する産業上の利害対立を組織化し調停する仕組みが欠けていることである。そのため雇用者-被雇用者を区別した職業集団の組織化と，それを基にした，職能議会に近いものを晩年には構想していた(デュルケム 1974：73)。かれについてはその保守主義を指摘する解釈が根強かったが(Coser 1960)，その政治・国家にアプローチする観点からは，かれなりに「変革を達成する」課題意識(職業集団の組織化)が抱かれていたことが読みとれる(Giddens 1986: 23)。

ウェーバーの考察はもっとよく知られている。政治をリアリスティックに諸勢力の利害闘争ととらえ，他方，政党，議会，国家にまでおよぶ官僚制化のな

か，責任ある政治指導がなされているのかということがかれの深刻な問いとなる。第一次大戦の末期，自国ドイツに強力な官僚制の下に無力化された議会，政党の党官僚による支配，政治教育の欠ける国民，そして責任ある政治指導者の不在を見出し，官僚制が単なる旧弊を維持する権力手段となっているのではないか，との見方を示す(ウェーバー 1965)。

　同じ時期，主にドイツの政治と政党の状況を踏まえて R. ミヘルスがとなえた「寡頭制の鉄則」(ehernes Gesetz der Oligarchie) も，ある面でこれと符合するものがある(1973, 74[1911])。かれ自らがドイツ社会民主党の活動家だったから，民主主義への期待と信念から出発してはいたが，成員の参加民主主義を原理とする政党でも，組織された強固な構造をもてば，限られた少数の指導者の支配は免れないとし，警鐘を鳴らしたのである(ただし，経験的事実を周到に集める一般化よりも，一挙に法則化に進んだ点に方法上の問題がある)。後年ミヘルスはイタリアに生きることとなり，ファシズムの台頭のなかで民主主義への諦念を表明するにいたる。

エリート支配の不可避性？

　そのイタリアにはヴィルフレド・パレートとガエターノ・モスカというエリート理論の先駆者がいた。このことは，階級対立の激化を迎えながら，民主主義の後発国だったイタリアの状況から説明できるかもしれない。

　とはいえ，実はパレートはパリ生まれ，フランス育ちで，有名な「エリートの周流」論もフランスで繰り返された革命・政変における指導集団の考察から多くの例を引いている。現下の社会主義運動が「高潔な労働者」を増加させたことは確かで，運動を通じ自己を向上させてきた労働者出身のエリートが，「正直さや道徳および知性の面で不十分なまま取り残される」(1975：76〜77)多数のプロレタリアートに対し統治者の位置に就くであろう，と。この論の背後には，合理性に着目しつつも非論理的なものを本質視するパレートの人間観もあった。

　一方モスカは，終始自国の現実の中で生きたが，そのことがどれだけ直接にかれの思考を規定しただろうか。1896年に問われた主著『政治科学要綱』は，革命を論じ，選挙と議会を論じ，民主主義への敬意さえ表すなど，一見その視

野は広く柔軟にみえる(ただ，記述には飛躍があり，堅実な論理の運びを欠く)(モスカ 1973)。しかしかれがつねに惹きつけられるのは，いつの時代でも統治するのは少数の支配階級であるという傾向である。「支配階級」の語はかれの名と密接に結びつくものとなる。ただ，モスカは支配階級が一枚岩ではなく，雑多な要素を含み，したがってエリートは多元的であることをある程度認識していた。この点はパレートと異なっているとする指摘がある(ボットモア 1965：9)。

問われつづける今日的問題として

これらの少数者支配の理論ないしエリート理論は，体系性を欠き，イデオロギー的偏りも示しているが，後年，アロンや T. ボットモアらが取り上げて論じているのはなぜだろうか。一般に少数者支配の理論はイギリス，フランスには表向き登場せず，ドイツ，イタリアという政治的民主主義の制度化が後発だった国で展開されている。この間に相関はあるだろう。しかし，その点を今離れて考えてみると，階級的不平等を論じてきたマルクス以下の論者の議論が，政治的統治を誰が担うかという点では明確な答えを示さず，社会主義革命を目指す勢力は「全人民の統治」といった建前を語り，曖昧さを残していたことが想起される。エリート論は，そこを衝いて登場したのではなかろうか。

ウェーバーは官僚制という暫定的解答をもっていたようで，依法的支配を保障する官僚制に，アンビヴァレントな態度を残しながらも，信頼を寄せた。とはいえ，カリスマ的正統支配を論じ(1970)，現実の政党政治には不信を抱いていたかれが，エリートの議論に無関心だったとはみなしがたい[7]。

政治におけるエリート，このテーマは第二次大戦後，W. ミルズの「パワー・エリート」論で取り上げられ，政・産・軍複合のエリート集団が考察の対象とされたが(1969)，アロンなどはそれとは異なり，西欧社会のエリートは少

---

7) 後年 T. ボットモアは，ウェーバーが民主主義の下でも政治的権威が官僚制権力を抑えられるとは信じていず，当時の自由主義的政治家に無能さをみていた，と指摘する(1965：100)。ウェーバーはビスマルク後のドイツの政治家の無能さを力説しており，その社会主義論(1980)では，社会主義革命により所有の変革を行われても中央集権的経済管理により指導政党の機構も官僚制化を免れないとして批判を加えた。ビスマルクへの特別な言及や責任ある政治指導の強調(ウェーバー 1965：332)に，かれのエリートへの関心が読み取れるのではないか。

なくともソ連のエリートに比べ出自，地位においてはるかに多元的であるとした(Aron 1950)。今日，エリートという用語自体は，社会学ではあまり使われないが，「誰が支配しているか」という問題はそのかたちを変えながら，政治社会学，階級・階層論や組織論では絶えず問われつづけている(特に98〜100, 112〜114頁参照)。

5 都市化の社会問題へ

近代都市——問題と魅力と

社会学的思考は最初から，都市または都市生活という現象には惹かれていた。歴史家は，都市といえば，はるか産業化以前に原型を築いた城壁都市，自治都市に関心を寄せるだろうが，市民革命と産業革命という「二大革命」の生んだ近代社会の文脈のなかで孵化された社会学的思考は，産業革命によってもたらされた都市化と関わらざるをえない(Giddens 1982:6)。それは「農村からの大量の労働力の移動」が生産活動の中心部でつくりあげる社会生活である。こうした近代都市は，農村から人を引き寄せる経済的プル作用をもち，人々は市場原理で動くが，いったん定住をすると，たとえ貧しい労働者であれ，居住による共存のなかに身を置く。そして都市という場は，比喩的にいえば垂直的関係(貧富の関係)，水平的関係(文化や民族に関わる異質性)からなる共存の場であるという点にさらなる特徴がある。

ヨーロッパでは，19世紀にフランスのF.ル・プレー，次いでイギリスのC.ブースのような先駆者がいて，貧困を多かれ少なかれ主題化した都市労働者の生活のモノグラフや，統計的方法による厖大な研究を残している。だが，独特のイデオロギー的偏りをもった改革家的立場からの研究は，社会学のなかに受け継がれることがむずかしかった。

以上とは別に，デュルケムと同時代人のゲオルク・ジンメルが，その文化的関心から——断片性を免れないにせよ———都市的現象に興味ぶかい数々の考察を残した。都市的な社会的分化，空間の拡大が合理主義と被構成性という特徴をつくりだし，人間の感性，移動の可能性を変えていく。そこに登場する，移動する「異郷人」は自由な，伝統にしばられない人間として，疎遠化される

が，また普遍的なものを代表する，と(1994：9章)。ジンメルの考察は，直接ではないにせよ，アメリカの都市生活(urbanism)研究に接続する。

人間生態学——シカゴ都市研究の始まり

アメリカの20世紀の広義の都市研究では，シカゴの占める位置は大きかった。19世紀末アメリカで，資本の集中，寡占は西欧以上に急速に生じ，折からの非アングロ＝サクソン系移民の大量の来米のなかで，アメリカの東海岸南北ベルトと五大湖地方では都市化が急速に進む。なかでもシカゴという新工業都市が重要だった。

シカゴを背景とした都市社会学のパイオニアとしてよくロバート・E.パーク，アーネスト・W.バージェスらの「人間生態学」(human ecology)のアプローチがあげられる。都市社会が成員たちの競争，環境適応といった動的過程によって居住の様態を変えていくことを示し，斬新だったが，後代の社会学者からは，人々の行動を機能的適応としてとらえ，行動をみちびく価値や規範にはほとんど関心を払わなかったという批判が向けられている(ハムフェリー，バトル 1991：67～68)。生態学的な比喩に偏り，成員たちが文化や価値に基づきコミュニティを形成するという事実は軽視されたとも評される。

なお，「シカゴ学派」(Chicago School)という括り方にはやや無理があるように思われ，注意を要する[8]。

都市社会と移民の研究の開花

だが，ルイス・ワースとなると，ユダヤ系としてドイツに育ち，アメリカに渡っただけに，もともと人種関係や民族問題に関心は強く，『ゲットー』(1981[1928])を著し，この方面の関心を明確にしていた。シカゴを背景とした文化的・社会的関心から観察を行い，発表した「生活様式としてのアーバニズム」(1978[1938])は，「異質性」(heterogeneity)を一つのキー概念に，現代に成長し

---

8) 「シカゴ学派」は，新興工業都市シカゴを背景とする都市社会学研究と，このシカゴに1892年に設立されたシカゴ大学の社会学部で展開された諸研究(重複はするが)を結びつけた呼称としてよく使われるが，時間が長期にわたり，研究に必ずしも統一的方向があったわけではなく，この用語には曖昧さがある。秋元律郎の考察(1989：1～15)を参照。

た都市の特有の人間結合と生活様式,パーソナリティを定式化しようとした。都市社会学の中心問題を,大量の異質的な諸個人・グループが,セグリゲーションと高い流動性を示すなか,いかにコミュニティの可能性を見出すかに求めた点に今日につながる意義がある。

　都市研究に分類するにしてはあまりに広い射程をもった研究者に,やはりシカゴと関わりの深いウィリアム・I.トマスがいる。ヨーロッパの影響を強く受けていたが,移民と母国との相互作用,関係の維持と変容に関するフロリアン・ズナニエツキとの協働になる膨大な研究,『ポーランド農民』などを通して,民族の心理や偏見の形成に表面的解釈にとらわれない深い洞察を示した(1918-20年)。個人的ドキュメント(書簡など)を使っての質的分析にも踏み込み,また,たとえば「状況の定義」(definition of the situation)のような後世にも受け継がれる重要なコンセプトを残している。すなわち人がある状況を真だと定義すればそれによって動かされることを指し,結果においてもそれが真実になることもあるというものである。これは,特定の状況に置かれる人々(母国を離れ,遠い異境に移住する者など)の反応パターンや,パーソナリティ形成の研究をみちびくことになる。

下位文化と葛藤

　いま一つ,アメリカの都市研究が切り開いたパースペクティヴは,都市の移民社会を格好の観察の場とする,下位文化(subculture)に焦点化した研究であろう。

　労働者,黒人,そして新来の移民たちの織りなす20世紀の都市環境は,文化的にも日々の適応行動でも,アングロ・アメリカのミドルクラス世界とは異なっていた。シカゴを背景とするC.ショウの『ジャック・ローラー』(1930年)は,生活史的方法を駆使して都市下層出身の一少年の非行行動とその文化を追ったモノグラフの古典である。移民により特化した下位文化研究としてはW. F.ホワイトの『ストリート・コーナー・ソサエティ』(1943年)が著名で,イタリア移民の少年たちの生活世界を,参与観察手法をもって描き出している。これらの研究を通して,アメリカの都市研究は,マジョリティ−マイノリティの階層研究,文化の序列と支配の研究,さらに逸脱行動の文化的・階層的背景の

研究など，多様な研究視野を切り開いたといえる。

一方，そうした下層社会，移民社会にも広く「成功(サクセス)」願望が浸透し，下位文化と併存しているところにアメリカらしい特徴がある。この点に注目し，文化と制度のディレンマに焦点をあて，逸脱行動のメカニズムを見出したR.マートンのアノミー論(1938年)は古典の位置を占める。ただし，かれが位置した場はシカゴではなく，ニューヨーク(コロンビア大学)だった。

6　システム論の精緻化か，批判理論か

ヨーロッパ理論の導入と戦後の変容——パーソンズの役割

第二次大戦とその後の政治社会変動は，社会学的思考に小さからぬ影響を与える。ナチズムの圧迫を逃れ，ヨーロッパの多くの知識人がアメリカに渡っていたのは周知の通りで，そこには多くの有力な社会学者が含まれていた。第二次大戦で世界を軍事的にはもとより政治的，経済的にリードしたアメリカでは，戦後，社会学の世界でも近代化(modernization)の意義，そしてその達成を直接，間接に社会学的課題として押し出す諸理論が登場する。その代表としては『社会体系論』(1951年)，『近代社会の体系』(1971年)などのタルコット・パーソンズをあげることができよう。かれが構造＝機能分析において体系づけて示そうとした近代社会は，単純な指標提示にとどまらず，歴史的パースペクティヴや，社会学的行為論の成果も取りこんでいる。そして5対の「型の変数」が示すように，業績本位，個人主義，普遍主義などへの社会文化構造の収斂を予期していた。こうした発展モデルは，アメリカ社会のモデル化といわないまでも，欧米中心の発展モデルとして印象づけられた。つづめていえば社会改良的視点を内在させながら，功利主義に堕さない道徳的(規範的)な志向の重要性を強調し，システムの均衡を維持することに眼目があったと思われる。後年の講演等をみても，かれの宗教への関心は大きい(1984：276以下)。

そのパーソンズは若き日のヨーロッパ留学で古典社会学理論を本格的に学び，傾倒し，1930年代に努力を傾注したのはデュルケムやウェーバーなどヨーロッパ社会学の解釈とその再評価による主意主義的行為理論の基礎づけ，体系化であった。特に合理化を重視するウェーバー理論には重要な位置を与えていた

(パーソンズ 1976[1937])。

主題としてのファシズムと反ユダヤ主義

ナチズムの脅威を逃れて多数の独墺系の社会学者がアメリカの土を踏んだことは、この国にほとんど根付いていなかったマルクス主義などヨーロッパ系の理論、思想を移植する上で大きな意義をもった。

そしてパーソンズは、ドイツからの「亡命」社会学者たちのホスト役をも務めたという(Gerhardt 2002)。その主要な人物は、フランクフルト大学社会研究所に拠ったM.ホルクハイマーとT.アドルノだった(同研究所は1934年本拠をニューヨークに移す)。かれらにとり最大の社会学的テーマはファシズムと反ユダヤ主義であり、アドルノとアメリカの研究者の共同研究が実を結んで、戦後刊行された『権威主義的パーソナリティ』(1950年)はひじょうに有名である。実は、1938年から戦後にかけてパーソンズ自身も十指に余る、未発表分も含む、ヨーロッパのファシズム、反ユダヤ主義の批判的分析の論文を書いている[9]。

代表的と思われる「ファシズム運動の若干の社会学的側面」をみてみよう(Parsons 1942)。この運動が「旧型の保守主義」のそれとはひじょうに異なる運動であることをかれも的確に認識し、目標や積極的な価値の欠如、諸個人の感情を結晶化するような確固としたシンボル体系の不在がその特徴であると分析している。ただしその説明は、「統合-無規制(アノミー)」という図式に拠っている点に特徴があり、西欧型民主主義社会に緊張が生じ、無規制型社会となっており、その構造的ひずみがファシズムという攻撃性を生みだしたとみている。

乖離

だが、アメリカにあって「批判理論」(critical theory)と呼ばれた[10]ホルクハイマーらとの視点の違いも、しだいに表面化する。「統合-無規制」図式にみられるシステム論的な視点に対し、前者はしだいに批判的になり、"後期"

---

9) それらのパーソンズの分析は、U.ゲルハルトにより『タルコット・パーソンズ国家社会主義論集』として一書に編まれている(Gerhardt 1993)。

資本主義の攻撃的で抑圧的な性格を強調した(Gerhardt 2002)。

戦後,ホルクハイマーらがドイツに帰国し,活動を続行し,パーソンズが『社会体系論』の著者として構造=機能分析を唱導するとき,乖離はより大きくなる。それを象徴する出来事の一つは,1964年にドイツで開催されたマックス・ウェーバー生誕100周年記念コンファレンスである。招待されたパーソンズが価値自由と客観性の問題を取り上げ,ウェーバーに肯定的な報告をしたのに対し,H.マルクーゼなどフランクフルト学派の側は,ウェーバーの価値自由や合理性が資本主義の擁護,正当化と結びついたとする厳しい論陣を張ったことで知られる(シュタマー 1976, 1980;ヒューズ 1978:198〜201)。

7 70年代の社会変動と批判理論の展開

なぜパーソンズ対フランクフルト学派の批判理論のこうした関係に触れたかというと,アメリカの政治的社会的転機となる1960年代に,前者に代表される構造=機能主義的理論への批判が高まり,批判理論的アプローチの認識上の意義に目が向けられるようになるからであり,その対立の序奏がすでに40年代に始まっていたことを知っておくためである。批判理論といったが,60〜70年代にはフランクフルト学派も中心はハバーマスなど次世代へと移っており,同学派を離れた,広義に解した理論傾向を意味し,それがより力を増していく。グールドナー,ボールズ,ヨーロッパのバーンスティンやブルデューも大きく分けるとその流れにある[11]。

パーソンズへの批判,対抗などのかたちで,アメリカでは1970年代から社会学は多様な展開をみせるようになるが,その第一の狼煙というべきA. W. グ

---

10) この「批判理論」の名称は,フランクフルト大学社会研究所をニューヨークに移した際,メンバーたちのもっていたマルクス主義的な研究志向を,アメリカ社会に適応しうるように「カムフラージュ」してつくられた「符牒的な言葉」であるとされる(コーザー 1988:101)。なお,ホルクハイマーらが社会研究所を再度西ドイツ,フランクフルトに戻した後もこの名称が使われ続けた(ホルクハイマー 1994[1968])。

11) これらの社会学者にあっては,マルクス主義の依拠は明示的ではないにせよ,階級認識を基礎とした不平等システムとして社会をとらえ,社会的現状の機能主義的説明とは一線を画し,批判的分析とオルタナティヴを追求する点に特徴がある。

ールドナーの『社会学の再生を求めて』も、パーソンズの理論的営為の背景につき 100 ページ以上の考察を割いていること(1975-78)は、かつての影響力の大きさを物語る。しかし、それにしても、1960 年代以降、アメリカ社会の現状(*status quo*)を肯定するにはあまりに多くの問題があり、批判的視点に立つことでそれらの認識が可能になるという気付きがあった[12]。事実、アメリカでは前記のマッカーシズムほか、公民権問題、ベトナム戦争、フェミニズム、環境問題、第三世界問題などさまざまな問題が批判的に意識に上されるようになる。

8 近代主義批判と再生産の視点

欧米中心の近代主義の乗り越え

ヨーロッパでも、植民地独立問題(特にアルジェリア)、地域主義運動、学生闘争、より広い意味をもつ「五月革命」などが 60 年代から 70 年代を特徴づける。もともと機能主義や近代主義には懐疑的な精神的風土があっただけに、先進国中心の近代主義への批判、近代工業社会とその管理体制の批判が、社会学的思考を活気づけた。

たとえば、アラン・トゥレーヌは、脱工業化が、工業型社会とは異なるタイプの紛争、闘争、そして主体的行為者を生み出すとみなし、テクノクラート対専門職・知識労働者の対抗という分析を提示した(1970b：84)。そして、従来的意味での闘争や運動には還元できない「新しい社会運動」[13]を社会学的考察の中心に据える。学生運動、反原発運動、地域主義、女性運動、ポーランドの「連帯」運動などがそれで、利害のみならずアイデンティティをも重要な目標・争点(enjeu)に組みこんだ運動や行為の理解の企ては、トゥレーヌ社会学

---

12) パーソンズ流の構造＝機能分析による社会システム論に対し、その後、マルクスの評価等にもとづく批判的社会学、さらに闘争理論、現象学的社会学、象徴的相互行為論などが展開をみる。
13) トゥレーヌの命名(1982)。従来の階級関係を基礎とする労働運動などと対比して使われた。特に利害のみならずアイデンティティをも志向するアクターを担い手とするエコロジー、反原子力、地域主義、学生運動、女性運動などを総称する。ユルゲン・ハーバマスもその少し後に示した省察で、労働運動から排除されていたフェミニズム運動などに着目し、「市民社会の再発見」について語っている(1994[1990]：xxxvii)。

において重要な意味をもった。

 再生産論という批判的アプローチ
 同じ五月革命等のインパクトを受けつつ，近代化志向の社会学への批判で以上とやや異なるかたちで展開される流れもある。それは，近代化をイコール，移動可能性，開放階級性，業績主義などととらえる思考への，別の現実分析の対置による批判である。代表的な論者としては「再生産」(reproduction)をかかげるピエール・ブルデューをあげることができよう。そこでは教育，文化，ジェンダーなどに戦略的に目が向けられ，それらを通して，不平等をはらんだ地位体系や職業階層が再生産される過程が追究されている。重要な仕事は，J.-C. パスロンとの協働になる『遺産相続者たち』(1964年)から始まる，文化と教育を媒介としての社会階層構造の再生産の解明であろう。
 この再生産の社会学は，能力主義などの近代主義批判という方向をもちながら，慣習行動(pratique)にもとづく行為理論や，無意識のなかに作用する性向(ハビトゥス)への着目などにより，新たな自省的ないし再帰的(reflexive)な社会理論を生み出している。自省的な行為過程を含んだ「構造化」(structuration)の理論を推し進めるアンソニー・ギデンズなども，ブルデューと志向を共有し，この理論潮流と近い位置に立つ(宮島2006)。なお，それとほとんど同時代的にイギリスを中心に展開をみた教育，文化，メディアなどをめぐる研究——B. バーンスティンからカルチュラル・スタディーズまで——も，再生産仮説による社会文化批判を共有している。
 システム理論をかかげる，パーソンズにも学んだドイツの社会学者ニクラス・ルーマンの位置は独特である。事実，「ダブル・コンティンジェンシー」(二重の条件依存性)問題のあつかいの違いにみられるように，規範の内面化をキーとする師の調和的な社会システムの考え方にはかれは必ずしも同調していない(65頁以下を参照)。ルーマンは，システムにおける「排除」の現象をも主題化しているという点で，むしろブルデューと共有点をもつ批判理論の位置においてよいかもしれない(ヴァイス 2006：218 以下)。

9 「第二の近代」と社会学の危機あるいは変容

国民国家の相対化，個人化と自省的社会学

「第二の近代」と呼ぶべき状況は，すでに1960年代に準備されていたが，石油危機をきっかけとする世界的な経済成長の停止，生産力万能に対する環境，生活の質，時間（余暇），文化などの重視への転換によってより明瞭となる。またグローバリゼーションや地域統合（EUの場合）によって進む国民国家の相対化も，従来の社会学の依拠してきたコンセプトを揺るがせる。たとえば「近代化」「社会の機能的統合」「階級」「不可分の国民」等々。「社会学の炸裂」[14]（デュベ 2011：15）という表現すらなされる。

そういう状況の変化に対応しようとつとめている代表者には，前記のギデンズのほか，『危険社会』などで知られるウルリヒ・ベックがあげられよう。グローバル化，個人主義化，自省性（再帰性）の関係を射程におさめたかれらの理論については，10章などで触れる。

しかし，だからといって個別の主題をあつかう社会学の研究が衰退したわけではない。上に述べたパラダイムの変化をそれぞれ意識しながら，環境，文化変容，多文化化，親密圏，ジェンダー，エスニシティなどに活発な研究が展開されている。

また，欧米の発展をモデル化した近代主義の批判と世界的現実の劇的な動き（たとえば脱植民地化）は，社会学の関心を，発展上の困難を抱え，それを容易に乗り越えられない第三世界にも拡大させた。近代欧米社会を主な対象に展開されてきた社会学研究が，欧米中心の発展図式によってではなく，アジア，アフリカ，ラテンアメリカなどの研究に従事するにいたったのは画期的である。E. ウォーラスティンの世界資本主義論（ウォーラスティン 1987）や，G. フランクらの従属理論（フランク 1980）が有名であるが，それらに触発されて個々の社会

---

14) F. デュベがこの表現で言おうとしているのは，パーソンズまでの"古典的"社会学がもっていた概念体系は求心力を失い，社会学徒にとり，関連なくさまざまな理論が並立しているように映じ，「各理論がそれぞれの行為概念，システムや社会についての表象をもち，方法上の選択を行っている」かにみえることである。

の実証研究も積み重ねられるようになった。

グローバル化の生む研究の課題

　従属的発展の考え方にも再生産の視点は導入されている。「中心」と「周辺」の不平等と格差は，容易に解決されず，世界化した市場経済を支配する「中心」による「剰余の搾取」によってむしろ維持・再生産されるというラディカルな指摘が注目されるところとなった。そして前世紀の末から加速されるグローバリゼーションという事態が，「第三世界」諸社会のなかに，すなわち周辺のなかに格差化をもたらし，環境の危機をも転移させている。また後者から「中心」(欧米諸国)へ，または「準中心」(自国の首都など)へと向かう人の移動(マイグレーション)をうながし，移民問題という社会学の重要な研究諸対象を生みだしている。

　社会学の引き受けなければならない研究課題は増加している。とりわけ，「持続可能な社会」を形成し維持していくための条件や，グローバル化が進行する世界のなかでの個人的，集団的な行為者間の平等・公正な秩序のあり方などは重要性をましている研究課題だといえる。そこでは他の社会諸科学との協働は必要であり，社会学的アプローチが特に貢献しうることが何か，があらためて問われている。

　これらの問題は，もはや歴史的な文脈にはなく，同時代的な問題であるから，以下の諸章で取り上げていくこととする。

2章
社会的行為者

1　近代的行為者

　前章では社会学が近代の歴史的・社会的な背景のなかで，さまざまな課題に応えながら展開をみてきたことをたどった。その成立の時期と条件からして，社会学に「近代」科学という性格がつねに付されてきたことは示した通りであるが，ただし近代が一続きの時代をなしているのではなく，ある種の不連続をもって「第二の近代」を迎えていることもすでに述べた。そして，社会学的研究において，「行為」あるいは「社会的行為」は，すでに述べたようにキーとなる位置を占めている。では，「近代的行為者」とはどのように理解したらよいのだろうか。

権利としての近代的行為者
　世界人権宣言(1948年)の第1条には「すべての人間は，生まれながらにして自由であり，かつ尊厳と権利について平等である」と記されている。日本国憲法の第三章にも，「すべて国民は，法の下に平等であつて……」(第14条)などと規定した条文が収められている。自由で，自らの意思に従い，どう振る舞うかを自ら決定していく人といった設定がここにはあるが，そうした人間を社会学的思考において想定してよいだろうか。実はここには，具体性と抽象，現実と当為という区別すべき問題があって，社会学は決して後者を軽視するものではないが，後者を研究の出発点に置くのは危険であることを知っている。
　いま，選挙の投票所の中の記入台で投票用紙に向き合っている一人の男性がいるとしよう。近代デモクラシーの保障する一人一票の投票権を行使しようと

する一市民の姿である。しかし，当人はまた，50歳代の男性，3人の子どもの父親，経営に行きづまっている部品工場の経営者，属する同業者組合では〇〇〇〇という候補者を推薦していることを知っている者，というきわめて具体的な特性をもっている。そのような存在としてかれは投票に臨んでいるのだ。

およそすべての行為者はこうした具体的特性をもって行為している。ある面からみれば，この男性はまさに主権に参加しようとする自由な市民であり，そうした行為者を近代が生みだしたことは決定的に重要である。しかし別の面からみれば，当人は決して自由ではなく，さまざまな拘束や逃れられない責任を負っている。その両方の認識のなかで，自由の幻想をいだかず，といって無力感に流されることなく，自分の行為を決めていかねばならない存在である。

イギリスの社会学者，マーガレット・アーチャーの言葉を引いておきたい。

> 自分は自由であると感じると同時に，鎖につながれた行為者であるとも感じること，自分の未来を自らでつくることができると感じる一方で，自分の前に立ちはだかる非情ともみえる拘束に向きあっていると感じること，これはわれわれの日常経験の一部となっている。自らをかえりみ，自分は意のままに人形を操れる人形使いだという大げさな思いこみはしないが，といって単なる操り人形にすぎぬという投げやりな結論にも抵抗する者は，この両義的な経験に折り合いをつけるという作業を負うことになる。もしかれらの道徳的選択が惰性におちいるべきでなく，かれらの「政治的」行動が無意味なものに終わるべきでないとするなら，いっそうそうである。
> （Archer 1988: x）

身分的には自由で，法の下で平等で，基本的人権を保障されていることを宣せられている人々，これを権利としての近代的行為者ということができよう。だが，現実の行為者がそのままそうであるわけではない。

現実の行為者

法的には選挙権が認められ有権者名簿に登載されていながら，投票に赴かない人々がいる。経済的に貧しく，日々の生活に追われ，政治に関心を向ける余

裕のない人々もいるからである。出自による差別は法で禁じられていても，アフリカ系である，イスラーム系移民であるということを理由に，雇用に就くことが拒まれる若者がいる。また，労働の自由が一定年齢以上のすべての個人に認められていても，人生のほんの一時期にしか職に就かない女性もいる。人は，法の規定のなかの存在であるとともに，経済的，政治的，文化的，さらには性的，身体的な存在でもあって，それらの全体が，具体的な個人を形成している。

この現実の行為者を，以下では，「関係のなかの行為者」と呼びたいと思う。これと権利としての行為者との間のギャップ——不平等，従属，人権蹂躙，疎外，無知であるための被排除，等々——こそが，しばしば社会学的研究の問題意識を形成するともいえる。

ところで，近代といっても，現代の行為者はもはや古典的自由主義の下にはなく，ある程度自由の制限を受け入れても，公共性価値に従う用意がある。また福祉国家のもたらすものを平等に享受する心組みをもち，私権を制限する政府の公共政策にも従う用意がある。ただ，これが裁判とか世論調査などでどちらをとるかが問われるとき，行為者の判断も揺れ動く。R. ドゥオーキンはその衝突のさまざまな例をあげていて，市民行為者の反応にも言及している[1]。

2　関係のなかの行為者

アクター，エイジェント，エイジェンシー

「行為者」を指す用語はいくつかある。この点について前提的に一言すると，マックス・ウェーバーは，人々の行動(Verhalten)のうちで主観的意味と結びついた行動を「行為」(Handlung)と呼び，社会学の理解の対象とするのは社会的行為であるとしている。この区別は多くの社会学者によって認められており，「行為」が社会学のキータームであることにはほぼ合意があるといえる。社会学では，"actor"，時に"subject"という語が使われてきたが，近年では

---

[1] たとえば，イギリスで活発に論じられてきたものに，同国の国民健康保険制度(皆加入)に加入した上で，一部の人々はお金を払い高度な治療を優先的に受けられるという制度がある。労働党内の一分派は平等を実現するため，この私的医療を廃止する政策に賛成していた。しかしイギリスの一般大衆のほとんどは，同政策がかれらの自由の重要な一部である医療における選択の自由に反するとして拒否している，と(ドゥオーキン 2002：173)。

"agent"という言葉がよく使われる。辞書的には「代理人」とか「媒介者」という意味ももつ言葉である。現実のあらゆる行為者は，関係のなかに位置づけられていて，その意味で，かれの「自由意志」とか「自由選択」はすべて条件付きのもの，カッコ付きのものである。また，関連して，"agency"という言葉で「行為」を意味させるという用法もある。ギデンズは，「変更可能な対象世界への介入」という強い意味でこの概念を用いると述べ(1989：60)，経済学者A.センが，個人の経済的合理性を超えようとする主体的行為にこの言葉をとくに充てていることは，注目される[2]。

さて，実際に，行為者が関係のなかにあるとはどういうことだろうか。

高校進学を目指す少年Aは，進路を自ら自由に選ぶつもりでいて，実際は色々な資料を調べ，友人，先輩などに助言を求め，最終的に公立高校のB高校を第一志望とすることにした。また本人は自由に選択したつもりでいても，家庭の経済条件を考慮し，日頃親の態度から推測される希望(「できれば経済負担の少ない公立に行ってほしい」)を心に懸け，自分の成績や内申点を考慮した上で，これを決めている。あれをしたい，これもしてみたい，という希望も最初はあったが，いつしかそれらも狭めていって，選択は限定されていく。さまざまな関係性のなかに置かれたAは，それらから自由に行動するわけにはいかない。

では，かれはなんらかの一義的に決められ，課された「規則」のようなものに従って自分の志望を決めたのかというと，そうではない。そこにagentという言葉の独特の意味もある。この語は，行為する者，すなわち動作主であるという意味と，他の者の代理・仲介を行う者という意味との，いわば両義性をおびた言葉である。

主観的（主体的）意味をこめる

いま一度行為という概念にも立ち返っておかなければならない。ウェーバー

---

[2] センは書いている。「ある個人の『エイジェンシー』としての達成とは，その人が追求する理由があると考える目標や価値ならば，それがその人の福祉に直接結びついているかどうかにかかわらず，それを実現していくことをいう」(1999：85)。具体的には，自分の関わる範囲の人々の希望をかなえることを，自分の欲求充足よりも優先して引き受けようとする行為をいう。

は,「行為」とは「単数或いは複数の行為者が主観的な意味を含ませている限りの人間行動」を指すのだと述べ,「社会的行為」を研究するのが社会学だとした(1972:8)。「社会的」行為をどう規定するかという問題は残るが,この「行為」のとらえ方から,自然的因果関係の解明を旨とする自然科学と異なる社会学の作業が明らかとなる。それは,対象の行為のなかの主観的意味的連関を明らかにし,解釈しなければならないということである。

関連して,ギデンズはここには「二重の解釈学」の問題が発生するとした(1993:29)。たとえば,ある一組の男女が,家族など周囲の反対があったにもかかわらず,これを押し切って結婚するとする。その行為についてなされる意味の解釈(二人は反対を押し切るだけの強い愛情と意志をもっていたのだ)は,単なる没判断の事実解釈にはとどまらず,認識する側にも作用し,「共感する」とか「感動する」といった心の動き,すなわちいま一つの解釈を引き起こすからである。もちろんそうした解釈が研究結果をゆがめないよう評価への禁欲は必要だが,社会学者の対象との関わりにそうした特徴があることは否定できない。

合理的モデルとは一線を画して
序章でもすでに述べたが,上のように解される行為者は徹底的に計算ずくで,無駄も迷いもなく目的に突き進む合理主義者などではありえない。あの「経済人」的な行為者だったなら,先ほどのAも,自分の学力をできるだけ正確に測定し把握し,それに最大限にマッチした進学の道を躊躇なく選びとっただろうが,実際には家庭の事情,親の日頃の心中の思いなどのなかで,これを決めている。ある人からみれば,最適の決定に反し,自分の可能性を試そうとせず,「安全な」進学先を選ぶ結果にもなったりする。「Aは自分を見誤っていて,その選択は合理的ではない」と評する声もあるかもしれない。

なお,関連して,actionという言葉をより積極的な意味で使うH.アーレントの用法にも触れておきたい。これは「行為」と訳してもよいだろうが,それでは彼女のこめる意味が伝えられない恐れがあるとして,「活動」がほぼ定訳的に充てられている。actionとは,自然や事物に人が孤立してはたらきかける行動(レイバーとしての労働)ではなく,つねに複数の人々との関係性において,

つまり他者の存在を絶対の前提として成り立つ自発的行為であり，必ず言論（*lexis*）を伴うとされる（アーレント 1994：286，杉浦 2002：149～150）。孤立をやぶり，開かれた行為として必ず他者と関わりをもち，他者と共に世界を変えるという主体的行為のイメージが押し出されている。

3　役割，地位，属性

役割と行為──その関連と両義性

人々はかくかくしかじかの社会的規定性を与えられてそこに在る，という見方は，外から客観的に見るという視座からは可能だろう。だが，それが当人の主観的経験に合致するとは限らない。A，B，C，D……の個人は，それぞれ小学校教師，医学部学生，文具店店主，専業主婦などとして在るのではなく，それぞれ特有の社会的な経験を生きている人間としてまずとらえたほうがよい。内なる統一性をもち，社会的役割を引き受け，それにふさわしい行為を展開している個人という像は近代的なものではあるが，行為者の自省性が増せば増すほど，自己-存在-行為はそれほど統一性をもって経験されないだろう。

F. デュベは，行為者を理解するのに「主観性からの出発」の必要を唱えている。それは，たとえばAは，教師であるという地位・役割につねに安固として自分を置いているわけではなく，自分が日々経験しているさまざまな出来事を胸に，いわゆる教師という存在といかに距離があるかを語ったりするからである（たとえば生徒から尊敬などされず，しばしば嘲弄されている，と語る教師）(2011：89)。客観的にみて，かれ／彼女が教師である，専業主婦であるということは否定できないとしても，それは本人によって疑われたり，新たに意味づけられたり，時には自嘲的に定義されたりしながら，たえず構築されている。

所与の役割から距離をとる

ちなみに，行為者がこのように主観的経験から出発して自分を意識するなら，「役割距離」（role distance）[3]とは本質的重要性をもつ操作なのかもしれない。ゴフマンはこれに，有能な外科医が手術中にくだけたジョークを飛ばすといっ

た，「気晴らし」「余裕の誇示」のような軽い意味の例を出しているが，いま少し深い意味もあろう。R. セネットは，「『役割』とは一般に，ある状況には適切だが他の状況には不適切な行動として定義される」と相対化している (1991：56)。社会的な関係において占める一定の地位にふさわしいとされ，義務づけられ習得された行動様式であるが，そうした役割の規定力は，国家や企業の官僚制に由来する場合もあれば，母親役割や父親役割のように伝統的な通念や道徳に由来する場合もある。かくかくしかじかの場で男性は，女性はどう振る舞うかという役割も，社会的にある程度決まっている。

じっさい，状況に応じ，役割の部分拒否である使い分けが行われたり，本人が所与の役割を自己実現を妨げる，受け入れがたいものと感じ，拒否し反逆する場合もある。実際に企業や官庁の中堅の成員が，役割に付されている守秘義務をあえてやぶり，社会正義の観点から組織内情報を公開することがある。また，「五月革命後」のフランスのある大学で筆者が実際に経験したように，教授が高い教壇から講義するのをやめ，目だたない格好で学生と同じ席に座りディベート調の授業をする，というように思想性をもった役割距離のとりかたもある。役割距離とは，広く解するならそういうさまざまな行為を含むものである。

社会的行為，地位関係，属性

社会的行為はさまざまな関係のなかで生まれ，成立する。共に同じ価値の実現を願う複数の者が知り合い，同志的友人となり，一つの運動のなかで協働することが起こりうる。同じ社会のなかに市民として生き，共通の規範に従い振る舞うという関係があろう。また，それとだいぶ違うが，利害関係のなかにある或る商品の売り手と買い手が，丁々発止のやりとりをしながら取り引きを行うことがある。

ウェーバーは，社会的行為に次のような区別をもちこんでいる。人間の行為が主観的意味をもって他の人々の現実の行為（または頭の中で考えられている

---

3) E. ゴフマンの言葉。与えられた役割に完全に同一化せず，遂行の過程でこれに距離をとる「別の自己」を示すような行動。役割に型通りに従うことを自己喪失と感じるところからの，自己の回復，あるいは「真の自己」の表出とみることができる (1985)。

潜在的行動)に関わっている場合に「ゲマインシャフト行為」と呼び、そのゲマインシャフト行為のうち、なんらかの定律(法律や慣習)にもとづく期待に準拠し、ゲゼルシャフト関係にある人々に期待できる行為を考慮し、主観的に目的合理的意味づけをもって行われる行為を「ゲゼルシャフト行為」という、と(1968：39)。つまり、具体的行為者個人のAさんとかBさんでなく、たとえば多くの匿名である顧客が、定まった商慣習にもとづいてかくかくの行為を合理的にとるだろうと信頼し予測し、ある商品をしかじかの条件で提供するといった行為がそれであろう。社会的行為とは、このようないわば間接的な意味連関において、利害的合理性を織り込んだ行為も含めるものとなっている。

行為者間の非対称な関係

ところで、相互行為を行う諸個人が対等な関係にあることは、例外的であろう。その関係が力や権威の上下関係(ヒエラルキー)を含んだものであることは、経験的にみてもひじょうに多い。否、それが人と人の社会関係においては普通でさえある。経営者－一般社員、行政の上役－下僚、教師－生徒、親－子、専門家－一般人などがそれである。

そのなかで取り交わされる相互行為は、対等という意味で相互的なのではなく、非対称の相互性であり、「道徳的上下関係」であったり、「権力関係」であったりする(ギデンズ1987：169)。一方は他方に対し敬意を表し、敬語を使って語りかけねばならない、または、相手に対し反対や抗弁をせず、命令として従わなければならない、といった非対称の関係がそれである。ただ、そうした関係は、命令や上からの教え込みとしては必ずしも意識されず、教師に尊敬の念をいだく生徒が進んでその教えを受けるように、自発的な関係として経験されることもある。ブルデューとパスロンが「象徴的暴力」(violence symbolique)という言葉で教師－生徒の関係の一端を示そうとしたのも、そのように考えてのことである(ブルデュー、パスロン1991：15以下)。

属性と行為者

ところで、行為者のおびるさまざまな特性のうち区別しておいたほうがよいものがある。人の担う、または帯びるさまざまな特性には、独身である、父親

であるとか,いくらの収入があるとか,企業の中の課長であるといったものもあれば,性,身体的特徴,その中に産み落とされた家族,民族,国籍,母語,宗教など,自分が選んだり獲得したものではないものもある。これらは,本人によっては変更することの難しい特性であり,一般に属性(ascription)という概念で呼ばれる。それは,獲得されるもの(achievement)と対比づけられ,使われる。近代社会では,行為者における属性的なものは重要性を失い,代わって業績が主要に評価の基準とされ,それがかれの地位を決定していくであろうと考えられていた。けれども必ずしもそうではなく,かえって,属性的なものの根強さ,否定しがたさ,場合によってはそれが誇りの源とされアイデンティティの源泉とされることもあることが発見されている。それが後期近代の社会学の気付きの一つであるともいえる。

じっさい,属性を理由として区別され,差別される場合は多々あり,そうした人々の集団に,「マイノリティ」の概念が充てられることがある。アメリカ社会では長らくアフリカ系(黒人)であるということは,周囲からの区別,差異化の対象とされてきて,今日も大きくは変わっていない。本人にとっては偶然的に与えられたと感じられる属性に,否定的な意味づけがなされ,かれ／彼らを差別される社会関係のなかに置き入れてしまう場合,不満,抗議が表明される。属性は,当該の諸個人の行為にもちろん影響を及ぼすのであるが,その影響の仕方は単純ではなく,スティグマ化(73頁参照)や差別を避けるために母語の使用をやめたり,改宗するといった当の属性を消去する試みもある。のちややくわしくみるジェンダーやエスニシティは,多分に属性による差別を問題視するそのような文脈のなかで概念化されてきた。

近代的行為者を単に自由な個人として置くことは,このような諸関係の重みを無視することになる。

行為者と文化

行為者がそのなかに位置する文化(culture)の問題は,社会学にとってきわめて重要なテーマをなす。文化とはとりあえず,人々の生活経験を象徴化したもので,形式的には象徴と価値の体系からなる(よりくわしくは7章で触れる)。そしてこの文化の影響から自由であるような行為者を現実に考えることはむず

かしい。現代の先端を行くといわれるアメリカ社会でも,「心の習慣」とR.ベラーらの名付けた微妙に背景の異なる諸文化が, 人々の行動を分けており,「人生の意味を見つけるための, それぞれ異なる私的・公共的生活の送り方」(ベラーほか 1991 : xiv)を提供している。

　一つの極には, エスニックな文化といえるような歴史に根ざし, 民族的アイデンティティの表出と確認をなすようなものがあろう。独自の言語や宗教などの保持と表出をともなっての行為は典型であり, 結婚相手の配偶者を決めるとき, 年に幾度かの行事や祭礼に参加の折, さらには子どもにどのような教育を授けるかといったとき, こうした文化が作用することがある。

　けれども, よりシヴィックな文化のなかでの多様性ももちろんあり, 世代, 地域, 階層などに関連づけられる文化もある。階層については文化的好みの違いを鑑賞行動, 消費行動などを通して明らかにしたブルデューの仕事(1990)がある。たとえば, ある人々は自分の心情にぴたりとくるからと人物の具象絵画を好み, また別の人々は日常的現実から距離化してくれるからと抽象絵画により惹かれていたりする。そうした文化的な規定作用は, ある方向づけられた好みに関係しているとみられるが, 当人自身にもほとんど意識されず, その意味でハビトゥスのレベルの文化であるといえる。

　個々人がどう感じ, 解釈していようと, それには必ずしも還元できない意味の次元がある, という見方が成り立つ。人類学者C.ギアーツが「文化」とは「社会的に決められた意味の構造からなっている」と述べるのには, そういう含意があろう(1973 : 訳I 21)。

　これとかなり近い指摘をしていると思われるのがゴフマンである。かれは目に見えない(暗黙的な)文化コードが, 市民たちの日常の振る舞いのなかにビルトインされ, 守られていて, それを侵す者は暗に礼儀しらずとの非難が向けられる例をあげる。有名な「儀礼的無関心」(civil indifference)の例をあげる。

　　道ですれ違うふたりがこのような儀礼的無関心を装う時には, およそ8
　フィートの距離になるまでの間におたがいに相手をよく観察し, その間に
　おたがいをよく観察し……相手が通りすぎる時には, あたかもライトを下
　向きにするように。おたがいに視線をふせる。(1980 : 94)

このルールなるものは，どこにも記されていないが，人々はないがしろにできない。そして，これがアメリカのミドルクラスに特に支えられた価値とみるなら，行為者の文化的背景も，支配的文化と下位文化という区別のなかにつかむことができよう。

もっとも，多文化の時代である今日ではこうした儀礼コードはより相対化されてしまって，以前ほどのルール性をもたなくなっているかもしれない。

4 プラティックとしての行為と再生産

近代的個人においては合理的，意識的な行為が優位すると一般的にはいえるとしても，行為のなかになかば無意識的，自動的とみえる要素はつねに一定の位置を占めている。

言説的意識，実践的意識

まず，主観的意味が含まれているといえるかどうか明らかではない行動もおびただしく存在する。毎日ネクタイを締めて勤め先に向かう，葬儀に赴く時には黒のスーツを着用する，といった行動もあれば，友人とくだけた会話をしていて目上の人が加わるとただちに「です・ます」に切り替える，といった行動もある。これらにいちいち主観的意味を見出し，解釈することがなされているか。多分，否であろう。当人自身も，「意味などは考えない，日頃のやり方に従ったまで」と言うかもしれない。ウェーバーも実は，「直接の感情や気分による行為」としての「感情的行為」，「身に着いた習慣による行為」としての「伝統的行為」という二つの行為タイプをあげていて，かれのいう「社会的行為」のいわば限界に当たるものとしている。これら行為については，さらに考察を必要とするだろう。

言説的意識 (discursive consciousness) と実践的意識 (practical consciousness) を区別したのはギデンズであるが，後者は「行為を実行するさいにたくみに用いられるが，行為者が言説によって定式化できない」言わず語らずの知 (1989：62〜63) であるとしている。これはブルデューのいうプラティック (「慣

習行動」と訳されることもある）と対応する。じっさい，われわれの振る舞いのなかには，なぜ，またいかに行うかについて言表できないものがたくさんある。たとえば食べ物をあつかうのに2本の箸をうまく使うには，どの指の間に箸をどう挟み，どこに力を入れ，どの方向に動かせばよいかを，使い慣れない外国人に逐一言葉で説明せよ，と言われれば，絶句する人は多いだろう。日頃会話のなかで意識することもなく使っている「する」動詞について，活用の法則は何かと問われ，答えられる人は多くはないだろう。しかし，日本人のほとんどが，箸を自由に巧みに使うことができるし，日常のおしゃべりの中でも「サ行変格活用」と言われるものを間違えることはない。つまり，何をどのような手順でどう行うかを言葉では言えなくとも，行動自体をし損じることはないというケースは実に多いのである。マイケル・ポラニーの言葉を借りれば，「暗黙知」(tacit knowledge)というべきものである[4]。

規則を知っていること

哲学者L.ヴィトゲンシュタインは，チェスのゲームに興じる際に手が次々と打たれていったり，スピーチのなかで組み立てられた文がよどみなく発せられていったりと，何であれ，「規則を知っていること」(knowing a rule)とは，行動を続けることができることなのだ，と述べている。ゲームをしたり，スピーチを行うのは決して没意味的な自動行動ではないが，といって，なぜ・どのようにして，という行為の意味やその成り立ちはほとんど意識されないままに行われる。

ウェーバーは，社会的行為とは「他の人々の過去や現在の行動，或いは未来に予想される行動へ向けられるもの」(1972：35)であるとし，「黙想や孤独の祈りのような宗教的行動は社会的行為ではない」(同36)と書いている。だが，解釈としては狭すぎるだろう。孤独のなかにいるという空間的特殊性や，「祈る」という行動の直接的意味に囚われるべきではなく，神への訴えというかたちをとりながらもその祈りにこめられるであろう社会的意味が推定されてもよい。

---

4) さまざまな意味で使われるが，ポラニーは，人がもっている，言葉では言い表すことの困難な，またはむずかしいさまざまな知識という意味で「暗黙知」の語を用いた。違いを言葉では言えないが，沢山の友人や知人の顔を識別し認知できること，など(1980：15)。

さて、このように考えると、人々のとる行為は、一つ一つが絶対的一回性をもって展開されるのではなく、再現性、慣習性をつねにもっているのではないか、と考えられてくる。日常の場での見知った相手へのスピーチはもとより、初対面の人物との緊張にみちた対話でも、既存の言語資本の動員、規則の無意識の使用、ものの見方、感じ方という意味での既得のハビトゥスへの依拠などがあり、行為は再生産的な性質をもつ。再びヴィトゲンシュタインを引くなら、規則に従う行為とは、一人の人間が一回かぎり行うといったものではなく、「ある規則にしたがい、ある報告をなし、ある命令を与え、チェスを一勝負するのは、慣習（慣用、制度）なのである」(1976：161)ということでもある。

再生産としての社会的行為という見方には、誤解のないように以下に説明を加えておこう。

構造の獲得、そして変換

筆者がブルデューやヴィトゲンシュタインと並んで注目したいのは、心理学者ジャン・ピアジェであり、その発生的構造主義または方法的構造主義である。かれは、子どもの知や思考の発達を考察して、規範の内面化の理論のいうように子どもは受動的に思考のシェーマを取り込むのではなく、獲得した知のシェーマを、自らの操作を通して調整したり、より分化させたりして発展させていくのだ、とする。「もっとも真実な構造は操作的性質をもっているので、変換の概念は、形成の概念を示唆し、自己制御は、自己構成を招く」(1970：68)。

再生産とは、同一のものの単なる反復再現を意味しない。むしろ何事も無から(*ex nihilo*)は生じないこと、そして行為者の行うオペレーションを通して、変換されつつ生起することといってよい。何にせよ、新たにとられるとみえる行為もすべて、与えられた先行諸条件に規定されつつ、またそれらを資源とし、状況に応じて変換されながら、展開されていくのである。たとえ意識的でなくとも、行為者(agent)の実践はつねにこれを媒介している。

経済学では、再生産とは同量、同質の生産が繰り返されることではなく、「生産がたえず更新される過程」(『経済学事典』平凡社)であって、生産の継続性という要請があっても、時間 t_1 と t_2 の間で生産の条件が変わることによる拡大再生産あるいは縮小再生産を指す。社会学では、ある事象や行為の再生産と

いうとき，もっと多様な要素が考慮され，ある要素が他の要素に置き換えられる「変換」(transformation)の過程も組み込んで，理解されなければならない。

　たとえば本屋をいとなむ店主である父の下に育った一少年が，大学に進み，勉強好きで，研究にも熱意を示し，指導教授にも評価されて研究者の道を進むとする。父はかつて教師となることを夢見ていたが，家業を他に継ぐ者がなく早くから今の仕事に就いた。そのかつての夢を繰り返し子どもに語ったかもしれない。仕事柄，わが子の読書指導にも熱心だったかもしれない。真面目で勤勉に働く態度が，少年に受け継がれた可能性は大いにある。しかしその父の勤勉さと知ることへの熱意を，後者は，朝から晩まで熱心に顕微鏡を覗く，あるいは実験装置のなかの反応を監視する，というまったく別の作業へと変換しつつ，実現する。よい本を求める客への奉仕を生き甲斐とする父の態度は，個人としての業績追求よりも学生や後進研究者への指導に熱心であるかれの姿勢に変換されているとみることもできる。

　行為の再生産的な性格はしばしばこうした変換を通して看取されるのである。

3章
社会場面での理解，行為，相互行為

1 社会学における「理解」

「理解」とは，疑いもなく社会学研究のキータームの一つであるが，日常の生活場面でこの言葉が使われるときには，実にさまざまな「理解」を指して用いられる。とりあえず，あげてみよう。

「暗闇のなかを動く光が何であるのかを理解する」（認識上の識別），「近年の小学校の学級数の減少が出生率の低下に原因することを理解する」（因果関係の理解），「閉まろうとする電車のドアに駆けよるという乗客の行動を理解する」（事実的理解），「制服姿の車掌が何か言葉を発しながら車内を回りはじめた行為を理解する」（類型に関する理解），「予算案を成立させたいという首相の希望に野党も理解を示す」（同意，あるいは賛同），「災害の危険が迫っても避難しようとしない人々の気持ちを理解しようとする」（動機的理解），等々。

社会学的に重要な理解とは？
このなかには社会学的には意味のない理解はないといえるが，おそらく最も重要なのは第六のそれ，つまり「動機的理解」であろう。では，この理解は，他の理解とどのようにちがうのか。マックス・ウェーバーには，有名な次のような一節がある。

　　木を切り倒す行為にせよ，銃を構える行為にせよ，それを私たちは直接に理解するばかりではない。木を切り倒す人間の行為は，給料のためなのか，自家用のためなのか，気晴らしのためなのか（合理的），それとも興奮

のあまりなのか(非合理的)、また、射撃者の行為にしても、命令によって処刑するためなのか、敵を倒すためなのか(合理的)、それとも、復讐のためなのか(感情的、つまり、非合理的)、そういう点が判っていれば、動機による理解も行われることになる。(1972:15)

　要するに、かくかくの行為がなぜとられるのかを、行為者の主観に身を置いて「何が思われているのか」をはかりつつ理解するということである。もちろん因果関係の理解や事実的理解が不要というわけではないが、およそこの動機的理解を経ないような説明の試みは、社会学的理解とはいいがたい。
　一例をあげたい。1995年3月、東京の地下鉄車両内で、オウム真理教の信者である実行者によって神経ガスのサリンが撒かれ、13名の死者、数千名の負傷者を生んだ。この事件を理解可能にすること、それは、サリン・ガスの殺人効果を化学的に理解することでないことはもちろん、だれが実行者かなど犯行をめぐる法的な事実関係が明らかにされることに尽きない。法的事実関係は明らかにされ、最高裁判所の判決は下され、事件の法的決着はついたとされる。だが、実行者たちが、だれのどんな指示と示唆をどのように受け入れ、どのような動機によってサリン撒布にいたったのか、という意味連関がたどられ、動機的理解がなされないかぎり、出来事は社会学的には理解不可能なままにとどまる[1]。

動機的理解の問題点

　動機的理解とは何か。動機的理解じたいはつねに二つの困難な問題にさらされている。一つは、当人自身がどこまで確実に自分の心の状態を把握しているか、意識しているかであって、観察者がこれを推定によって理解するときには、曖昧であるものに明確な意味を与えて、かえって単純化してしまうこともある。デュルケムは、『自殺論』の中の有名なパッセージで、自殺について推定される動機(motif)の判定は下級の役人(検死官)の行う粗雑な作業なのであてにならない、と書いている(1985:167〜168)。では、臨床経験のきわめてゆたかな

---

[1] 事実、その捜査と公判でも、被疑者とされた実行者の犯行の事実の自供はあったが、行為の動機は明らかにされることなく、法的事実関係にもとづいて判決は下された。

医師や心理学者など専門家が行えば，適切な報告になるのだろうか。むしろこの著者の批判したかった点は，次のことにあるのではないか。

　それは，「動機」という心理的な範疇の，まさにその主観的な部分のみを把握すればよいのかという点であり，自殺は動機別に「後悔」とか「厭世感情」とかに分類されているが，こうした動機とは背景があるものであって，覆い隠されている関係や葛藤などをもっているはずである。そうした事情，状態，構造との関連から切り離して心理的な動機を分類し，もっぱらそれに注意を向けるなら，社会学的理解としては不十分なものになる。

　たとえば子どもを打擲(ちょうちゃく)している親を例としてみよう。親の発するその言葉を聞き，聞き分けのない子どもへの怒り，腹立ちを行為の動機として推定するかもしれない。または，育児の責任が自分ひとりに委ねられ，やり場のない孤立感，不満などが入り混じっているとみられるかもしれない。しかしそれがあまりに執拗であるとき，「子どもの虐待」というカテゴリを想定する者はもっと別のレベルの，親の特別な経験などに関わる要因があるのではないかと考える可能性もあろう。

社会的行為の理念型に照らして

　ウェーバー自身は，社会的行為の理解をどのように進めうると考えたのか。関心のある読者は，『プロテスタンティズムの倫理と資本主義の精神』のなかに展開されている，ピューリタンの信仰から固有の実践倫理（「世俗内禁欲」）がみちびかれる過程についてのみごとな記述をたどってほしい。その理解の方法は，基本的には，行為がどのような意味に貫かれるのかという観点から，行為の理念型（目的合理的，価値合理的，感情的，伝統的）をつくり，それらを適用し対象の行為の一致とズレを明らかにする，という手続きをとっている。その際，最も明証性をもつ行為の型として目的合理的行為を置くとしている。これは，外界の事物や他人の行動について予想をもち，それを合理的に追求される自分の目的のための条件や手段として利用するような行為のタイプである。それとの対比で，ないしそれとの距離によって実際の行為の特質を理解していくという方法である。「目的合理的なものは，まさに目的非合理的なものの作用範囲を測定することができるための理念型として，役立つ」(1968：15)。

しかし，概してウェーバーにおいては，「目的合理的 – 非合理的」という二分的な枠組みが支配的なものとしてあり，このため単純な弁別に終わってしまう恐れもある。たとえばある個人が巨額の財産をもちながら貧者のように切り詰めた生活をし，衰弱死して発見されるという事例が実際にあった。この行為は，合理的ではないと判断されるとして，では，そのような行為はタイプとして価値合理的行為なのか，感情的行為なのか，それとも伝統的行為なのか。そういう推定までをも許してはくれない。すなわち当の行為の具体的な動機の推定を可能にしてはくれない。目的合理的行為をモノサシにすることは，行為の理解のほんの出発点を指し示しているにすぎないとみるべきだろう。

2 規範と行為，相互行為

主意主義的な行為観

社会的行為における「意味」を，当の行為者自身が考え，生み出すことは可能である。個人Aが個人Bに対して自分の意思を語り伝える，またAが，不特定多数のC，D，E……に対して「○○すべきである」という説得を行う，といった場合は一応そうみられる。ヴォランタリズム（主意主義）によって特徴づけられる行為は一般に，主体がもろもろの社会的影響を受けながらも，自らで行う考量，決断，選択などの意味創出の営為がはたらくという点にある。

ウェーバーの方法上の立場を「方法論的個人主義」と呼ぶならば，それは，自己 – 他者の相互関係の形成は，その場面を支配する規範によって方向づけられるよりも，相互に相手をめざして行われる個と個の行為における主観的意味の間の補完とか対立の関係によって方向づけられている，とみなすということだろう（佐藤 1976：14〜15）。

また，象徴的相互行為論（symbolic interactionism）の名で呼ばれるアプローチも，シンボル（主に言語）を用いての行為者間の――個人内（intra-personal）の解釈と内省の過程も含んだ――意味的相互行為によって，刻々に動的に状況定義や関係のあり方が変わっていくプロセスに関心をもつから，ヴォランタリスティックな性格が強いといえる。この理論の潮流の源は，プラグマティズムの行為観を社会的に深めたG. H. ミードらに求めることもできるが，その名を

創始したのはハーバート・ブルーマーである。

　かれが述べるには，通常「集団」と呼ばれているものも，そのなかで人々が互いに行為を指示し合い，相手のとった行為を解釈していく一つの過程にすぎないとみなすことができる（ブルーマー 1991：66）。たとえなんらかの集団のメンバーとしてある範囲の諸個人をくくるにせよ，そこでは個々人の関係は，構成され，再構成されていく意味世界に従って変わっていく。意味交換（コミュニケーション）を通して，たとえば当初は距離感，警戒感をもって接していた二人の個人が次にはしだいに警戒心をゆるめ，ついには意気投合して友情を感じるまでの関係に変わっていくなど，どのようにも変化しうるとする。

　そうしたことはもちろん経験的に知られているが，しかしある社会的な場のなかにすでに一定の価値−規範がいわば埋め込まれていて，行為者はそれに同調または追従するというかたちで自らの行為を意味づけるという場合もある（以下，価値−規範という複合的タームを，単に「規範」というタームに置き換える）。

　筆者は，次のように書いたことがある。

　　発話（スピーチ）のような行為をとってみると，「話したい」「訴えたい」「言わなければならない」という強い動機づけがこれに伴うこともある。また，不慣れな非母語（なかんずく外国語）によってコミュニケーションしなければならない時，地位のはるかに高い人物に語りかける時のように，決意，緊張，不断の注意を必要とすることもある。しかし非常に多くの場合，言語を規則どおりに運用していくことそれ自体に動機付けが必要となることはなく，あたかも自動的であるかのように行為は生産，再生産されていく。（宮島 2011a）

規範を通して行為の意味をつかむ

　デュルケムは，自殺研究において主に，規範によって行為の意味をつかむという視点に立っていたといえる。これは，後に G. ポッジが「規範の第一義性」という言葉でデュルケム社会学の特徴を要約することにより，指摘するにいたった点である（ポッジ 1986）。ポッジによれば，『自殺論』の著者は自殺を，そ

の時代の社会のなかで人々の行為を規制している三つのタイプの規範(「集合意識」),すなわち自己本位主義,集団本位主義(愛他主義),永続的遂行にそれぞれサンクションされた行為として類型化していた。

　デュルケムは規範を個人の意識から切り離して,個人を拘束するものとして実体化してとらえた,とよく批判されるが,それはかれの用語法などに起因していて,そのように誤解されやすいものだったことによる。『自殺論』は,近代社会における複数の価値－規範の併存,競合をも観察していて,それがある社会的状況におかれた個人の行為とどのように結びつくかを考察するものであり,あれこれの規範の単純な決定論ではなかった(宮島 1987：137)。

　〈規範と行為〉に関してデュルケムが後世に与えた影響で無視できないのは,それぞれの社会的場面あるいは行為空間のなかに目にみえないが変わりにくい,サンクションを伴うコードが支配していることを,社会学者たちに気づかせたことである。その影響は広範なものがあって,たとえば E. ゴフマンが「デュルケム学派の思考の流れをうけつぐ論者」と呼ばれたりするのは(コリンズ 1992：79),そうした意味である。

目に見えない規範に沿って

　ゴフマンは,より日常的行為場面で自由に,自発的に振る舞っているかに見えながら,さまざまな自明視されていて意識されない,しかし強い拘束性をもつ規範が存在していることを指摘している。人々のとり交わす相互行為には,じっさい,なんと多くの「儀礼的要素」が含まれることか。相手の言うことにあからさまに反対しない丁重さ,相槌を打つという必要,これらは社会の場面,場面でそれとなく決められている。また人々の集合している場において,とりわけ「話す」という権利については,多くの見えざる規範がはたらく。たとえば客を招待しての自宅での夜のディナーの席には,自分の子どもを座らせておくことは,まだ許される。しかしそこから先には,守られるべき目に見えない規則がある,とゴフマンは論じる。

> 　話によるかかわりでは,聞く権利はすべてのものの権利であるが,話す権利は,舞台興行や大きな公共集会などで典型的に見られるように,制限

される。子供はディナーの席では聞くことは許されても話すことは許されないことがある。話すことがまったく禁止されない場合でも，子供が何か言いかけると，親がそれを引き取り代わりに言うという形となり，子供には自分のメッセージを完了する権利が与えられないのである。(1980：106)

もちろん子どもの振る舞いについての以上の規範は，必ずしも通文化的に一般化されず，典型的にはたぶん欧米のミドルクラス以上の世界で遵守されるものだろう。だが，ある与えられた場や関係において「適切な行為」についての多少ともリジッドな規範が存在すること，これはたしかであろう。そうした規範の存在にそれとなく気づき，発見し，遵守しようとすることは，「日常知」の探究者である一般行為者が実は絶えず行っていることにほかならない。社会学的研究はそれを明らかにすることを通じ，社会のなかにはたらく統制作用，マイノリティの形成と排除のメカニズムなどを明るみにだすことができよう。

3　日常生活者の方法としての「理解」

日常知の理解という作業
　社会学における「理解」については，私たちもほぼウェーバー的なアプローチに従って考えてきたが，これに対しては次のような批判がある。

> ウェーバーの「理解」は，あくまで行為を外から科学的に観察している社会学者の方法として位置づけられている。しかし，社会学者のみが行為を理解しているわけではない。社会生活をおくる日常生活者自身にとっても，行為の理解は，社会生活をおくる上で不可欠の方法なのである。理解とは，社会学という「科学の方法」である前に，私たちの日常生活の方法である。(江原 2005：13)

ここでは，まさしく視野の転換が必要となる。研究者ではなく，市井に生きている普通の人々がどのような理解の方法をとりながら生活を送っているのか。それは，科学者の進める理解と多くの点で異なり，フッサールの現象学的哲学

から引き継いでアルフレッド・シュッツの用いた「自然的態度」から示唆をうけて唱えられた，「日常知」(ordinary knowledge)の社会学として展開されるようになった。自然的態度とは，諸事物や世界がわれわれの主観の意識とは独立に存在するかのように考えたり，無意識に自明視するようなものの見方をいう。たとえば，太陽は東から上り西に沈む，親はいつも自分に愛情を向けている，自分と会社の同僚の間にはつねに信頼関係が成り立っている，等々。しかし，シュッツは，こうした知識は，(1)まとまりを欠いており，(2)部分的にのみ明瞭であるにすぎず，(3)つねに何ほどかの矛盾を含んでいる，とした(1980：33)。

　行為者の獲得している知識のなかには，理屈では説明できないが，積み重ねられた経験知として役立つものもある。たとえば朝の風向きや空の色が○○だから，日中は好天になるだろうとか，嵐になるだろうと予言する人々がいる。長年稲作に従事している農民が，気温と日照の具合をみながら，秋のコメの収穫の豊作・凶作を言い当てるなどの例は典型的なものだろう。

　しかし，より社会的なイシューについても日常知はふんだんに存在する。そしてそこには，するどい洞察もあれば，過度な一般化や単純化や危うい偏見もある。たとえば，麻薬の売買や使用などある種の犯罪が増えるのは，法的処罰がゆるすぎるからだという理解をする民衆は，その理解にもとづき裁判の際に「厳罰を科すべき」と主張する。また，民族や性別に関する日常知というべきものもあって，「中国人移民は家族・親族の団結心が強い」といった知識はアメリカでもヨーロッパでも共有されている。ジェンダーの関連では「政治は男性向きの仕事だ」とする知あるいは言説は，多くの人々がなんとなく受け入れている観念と合致する。

　その種の日常知はどんな社会的機能をもつだろうか。一概にはいえないが，死刑などの厳罰の維持や，女性の政治生活への進出への疑問の提出など，保守的世論を支える場合が多いといえるかもしれない。また「○○○人は抜け目ない」とか「△△△人は迷信ぶかい」といった日常知は，しばしば民族ステレオタイプと呼ばれる偏見をつくりあげてきた。

エスノメソドロジー

　こうした問題へのアプローチをより精練し，徹底しようとする一つの方法に，

エスノメソドロジー(ethnomethodology)がある。H. ガーフィンケルの創始と命名によるものであるが，これは「人々の用いる方法論(やり方)」といった意味であり，市井の人々が日常の認知活動において，ある事柄についてどんな説明実践(accounting practice)を行っているか，を観察し記録し，記述するというものである。

エスノメソドロジーのすぐれた解説者であるK. ライターは，日常的発話というものを説明して，そこでは，人々は実際的目的にかなうように——科学的合理性などとは別に——相互に文脈依存的に知識を共有しあっている，とする(ライター 1987 : 143)。事実，厳密に吟味せず，論理的につき詰めずになんとなく了解しあっている事柄が，日常生活では多い。

たとえば，数人の若者が集まって昨日近隣の店で起こった万引き騒ぎについて話している。「やったのはきっとAだ，だってAは他の連中とちがうからね……」「うん，そんなところだね」。この短いやり取りにおける説明(アカウンティング)は，当人たちには自明視されているが，文脈が分からないと理解できない。実はAを取り巻く者たちの間では，Aに盗みの前科があることが知られている。そして，一度犯罪を犯した者は，またこれを繰り返し，常習者になっていくものだ，という"常識"がかれらの間に暗にはたらいているのである。以上を前提としてこの会話は成り立っていたのだ。

したがって，エスノメソドロジーの注目する「人々のやり方」はしばしば，偏見の形成や差別などの行われるメカニズムに関わっていて，記述は社会問題研究にも活かされるものである。ただし，エスノメソドロジー自体は，観察と記述の手続きの厳密さを求めるが，人々の知の何が真実であり，何が間違っているかなどの判断は差し控えるべきだとしている[2]。方法としては，会話の記録と分析を行い，あるいは参与観察を行い，日常知の展開を精緻にたどり，これを構成しようとする。

間主観性の成立または不成立——相互理解の暫定性

相互行為の過程にある二人あるいは複数の行為者が，言語やその他のさまざ

---

[2] このような態度は，「エスノメソドロジー的無関心」と呼ばれる。

まな手段を用いて意味を交換するとき，行為者たちの間に真の隔意なき相互理解といったものは成り立つのだろうか。このことは，「相互理解」という語の定義次第だろうが，そうした可能性の想定は，裏切られることが少なくない。

　気温の低い冬の朝に「今日は寒いですね」と行き会う人に挨拶したり，友人と一緒に映画をみて「ラストシーンは感動的だったね」と語りかけて，相手の同意を得ようとする。そして，たいていは呼びかけ，語りかけに同意する言葉が返ってくる。シュッツは，「間主観性」(intersubjectivity)というカテゴリで，日常生活のなかでわれわれはそこに存在する他者も自分と同じような意識をもち，同じように物事を見ていると思い，その想定に立って行動しているという事態を述べている。

　　　私の日常生活の世界は，決して私だけの私的な世界ではなく，はじめから間主観的な世界である。それは，私が仲間の人間と共有している世界，他者によって経験され解釈される世界，つまりわれわれすべてに共通な世界である。(1980：147)

　この概念じたいはフッサールの現象学的哲学が提起したもので，もともと主観性は個の単独のはたらき(コギト〔われ思う〕として)とされてきたものであるのに対し，共同的にも構成され，個を超える客観性をおびた表象世界をつくりだすことに注目したものである。この共同性は強固とみえる場合もあり，永遠に変わらないと感じられ，重要な決断(相手の異性との結婚の決断など)の根拠とされる場合すらある。だが，それでも一種の想定にもとづく他者理解によるのであって，相手が同じことを感じ，考えていることのしかとした確証があるわけではない。合槌をうちながら，不同意であるかもしれない。内心では別のことを考えていたり，事柄の別の側面をみているかもしれない。間主観性は，自明視された「自然的態度」の一つの形式であるとされる。

　言語コミュニケーションでは
　また，言語という媒体を用いてのコミュニケーションが，独特の複雑なフェーズをつくりだすことについても，日常その例に事欠かない。たとえば，会議

室に入って来た上役が「今日は暑いね」という言葉を発すると，そこに居合わせた部下たちは一斉に窓を開ける，あるいはエアコンのスイッチを入れるという行動をとる。入室した上役としては，単に挨拶程度に述べたつもりの言葉が，ある特定の行動指示のメッセージとして解釈されるのである。そういう解釈が生じた文脈としては，暑い日であるということ以外に，上役－下僚関係という地位上下関係がはたらいたことがあげられる。

　言語学的な解釈では，J. L. オースティンなどが強調したように，形式上はもっぱら客観的事実を述べている報告文とみえるものが，実際に勧告や命令のスピーチとして機能するということが起こる（オースティン 1978）。たとえば，「君の背後に1頭の雄牛がいる」という言明は，牧場に遊ぶ友人を写した写真を見ながらなされる場合もあれば，街路に牛を暴走させるスペインの祭に参加した街頭の友人に向けられる場合もあろう。後者の場合「逃げろ」という指示にほかならないから，客観的事実の陳述どころではない。そうした解釈も，具体的な行動場面あるいは社会関係的文脈のなかで生じると考えるべきである。

「ダブル・コンティンジェンシー」をどうあつかうか

　ところで，相互行為する複数の行為者においては，一方の行為者のとる行為は，他方の行為者の対応を知っていることが条件となるが，たいていそうでない状態のなかで行為はとられねばならず，これは相互的であるから，不確定性のなかにある。これを 1950 年代に T. パーソンズが「ダブル・コンティンジェンシー」(二重の条件依存性)[3]の問題と呼んだ。そしてその解決としてかれは，二行為者は，互いに利害得失を考えて同調することもあるが，また共通の文化的背景のもとに置かれているので，その母胎の下で理解の共有は容易に成立するであろうとした（パーソンズ 1974：42〜44）。そう考え，特に文化の共通の内面化を重視したのである。

　だが，独特の社会システム論の観点に立つ N. ルーマンは，同じ「ダブル・コンティンジェンシー」を論じても，コンセンサスを想定するパーソンズ的

---

[3]　この概念が「社会的秩序はいかにして可能か」という問いのもとに提出されていることにも注意。なお，ダブル・コンティンジェンシーはパーソンズが中心になりまとめた『行為の総合理論をめざして』のなかの「宣言」(1960：25)でも提出されている。

解決とは別の道をとる。それは時間のなかで生じるのであり、相手の行為者 (Alter) は不確かな状況のなかで試行的にある行動をとり、あいさつ、身振り、場合によっては贈与を行う。そうして提供する状況規定を、いったい自己 (Ego) が受け入れるか、どう受け入れるかをじっと見守る。それに続く自他の行動はことごとくこの不確かさを縮減するものになり、決定を下していくものとなるが、ただし決定はポジティヴでも、ネガティヴでもありうるとする (ルーマン 1993：160〜161)。他方の行為がどう出るか前もって分からないこの不確定な状況でとられねばならない相互行為は、予定調和的に収斂するとは限らず、かえって創発的な新たな関係性を生みだす可能性もある、とかれは考えているかのようである。

のちにルーマン自身、「どのようにして二重の偶発性という問題を日常的に用いることが可能となる調整にいたるかは、はっきり理解されているわけではありません。そもそも人々が共通の価値をもった場合、ときとしてそれだけいっそう激しく争うことになります」(ルーマン 2007：396) とも論じている[4]。

一方、相互行為に伴う相互理解には、その意図に反する事後発見性とでも呼ぶべきものもあろう。

上役が部下の者に対して「仕事はうまくいっているかね」とたずねたところ、「すみません、うまくできていなくて……」と、まるで叱責された時のような返事が返ってきて、上役は戸惑いながら、あらためてこの部下への自分の感情を振り返る。言葉に出して言わなかったが、日頃その部下の仕事ぶりに不満を感じていたのかもしれない、と。そして部下は、その上役の暗黙のメッセージを日頃感じとっていたにちがいない。行為者があるコミュニケーションを発して、それが意図とは別様に相手の行為者に受けとられたと感じても、よくよく思い返してみて、「意識していなかったが、実は自分もそう言いたかったのかもしれない」と気づくこともある。そこからさかのぼって相互行為の意味そのものがあらためて再構成されることも起こりうる。こうしてみると、相互行為を行う当事者たちがやりとりのなかで、その都度その都度行う意味解釈は、暫

---

[4] こうしてパーソンズが自他の理解の収斂を強調するのに対し馬場靖雄は、もともとルーマンはコミュニケーションにより自己と他者のパースペクティヴの差異を解消できるという前提に立っていない、とみている (2001：69)。

定的であることが少なくない。

4　権力，権威と意味理解

　すでに述べてきていることであるが，社会的場面とは，どのような場であれ，たいてい力が非対称にはたらいているとみられる以上，相互行為は対等ではありえず，力関係の影響を受ける。あらゆる相互行為は，意味の生産と交換であるとともに，「道徳的関係」でもあり，さらに「権力関係」でもある，とギデンズも書いている(1987：169)。意味理解にも当然そうした関係が反映する。社会心理学の古典的な実験では，ある特定の陳述文を示して被験者のそれに対する賛否の回答をあらかじめとっておき，次いで，時間の間隔を置き，たとえば「この言葉はかつてルーズベルト大統領が述べたものである」と付け加えて再質問すると，回答では賛成の比率が明らかに高まっていた。

　相互行為の行われる場によっては，そこに参加する者に平等に発話する権利が与えられず，特定の人間が，その地位に関連して特別に大きな発言権を認められ，その発言がよりよく聞かれるということも指摘されてきた(ゴフマン1980：106)。

コミュニケーションと力——「象徴的暴力」

　こうした問題に独特の関心から注意を向けてきた社会学者は，ブルデューとパスロンであろう。かれらは，教育的はたらきかけ(action pédagogique)というコミュニケーションを中心に，権力(権威)が意味解釈に与えるさまざまな影響を例示している。教師が学生または生徒に対して行うコミュニケーション(講義等)は，多少とも権威と権力(成績の評価を行う権限)を含んだ力関係のなかで行われる。多くの生徒は，たとえ批判力をもっていても，教師の語ることに反論をせず，正しいものとして受け入れる。学生，生徒は教師の語ることを「真理」として受け入れ，理解する。しかし，この受容行為を，権威の関係という力の関係から完全に切り離して理解することができるだろうか。

　ブルデューとパスロンは，教育というはたらきかけに，フィジカルな暴力とは異なり，それには決して同一視できないが，しかし力による意味の押し付け

が含まれているとし，これに，すでに前述したが「象徴的暴力」[5]というタームを充てた(1991)。

言語活動の実際にはつねにそういう性質があり，コミュニケーションを透明で水平的な意味交換とみることはできない，と。「言語はコミュニケーションの手段，知の手段にとどまるものではなく，力(pouvoir)の一手段である。人は単に理解されることを求めるだけではなく，信じられ，服従され，尊敬され，一目おかれることを求めている」(Bourdieu 1977)。

5　間接的社会関係と理解，コミュニケーション

人と人の理解の問題を主に対面的な状況のなかで論じてきたが，上に述べたように決して対等なパーソナルな関係ではない，力の関係がはたらいている対面的状況も考慮しなければならない。相互理解の問題に貢献をしてきたウェーバーからシュッツへの理論的流れは，現象学的社会学の視点にふさわしく，生活世界のなかで「いま・ここに」現前し，パーソナルにコミュニケーションを行いうる関係をいわば特権化し，それと派生的関係ないし間接的社会関係との違いに区別をもうける傾向がある。この区別をなぜ重視するのか。

シュッツは，「派生的関係においては，参加者は，他者の自己を統一としてとらえることができない」(1980：221)ことをその理由としている。間接的社会関係とは，本人とたとえば駅員，郵便局員，銀行行員，警官，役場吏員，デパートのような大規模店店員，等々との間に成り立つ関係であり，つまり，直接的な触れ合いはあっても，個人的関わりをもつわけではなく，関わりをもとうとも思っていないような関係である。

私にとって，かれらは匿名であり，類型的存在であり，それ以上のものではない。だからかれらを理解しようとは思わないのだ。「彼らは……もっぱら彼らのもつ機能によって定義される匿名の人物として現れるにすぎない。彼らはこうした機能の担い手としてのみ私の社会的行動にとって有意なのである」(同

---

[5]　「暴力」という日本語には，身体攻撃など物理的な力の行使という意味が濃厚にあるが，ここで言う"violence"は，強いて～させる力，押し付ける力の意味であり，物理的力の行使に限られない。

232)。

　だが、この間接的社会関係のなかで発生する理解の断絶、または理解という活動の異なる次元へのシフトといった問題も、社会学的に重要でないわけではないから、検討しておかなければならない。

相互理解の不成立、理解への戦略
　たとえば、先方に送ってとうに届いているはずと思った郵便物が未着であると分かり、郵便局の窓口で局員に交渉してどこまで調べてもらえるか。場合によっては「なぜ書留にしなかったのですか？」という先方の一語で決着が着けられてしまうこともあろう。また、福祉事務所の窓口で生活保護を受けたいとしてその理由を縷々述べても、「法律はこうなっているから無理だ」という回答が返って来るかもしれない。

　クレイムを申し立てにくる顧客に、先方ははじめから警戒的で、職務のなかでは個人的同情心をもつことは禁物とされていて、冷たい態度が装われることは少なくない。相互主観性が成り立っていないとき、相互理解はどうなるか。当然成り立たないだろう。その場合、顧客である私は諦めてしまうかもしれないが、もしそうしたくなければ、先方の「理解」を引き出す戦術を考えようとするだろう。

　たとえば法的な規定や前例を調べあげて、「権利」によってクレイムを正当化できるようにしようとする。また、一個人の訴えであったものに、支援者を募り、問題が広く共有されるようにし、社会的な交渉になってくることもあろう。それによって、先方が調査を約束するなど、理解の新しい局面が開かれるかもしれない。その場合の「理解」とは、力関係から考えての先方の譲歩であるかもしれない。それもうまくいかず、力の関係からして、私人である一般人が交渉を閉ざされ、理解を拒まれ、敗北に終わることももちろんあろう。

　社会学的な理解は、問題がこうした関係のなかで広がりをみせることにも関心をもたなければならない。

4章
社会関係と集団形成

1　集団と境界

　人間は社会関係のなかに位置づけられ，またその関係を絶えず更新しつくり直していく存在である。そうして形成され変動もする社会関係を，「集団」または「社会集団」というかたちで分節化してとらえることは可能である。通常，家族，村落，都市，企業，労働組合，政党，大学，その他の学校，さまざまな自発的結社，宗教団体，民族コミュニティ，国家，等々の名称で集団の分節化が行われている。
　複数の行為者のあいだに相互行為が行われ，そこにある程度の規則性と持続性のある関係が成立しているとき，そのような関係は「集団」と呼ばれうる。集団の成員には，程度はさまざまでも共通の所属感，アイデンティティ，場合によっては目標が分かちもたれていることもある。

境界の流動性
　しかし，そのように定式すると，ただちに以下のような補足が必要になってくる。
　まず，集団は，だれが成員であるかを比較的明瞭な基準によって限定している場合と，そうでない場合がある。前者にあたるとされる企業，労働組合，政党，学会や，あるいは国籍という明瞭な資格基準をもつとされる国民の場合でも，境界が意外に流動的だったり，メンバーがごく短期に入れ替わっていることがある。それに，成員であることの基準は何か，ある個人がそれを満たしているのかどうかを知らない人々が，メンバーシップを決めることさえある。ジ

ンメル流にいえば，人々の眼差しが集団の内と外を決めるともいえ，ある人々が「異邦人」か否かを決めるのは，客観的資格であるとは限らない。

　また反対に，ごく一時的な集合にすぎないとみられる集団が，意外に恒常的な絆をもっていることもある。球場のスタンドの一角でその日にたまたま出会い，共に手拍子の声援を送り，試合が終わるとほどなく解散してしまう××球団のファンなどは，一時的な壊れやすい集団の典型とみえよう。だが，そのファンたちが会報やインターネットを通じて常時意見を交換したり，動員を呼びかけ合う確かな手段をもち，結ばれていることもある。集団のメンバーシップは多くの場合固定的とみるべきでも，逆に無限定とみるべきものでもない。

　なお，「ネットワーク」という呼び方が充てられる集団現象もある。特定の関心から会報，ビラ，インターネット，場合によっては口頭のコミュニケーションで結ばれ，意見を交換し，必要に応じて特定の場所に集合，集会するかたちもある。このネットワーク的活動は，空間的に拡散していて，しかし関心，行動目標を共通する人々のあいだで行われる。情報への自由なアクセスや転送が認められて，これが広がれば，ネットワークに関わるメンバーの数は飛躍的に増えるし，境界はいっそう流動的となる。

　たとえば1989年のベルリンの壁の崩壊に先だつ数か月に東ドイツ（DDR）内に現出した，刻々と雪だるま式に数を増した「自由」や「公開」（グラスノスチ）を求める市民たちの行動（ライプツィヒ・デモなど）は，この例である。近年では，2011年の福島原発の事故以降，原発についての情報提供，学習，必要に応じての反原発の集会，毎週金曜日のデモンストレーションの呼びかけで，各地でこの型の集団化，すなわちデモや集会が行われた。PCや携帯電話によるインターネット使用というメディア環境がこれをいっそう可能にしている。

自己定義のカテゴリとして

　また，集団は，成員となって実際にその一員であると感じ，拘束すら受けていると感じる場合もあれば，それが，いわば一つのカテゴリとして，自分の定義，アイデンティティ保持に役だつものとして機能している場合もある。この区別はなかば主観的なものである。企業従業員や公務員が毎日通っている職場の集団はたぶん第一のケースであり，実際の所属が利益や生活の保障や，自分

の帰属・停泊の場をもたらしてくれ，また相応の拘束や義務を課されているのが普通である。もっとも，自発的結社(たとえば点字グループ，野鳥保護グループなど)の場合，目的性と個人の自発性が優位するから，責任は重視されても，しばしば拘束の側面はミニマム化される。

　それに対し，「医師」とか「弁護士」とか「作家」という集団は，成員行為者にとってそこに属していることの意味はちがう。勤務する病院や属する弁護士会になにほどかの帰属意識をもち，共同行動するという場合もあろうが，たいてい「医者」とか「弁護士」とか「作家」は，自分たちが何者であるかを定義してくれるカテゴリとして，意味をもっている。それは社会的信用という利益をもたらしてくれることもあるし，アイデンティティ，矜持，満足を与えてくれるという意義が無視できない。

　ただ，そうしたカテゴリが，本人にとって誇りや満足の源泉どころか，逆に非難や不信を招くこともある。スピード違反でかつ人身事故を起こせば，弁護士ならばメディアで氏名が公表されるのは間違いない。医者であれば，治療ミスを犯し訴えられる事態となれば，これまた報道され，職業活動を続けることは難しくなる。要するに，そのカテゴリにふさわしく行動しなければならないという拘束も大きいのである。

スティグマ化——排除のための集団化

　一方，当人たちの意志に必ずしも沿わない，外から課される集団枠組みないしカテゴリというものもある。たとえば「失業者」「ホームレス」「同性愛者」といった集団化や，黒人，ヒスパニックなどのエスニックグループ化は，本人は受け入れたくない，負の烙印(スティグマ)と感じられよう。当人たちの動機は別としても，排除のための外からの集団形成というものが確かにある。

　たとえばアメリカのエスニックグループの形成の研究は，相互行為のバリアーや，領域参入(ある職域)のバリアーといったものがあり，これが集団形成に関係すること，ライフチャンスの点で壁がほとんどなく，民族所属のカテゴリが問題にされないのはWASP，すなわち白人，アングロ＝サクソン，プロテスタントの男性に限られること，などを検証してきた。したがって，それ以外の個人は，黒人やヒスパニック，あるいはアラブなどのグループとして，ステ

ィグマ化されてあつかわれることがある。当人による「スティグマの逆転」にはさまざまな方法があり、積極的に別の集団帰属を表明することも行われることもあるが、成功するとはかぎらない。

2　構造化

　集団は、行為者の実践を離れて成立しているものではなく、行為、相互行為を通しての構造化と、既存の構造による制度化のなかにある。目的的な実践の場合にはこの構造化はより意識的、計画的に進む。

持続のための戦略
　この点、A. ギデンズの構造化(structuration)の理論が手がかりとなろう。集団の形成とその変容を、もっぱら主意主義的にではなく、また単に構造決定論的にでもなく、動的にとらえる視点が必要なのである。構造とは、従来の機能主義の視点からは「行為の安定的パターン」と解されてきたが、構造化理論の観点からは「生成的な諸規則および資源」からなるものと考えられる、とされる(Giddens 1996: 104)。この場合、「生成的な(generative)」とは、限られた原則から、状況に応じて柔軟にきわめて多様な規則を生みだしていくはたらきをいう。

　ある目的のため結社をつくった諸個人が、結社を一時的なものとせず持続させるという原則に同意し、言わず語らずうちにさまざまなルールを共有していくことがある。たとえば、ものごとを決める際全員の合意を尊重する、週何時間以下と活動時間を抑える、一人が他のメンバーの犠牲となるような無理な活動をしない、等々。規則を規則として意識せずとも、そうした規則化が行われていることがよくある。また上でいう「資源」とは、利用可能なもろもろのもの、つまり成員の経済的能力、社会的地位、友人・知己ネットワーク、言語能力、利用できる情報などをいう。

　P. ブルデューもこれと近い考え方に立っていた。かれは北アフリカのカビリア地方や南仏のベアルン地方の農民の共同体をとりあげ、一見ある不変の型によって支配されているとみえる関係が、農民たちが意識するともなく名誉の

維持，恥の回避，家産の保全などの原則から日々さまざまな戦略性をもった行動をつくりだすことで支えられていると観察した(Bourdieu 1972: 2007)。そうした編成された反応を，過去に習得されたものでありながら，現在において戦略的にはたらく性向，すなわちハビトゥスの作用とみなすわけで，これを「構造化する構造」と「構造化された構造」の両面からとらえている(2001：Ⅰ85)。

意思，力の結集手段としての集団

構造化が，成員たちの目的意識に従って進められることはある。目的を同じくする個人が，共同行動を行いその目的を達成しようとするとき，規範・規則を定め，必要な役割分担を行うもので，これは本質的に近代的な現象である。営利がその目的である近代集団もこの型に属するが，そうではない非功利的でより規範的な動機から生まれる目的集団もあり，後者はよく「結社」(association)の名で呼ばれる。政党，その他の政治結社，協同組合，学会，近代的なかたちをとる宗教団体，さらに運動(体)と呼ぶのが適当であるような，たとえば人権団体，環境保護団体，難民支援団体などもそれであり，その場合人々が結社をつくるのは，目的を同じくする者の意思，力の結集の手段として有効であるからにほかならない。

また，それだけに一社会のなかで結社の結成や活動に対し，支配集団が警戒的となり，政治的規制をくわえることは少なくなく，「結社の自由」は市民の基本的権利として主張され，争点にもなってきた。かつてアメリカを訪ねたA. ド・トックヴィルが『アメリカのデモクラシー』(1840年)で，その地での結社の自由とその活動の活発さに驚きをもって接したことを記したのは有名である(2008：188以下)。かれの母国フランスでは，大革命以来，永く結社への厳しい制限が課されていた。デュルケムの示した中間集団の重視も，この状態への批判的対応である(28頁を参照)。政治共同体の構成単位を個人に還元してとらえるか，それとも結社に法人格を認めるかという理論的な争点もあり，同国ではようやく1901年，結社の自由が一般的に認められたのであり，近年まで自由か規制かをめぐる議論が続いていたことは知っておきたい(コバヤシ2003)。

3　規範と規則

　集団の成員が共に同調ないし準拠することを求められている標準様式を，一般に「規範」と呼ぶ。規範は集団の構造化を進める一要素であるが，これも動的な観点からとらえる必要がある。規範については，norm に引き寄せて解釈したほうがよい場合もあれば，rule という意味に解したほうがよい場合もある。G. ポッジは次のように区別している。

　　個人の行為にたいして標準を設定するすべての表象が，実際に固有の意味での規範，道徳作用の資格をもつわけではない。そうしたもののほかに，技術的ないし「機械的」な規則もある。そのいずれの種類の規則も，個人の行為の道筋を規定し，行為の記述ではなく行為にとっての標準となるが，また，行為が事実上その標準から逸脱してしまう可能性をものこしている。
（ポッジ 1986：186）

　要するに，善－悪や望ましさなど当為に関わる道徳的性格の強い規範もあれば，安全，能率，効率などの観点から定められる技術的性格のつよい規範もある。「男女は平等であるべし」とか「国籍や人種により人を差別してはならない」という命題は前者であろうが，後者は単に規則（ルール）と呼んだほうがよいかもしれず，「危険，立ち入るべからず」とか「最高時速 50 キロ」といった決まりがそのたぐいである。だが，現実の集団における規範にはその中間もあり，一から他への変容もあり，それほど単純に区別することもできない[1]。
　また集団規範とみなすのには少し問題があるが，言語規則のように他の観点からあつかったほうがよい規範もある。少なくとも，道徳的－技術的という意味づけではあつかえない規則であろう。その種の規則は，他にもひじょうに多い。

---

1) たとえば「本室内禁煙」とは，本来衛生や健康の面から定められた技術的規則であろうが，これを破る者に，他人の迷惑をかえりみない者，自分の欲望を自制できない者といった非難が向けられれば，しだいに道徳的な意味をもつ規範とみなされていく。

古典的な M. シェリフの集団規範の形成に関する社会心理学的実験では，暗黒の空間の中の固定された光点が動くようにみえる現象を利用し，どれだけ動いたかをグループ成員の各人に答えさせると，それを聞いた成員たちの答えがしだいに接近し収斂するという知見をえた。成員間の相互影響で，規範＝集団の共通の認識枠組みが形成されるというこの含意を社会学的なレベルで考えてみると，規範の相対性，可変性という認識が導かれる。それとともに，対等な成員の討議による合意形成よりも，多数者をバックとする発言のプレッシャーによって規範形成が支配されるという可能性をも予想させる。

フォーマル規範とインフォーマル規範

一つの集団が単一の規範に支配されていることはめったになく，複数の相反する規範が併存またはヒエラルキー化されてはたらいていることが色々なケースで指摘されてきた。

1920〜30年代に行われたE. メイヨーとF. レスリスバーガーによる有名なホーソン工場実験は，企業の作業グループのなかにもインフォーマル・グループが成立していることを「発見」したが，そこにはフォーマルな経済的規範（規則どおり無駄なく働くこと）とは異なる社会的規範（仲間から抜きんでたり，抜け駆けをしないこと）も作用していることが明らかになった。

こうしたことは日常的にもよくみられ，たとえば学校に通う生徒たちは，授業のなかでは個人主義の規範に従って独力で学習し，教師の質問にも独力で答えなければならず，試験ではより厳格にそうである。ところが，授業外の生徒の個人同士の関係では，むしろ逆である。共同や連帯の規範に従って教え合ったり，助け合うことが当然視され，宿題の解けない友だちが助けを求めてくれば，拒めない。助け合いを拒否し個人主義的に振る舞えば，かえって仲間はずれになる。

だが，たいていそれらの規範は対等に張り合う関係になく，公式的−非公式的というようにヒエラルキー化されて機能している。

規範またはフレームと場ちがいな行為

社会学的な規範へのアプローチにおいて，最もデリケートな観察と識別が必

要になるのは，その行為の場を支配する規範が何もないようにみえながら，あるタイプの行為を「ふさわしい」行為，そうでない行為を「場ちがいな」行為に分ける基準あるいはフレームがある場合である。上の例でいえば，教師の主宰する教室内授業の場では個人主義が規範となっていることを生徒たちは日ごろ感じていて，分かっている。しかし，微妙なみえにくい基準がひそかに支配している場はいくらでもある。ゴフマンはこれを「行動の主流のストーリー・ライン」と名付けていて，ある場では，かくかくしかじかの関心のもち方，それに従った注意と無視の使い分け，そしてそれに沿っての行為の完了がふさわしい行動の流れとしてセットされているとみる (Goffman 1990: 105)。そのフレームからはずれた行動 (out-of frame activity) は，明示的な非難，叱責，処罰を受けることはなくとも，場ちがいな振る舞い，すなわち逸脱として際立たせられてしまう[2]。その場に居合わせた人々のいわば偶然的な空間共有を，集団と言いうるかどうかは別としても，その場というものが「かく振る舞うのが当然」とする決まりのセットをつくりあげていて，かつその枠組みは目にみえなくとも意外に強固であることもある。

この「フレーム」あるいは「ストーリー・ライン」はブルデューの概念でいえば，「場」ないし「界」(champ) の意味するものと近い[3]。これは，「界」の

---

[2] ロンドンの宮殿前広場の観光客，そして衛兵はどう振る舞うべきか。どんな「ストーリー・ライン」がそこに設定されているか。ゴフマンは次のような新聞記事を引用する。「昨日，セント・ジェームズ宮殿前に立ち並ぶ不動の衛兵を見物しながら，一人の婦人が叫び声を上げた。衛兵の一人の手から血が流れていたからだ。自分の銃剣で手を切ってしまったのである。かれは身動き一つせず，目を前方に向け，唇をぎゅっと結んでいる。件の女性はもう一人の女性と一緒に前方に駆け出し，衛兵の手をとり，包帯代わりのハンカチで縛ってやった。しかし衛兵は身動き一つしない。治安警察官の一人がようやく命令権限のある上官に告げた。交替の衛兵が行進してきて，傷ついた衛兵は行進して去って行った。頭をまっすぐに上げ，相変わらず唇をぎゅっと結んで」(同106)。ここでは「注意を向けないこと」(disattention) も一つのコードなのである。この女性たちの行動は，そのコードからはずれ，美談でありつつも，「場ちがい」として笑いを誘うものとなった。

[3] 「界」とはある共通特性をもった行為者が相互行為を行う圏域であり，そこには固有の規則，正統とされる振る舞い方などが暗に定められている。たとえば「ジャーナリズム界」ではメディアの記者たちは，「政治界」の政治家のように自己の政治信念をかかげて振る舞うことは許されず，事実の伝達，せいぜい公共の利益を喚起しながらの行為にとどまる。また「芸術界」の行為者は，「経済界」でなら正統である収益性の論理に従ってではなく，利害に恬淡とした美的な態度で振る舞わなければならない，等々。

なかを支配するコードのあり方，その「界」にふさわしい振る舞いや言説を逸脱した場合に作動する排除のメカニズムの微妙さを示すものである。

4　準拠集団のもつ意味

準拠と比較

　社会集団に関して，いま一つ検討しておきたいのは，社会学者が「準拠集団」(reference group)と呼ぶところのものである。

　準拠集団とは個人が同一化し準拠したり，比較の基準に選んで或る判断をもったりするかたちで使われる集団枠組みである。それは必ずしも当人の所属集団であるとはかぎらない。いまは古典となったS. F. スタゥファーらの行った大規模な研究『アメリカ兵』の知見から，R. マートンはアメリカの軍隊生活の中では黒人兵士の満足度が白人兵士のそれより高いことを，両者の引照する準拠集団の違いから説明した(1961：210以下)。この場合，兵士たちはそれぞれにかつての自分の仲間・学校友だちの現在の境遇を思い浮かべ，それに比べて自分は恵まれている，自分はより剥奪的であると感じ，満足または不満を感じるというわけである。

　たしかに準拠集団による説明を導入することで，行為者たちの態度を推定し理解できるという発見的な意義はある。

　たとえばアメリカ南部でメキシコや中南米諸国出身の移民が，アメリカ人のいやがるきつい炎天下の農業労働をいとわず引き受けている。それは自分の母国で農業労働に従事している者たちを準拠集団とし，かれらに比べ賃金と生活水準ははるかにましだと考え，これを受け入れているからだと推測される。さらに時間軸を導入するなら，別の発見も可能になる。滞在の時間が経過してメキシコ人労働者たちがアメリカの中にも目を向けるようになり，働いている他の諸集団──白人アメリカ人──を比較の準拠集団とするようになれば，かれらに比べ自分たちの仕事が過酷で賃金も見合わない，と現在の仕事に不満を抱くにいたるかもしれない。

存在よりも構築としての集団

このように準拠集団は，存在としての，ないし存在として想定される集団についての議論ではなく，行為者の心的な作用においてある集団がどう意味づけられるかという観点からの集団現象であるから，構築の問題でもある。また，あくまでも行為者にものの見方(パースペクティヴ)，行為のとり方を示してくれるものであるから，T. シブタニらがつとに述べたように，集団ではなく，一人の個人であってもよいし，なんらかの理念に近いものであってもよい(Shibutani 1955)。

けれども，なぜ行為者がかくかくの準拠集団を選び，しかじかの集団には準拠もあるいは比較引照もしないのか，という点には解明の課題が残る。

準拠集団はどう選択されるか

個人が，自分の現在の所属集団をアイデンティティの碇泊点，拠り所とせず，これに距離をとり，より上層の人々の集団に同一化してその行動様式を取り込もうとすることがよくある。こうした準拠集団の「選択」といわれるものが，行為者の自らの判断による行為としてよりも，外から，あるいは他者から影響され，あるいは誘導されてなされる場合がある。やや古典的表現では「虚偽意識」の形成ということになる。逆に，現に所属している集団を下方にむけて相対化し，たとえば専門職にある者が自らマイノリティの出自であることを明らかにし，後者への連帯や文化的共感を表明することもある。また，一種の役割距離(46～47頁参照)の取り方として，すすんで庶民的なライフスタイルをとることもある。

ジェンダー問題としてR. W. コンネルらが言ってきたことには，民衆階層の少女たちは，あるレベルの学校まで進めば，そこでは社会的・職業的自立への教育を受けるはずであるが，学校を了えると，多くはたいてい20歳までに結婚して，すぐに子どもを産むのだと考えるようになり，学校教育の効果が殺がれてしまうとする(コンネル 1993：38)。けっきょく彼女たちの脳裏で準拠集団とされるのは，自立する高学歴女性ではなく，普通の主婦的な女性集団なのである。必ずしも意識化されない，比較，葛藤，抑圧があったうえでの選択かもしれないが。

また，ホスト国の学校に学ぶ移民の子どもたちの準拠集団選択は，親や教師の期待する方向に向かうとはかぎらない。しばしば自分の母語や母文化（継承語，継承文化というべきか）には関心を向けず，マジョリティの子どもたちと同じようになりたいという願望を示す。「日本名に変えたい」「日本人のようになりたい」と。だが，そう考えるブラジル人やインドシナ系の子どもの準拠集団の日本化は，滞在が長くなるのに伴う自然の変化だろうか。むしろ差異，多文化を認めない日本の学校教育のモノリンガリズム，モノカルチュラリズムへの反応ではないかという見解もある（太田 2005：60 以下）。

　準拠集団については，その経験的事実性だけではなく，なぜ特定の集団が肯定的に，または否定的に選択されるのかという問題への社会学的な解明も欠かせない。

5章
家族，都市，官僚制
―――集団の動態と構造化

　現実の社会集団の構造とその機能様態を知ろうとするとき，理念型またはモデルの理解にとどまることなく，実際の社会集団とモデルとの関係，さらには両者の間の緊張にも目を向けなければならない。これまでゲマインシャフト－ゲゼルシャフト，コミュニティ－アソシエーション，あるいは強制団体(アンシュタルト)[1]－自発的結社，などのタイプ分けがよく行われてきた。しかし，これらの性格づけと分類を固定的にとらえ，解釈するなら，その有効性が減じられる。以下では，それらの点の再検討とともに，現代集団論を展開してみたい。

1　家族と社会

永続的な共同体なのか
　家族というと，有史以前から存在する最も基礎的な人格的接触からなる集団だとする見方がある。F.テンニースは，「選択意志」ではなく「本質意志」にもとづく人々の人格的・運命的な結び付きである「ゲマインシャフト」(Gemeinschaft)について論じ，その代表に，家族をあげた(テンニース 1957)。C. H. クーリーは，第一次集団(primary group)の概念を提起し，メンバーの間の直接的な接触からなり，一体感と持続感と，安定した社会化機能をもつことを

---

[1]　Anstalt. マックス・ウェーバーの重用した用語であり，その秩序が①合理的に制定されていて，②ある規準(出生，居住，一定施設の利用)にかなうすべての人間に効力をもつ，という性格をもつ団体(1972：85)。合理的に制定された秩序とは，必ずしも法的秩序であることを意味せず，中世のカトリック教会もアンシュタルトだったとする。同概念は，自発的結社とは何かを明らかにする上で役立つ。

特徴とするとみた家族を，その典型にあげている(クーリー 1974)。

しかし，家族はつねに永続性のある生活やアイデンティティの安定性を担保してくれる集団なのだろうか。テンニースやクーリーと時期的にそう隔たっていない 19 世紀の末に，あまり知られていないが，デュルケムは，家族は自殺を防止する(人々を生につなぎとめる)集団的紐帯としてはすでに頼りにならないものになっている，と書いている。家族は，子どもが成長すると早々とそこから離れてしまう，多くの時に夫婦だけに還元される「一時的に存続する集団」になっている，と(デュルケム 1985：483)。それに対し，同じフランスでカトリックの流れに位置する F. ル・プレーなどはかねて家族の永続的絆を礼賛してやまなかった。

家族とは，夫婦の関係を中心とし，親子関係を含み，しばしば兄弟・姉妹，おじ・おば，時には使用人など親族外の人間も加わる集団だといわれる。また生計と居住において(常時ではないとしても)共同があること，互いを「家族」と認め合っていること，が通常その定義に入ってくる。最後の点は，主観的な要素にほかならないが，かなり本質的な要素というべきかもしれない。「家族」とは民法上の用語ではなく，したがって法的定義があるわけではなく，法的用語である「親族」(ある親等内の血族・配偶者および姻族)のどの範囲までを家族とみなすかは，共同生活の実態と成員の主観的意識による。

核家族 – 拡大家族

核家族(nuclear family) – 拡大家族(extended family)という分類もよく行われる。前者は典型的には一組の夫婦と未婚の子どもからなる集団で，後者はそれ以外の家族形態であり，三世代以上の同居者や傍系親族までを含んで成り立っている場合もある。核家族というと，G. P. マードックの名とともに振り返られるが，かれは多数の社会の親族組織のあり方を「通文化的サーヴェイ」と統計によって比較して，核家族が，単独で，または複合しながら，どの社会でも家族集団の基礎型をなしているとし，構成要素としてのその普遍性を強調したのだった(1978：24〜25)。したがって，その説は，1960 年代以降の日本でさかんに論じられたような単純核家族の優勢とその社会的意義に関する議論(たとえば松原 1969)などとは直接関係はない。

拡大家族はしばしば伝統的な家族形態とみなされ，前近代を特徴づけるようにいわれる。しかし，ヨーロッパでは歴史的にそうだったとはいえない。あまねく実証されているわけではないが，イングランドなどでは，工業化以前から単純家族世帯が全世帯の70〜75％を占め，三世代以上からなる世帯は7％以下だったとされる(斎藤・ラスレット 1988：30〜31)。

世帯[2]概念を用いるなら，現在の日本では全世帯のうち，約6割が核家族世帯，一人から成る単独世帯が約3割となっていて，三世代以上からなる親族世帯は減少しつつある。

契約関係という側面

家族というと，いわば理想化されたステレオタイプがあり，コミュニティ型の人間結合がひじょうに優位しているようにいわれる。しかし果たしてそうだろうか。実は契約的な関係の要素も無視できない。もともと夫婦の関係の形成(結婚)はそうした性格が強く，その契約の解除としての離婚は，近代ではノーマルな法的行為とされている。ヨーロッパで増加している非法律婚の場合，当事者男女の意思による合意はより明瞭なかたちをとり，かえって契約的な性質はより強いように思われる[3]。

離婚の増加は，夫婦関係の契約的な性質の強まりを表すものとみられる。離婚は日本でも——欧米より少ないといわれながら——一貫して増加しており，図1の示すように，年間の婚姻数に対する離婚数の比率は今世紀の初めには3割を超えるにいたった(厚生労働省 2008：136)。ヨーロッパでは一般に結婚に際し，両性の各々は持ち寄り財産を初めから分離させる手続きを行っている。

夫婦の結び付きにはこのような契約的性格があり，かつ愛情による自発的な契約の維持がしばしば礼賛される。にもかかわらず，夫婦間には役割分業が固定化しやすい。ここにジェンダー問題が生じる。それにはイエ制度のような秩序の枠づけに帰せられる面もあろうが，今日の核家族の共働き夫婦でも家事や

---

[2] 現実の生活の共同，つまり住居と家計を共にしている集団。非親族を含むこともある。夫婦や親子でも，他出していれば別世帯とされる。国勢調査，税制，住民登録などで用いられる。

[3] 法律婚のかたちをとらずに共同生活をする男女が，法律婚と差別されず同等の権利を行使できるような契約制度がヨーロッパでは存在する。フランスのPACS(民事連帯契約)が有名であるが，この制度の適用を望む男女は裁判所に出頭し，契約のサインをすることになっている。

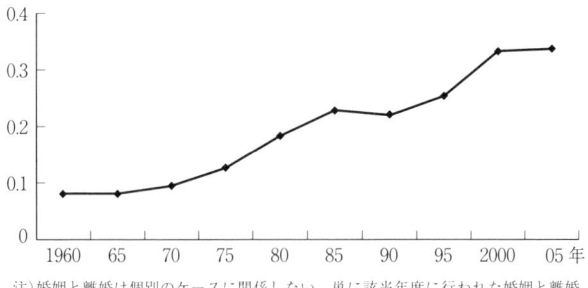

注）婚姻と離婚は個別のケースに関係しない。単に該当年度に行われた婚姻と離婚の総数の比率を示す。

図1　該当年の婚姻総数に対する離婚件数の割合

育児の多くが女性によって担われるという不均衡が生じ，フェミニズムの観点から，近代家父長制（patriarchy）への批判が生じる。社会学的には，男性，女性が幼少のころから差異のある社会化を受けてきて，自明視するジェンダー秩序（146頁以下を参照）を取り入れてきたことの結果とみられよう。そのような差異的社会化を経てきた男女行為者が，そのことをカッコにくくり，対等というかたちの契約を結ぶこと，それが結婚という行為にひそむ矛盾なのかもしれない。これについては7章も参照されたい。

それに対し，親−子の関係それ自体は契約関係とみなすのは不可能であって，これは家族独特の直接的な人格的な結合をなしているとされる。家族による子どもの社会化を重視したパーソンズは，家族のもつ特に表出的（expressive）な機能，すなわち感情，愛情によるはたらきかけを強調している（パーソンズ1970-71）。なお，今日では親子の共同生活は，幼時から青年期まで，または婚姻の時期までと時間的に限定される傾向が強まっている。20歳代の単身世帯のいちじるしい増加がこれを物語っている。もちろん親子の利害を超えた心的な結び付きの絆は保たれるにしても，家計とかまど（食事）の共同としての親子関係は，時間的にそれほど長く続かない。

家族の公的機能

「感情革命」の命名者E.ショーターは，近代家族が，共同体的関係よりも個人個人としての夫婦あるいは恋人の関係，親子関係を優先させ，その感情的意味合いを重視するようになったとし，そのことが同時に私の生活への閉塞とい

う矛盾・葛藤ももたらしたと論じた(ショーター 1987)。それはそれで適確な考察であるが、制度としての家族は、感情集団というイメージにとどまることを許さない。理由は、家族にはさまざまな公的機能が割り当てられていて、単純に自由で私的な集団ではありえないという点にある。

> 私的な側面を強く持っているとしても、家族は私たちの社会を構成する、何にも劣らぬ「公的」な単位であり、家族を考えることは、個別の親子関係や夫婦関係に注目するにとどまらず、社会全体を、そして世界を考えることなのである。(牟田 2005：207)

　その公的な制度の側面の一つに、未成年の、ないし経済的自立以前の成員を保護するという機能があって、その扶養義務や親権の規定は必要なものである。しかし社会さらには国家が、その成員諸個人への管理と統制のための有効な手段として家族を位置づけていて、これを用いているのも事実である。戸籍、住民登録、出生・死亡届、婚姻届、離婚届などを通じて情報が把握されるようになっている。またサービスと統制とが表裏一体となっているような家族への公的はたらきかけもあって、義務教育、予防接種、集団検診などでは、行政は親など家族に実施責任を負わせる。そこでは——義務教育学校の選択の場合のように——個々の家族の選択の自由がどこまで認められるかが争点となるものもある。中国のように、人口政策でいわゆる「一人っ子政策」がかかげられるところでは、選択の余地なき出生統制ということで、個々の家族の行動に規制がおよぶことになる。

　日常生活上でも家族の存在が準公的に意味をもち、事実上不可欠と感じさせる場合が色々とある。法的な決まりではないが日本では、就学、就職、入院、賃貸住宅の契約などの際には親・きょうだいやその他の血縁者や姻族が保護者や保証人となることを当然視してきた。親・きょうだい、近い親族が不在である個人(外国人など)は不利益を受け、場合によっては必要な生活上の権利を行使できないことがある。

家族に介入する社会

 フランスの社会学者ジャック・ドンズロは「家族への介入」という主題を正面から取りあげた。近代フランスでは、少年裁判所、社会保護諸施設、相談機関などが、弱い成員に保護を与えながらも、家族生活に介入し、私的権利などおかまいなく隔離したり矯正を行ってきて、さらにブルジョア家族をモデルにして道徳化、規範化を行ってきたと分析している(ドンズロ 1991)。この点は近代日本でも共通する面が少なくないが、戦後はそうした家族への介入は、より間接的になったといえる。しかし民法の戦後改正では保守派の意見がまだ力をもち、直系血族と同居の親族の扶け合い(第730条)など、家意識を温存しようという規定が残されている(二宮 2007：41)。今日でも、たとえば夫婦別姓の権利が主張されると、国はこれをただちには認めなかったが、その容認が避けられないと判断すると、政府案をつくりそのキャンペーンにさえ乗り出した。しかし、政権にある保守政党から「家族制度を崩壊にみちびくもの」との反対意見が起こり、法改正の動きも阻んでしまった。

 このことをみても、家族を私的な自由な領域とすべきだとする運動と、国が一定の統制をすべきだとする流れが拮抗し、これに別の社会的力(政党、教団、学会など民間団体)が介入するという場合がある。妊娠中絶や同性愛者同士の結婚については、この容認は、欧米のいくつかの国では争点になっていて、法的に認めているところ(国または州レベルで)もあるが、同性愛者結婚は、フランスや日本では社会の抵抗感と国の敵視感情は強く、許容されることからはほど遠い[4]。

変化と多文化

 他方で興味深いのは、家族という集団は、欧米でも日本でも、反伝統、個人の尊重、人権の実現という観点から、新たな行動への挑戦がなされる舞台になりやすいことである。その一つの例は、法的な手続きをせず、事実上の結婚生活を送る男女がいちじるしく増えていることであり、ヨーロッパの国々ではこ

---

[4] フランスでは2004年、一小都市の市長が、同性愛男性カップルの「結婚」の式に立ち会い、祝福し、その婚姻届を受け付けた。しかし政府はただちにこの届けを無効とし、同市長の職務を停止している(宮島 2004：191)。

れがノーマルな形態になっているとさえいえる。家族の関係の結び方，そこには人の本来的な，また個人的であっても切実な感情や欲求の自然の発露が強く期待され，それだけに，その制限や抑圧に行為者は敏感になり，承認を求めての新たな挑戦がなされやすいためであろう。

上に述べた同性婚の承認の要求もそれだが，特にフェミニズム運動は，既存の家族生活の型に埋めこまれている男女関係の秩序に異議申し立てを行ってきた。夫婦の別姓・連結姓，非法律婚の平等なあつかい，夫の育児休暇取得など，新たな家族像を提案し，その一部を実現させている。

いま一つ問うべきことは，家族とはそのなかで差異が消滅するか，または差異がミニマイズされる同質性の空間とみる見方がとられがちだが，その想定に問題はないかということである。日本の伝統的生活では，家風に従うこと，これに従えない者は排除（離縁）するというかたちで新参入者（ヨメ）への統制が行われてきた。

時代が変わった今日でも，家族あるいは「家庭」とは，高い同質性をもった脱緊張の安らぎの場であるべきだという期待の表象がある。欧米社会でも同じような表象化がみられ，H.アーレントはこう批判する。現代人は，家族にこのうえもなく重要な位置性を与え，これを殺伐とした異世界からの「避難所」や「要塞」としようとしていて，まるで差異の原理など無視して当然であるかのようにみなし，振る舞っている，と（2008：124）。

この点にはフェミニズムも批判を加えてきたが，現実が突き付けているのは，たとえば日本でも年間に行われる結婚（法律婚）の17件に1件がすでに国際結婚となっている事実である（185頁以下も参照）。一部の家族の内部では，すでに差異と多文化化は否定しがたいものとなっている。とすれば，差異を否定して同質幻想を家族のなかに投射することは，結果的に同化の強要となりかねない。ここでも差異と向き合い，コミュニケーションを行い，新たな理解と関係を築くという絶えざる行為が必要になっている。

2　都市コミュニティの実像と虚構

社会学があつかう集団あるいは集団現象には，コミュニティ，アソシエーシ

ョン，組織などの言葉が充てられる。現代的観点からこれらにつき，少し整理を試みたい。

コミュニティ(community)とは，最も純化された理念型的な概念では，利害関心や打算知からではなく，共に在り，生きることそれ自体に意味を認め，人々が結びつく関係を意味する。だから，Z. バウマンは，コミュニティとは「温かい」「安全な」「善意を期待できる」場を連想させる，「よい言葉」なのだ，と書く(2008a：8〜9)。コミュニティとは，地域共同体(村落，都市)，心的共同体(宗教団体)，さらには理念化された共同体(国際社会，人類社会)などを指して使われる。

しかし，ここで考えてみると，隣人が何者かも知らない表面的な付き合いの都市世界がなぜ「コミュニティ」と呼ばれるのか，主権国家がしばしば角突き合わせている国際場裡がなぜ"international community"と呼ばれてきたか，といった当然の疑問が生じよう。これについては，コミュニティとは多くの場合，かくあってほしいと考える理想を投射して用いられる言葉であって，必ずしも現実の集団のあり方から帰納的にみちびかれたものでないと述べておきたい。現実の集団や組織にこの呼称を充てるときには，理想の投射はあっても，その目的複合性，相当の規模，成員の多様性，市場原理との関わり等々が含まれてくることが多いから，純粋型の想定からは大きな距離が生じる。地域コミュニティ，都市コミュニティ，国際コミュニティ，ヨーロッパ・コミュニティ(EC)，等々。

自治都市から産業都市へ

なぜ都市社会が「コミュニティ」と呼ばれるのか。ヨーロッパでは，歴史的に自治都市だった経緯をもち，これを誇る，伝統ある都市がある。君主，封建領主，あるいは大司教の権力から自由な自治の場をなし，主に商工業者である市民から選出される参事会とそこから推される市長が自治の象徴だった。市民たちが団結を誓い合い，誓約団体としての性格が強かった自治都市は「コミューン」とも呼ばれた。日本にはこのような伝統は，ごく特殊な例を除いて，ない。

だが19世紀以降，それら伝統ある都市も含め，都市には産業革命を経て工

5章　家族，都市，官僚制

場の立地が進み，農村からの労働人口の流入が起こり，やがて経営中枢や商業地域が形成される。まったくの新興都市も生まれ，パリ，リヨン，ロンドン，ケルンのような古代ローマ時代にさかのぼる歴史的都市も，産業都市的な性格を併せ持つようになる。それにより都市のあり方は大きく変わる。貧困問題と環境悪化が大都市をさいなみ，19世紀後半からはその解決が目指されるようになり，工場や住宅の再配置による都市改造も行われる。

アメリカでシカゴという新興都市が注目を引いたのは，大平原の中にポツンと生まれたミシガン湖畔の小港町が，大陸横断鉄道の要衝となることとあいまち，農産物集散地から急速に大工業都市に成長するからである。その同心円的に形成される各地帯に，それぞれの機能が配され，それに応じた居住者が住みついていく。都心を占めるのは中央ビジネス地区であり，それにほど近い遷移地帯に，イタリア系，ギリシア系，ユダヤ系，中国系などの新来の移民たちが，互いに棲み分けながら居住していった（バージェス 1965：120）。

異質性の空間

近代の大都市の特性を語るキーワードは，市場経済と異質性（heterogeneity）ではないだろうか。E. W. バージェスの言葉では，都市は「古い母国社会の遺産とアメリカへの諸適合が奇妙に結びついた居留地」だとある（1965：120）。それがグローバル化が進む20世紀後半からは，さらに国際的資本の都市への流入が活発化し，多国籍企業の入るオフィスビルの林立する中枢ビジネス街が生まれ，国内のみならず，国外から移住者が高度専門職，下級サービス，製造労働などに従事するようになる。この資本の力が，ビジネス街と盛り場を押し広げ，流入する新住民とともに，従来の近隣関係を壊し，新たな異質性を含んだ匿名性の高い関係をつくり上げた。

現代都市について多くの分析を試みたS. サッセンは，「グローバル都市で不利な境遇におかれた労働者の多くは女性，移民，有色人種であり，そういった人々の政治意識や帰属意識は必ずしも『国民』や『民族共同体』におかれていない」（2004：37）と書く。国際化あるいは多文化化と呼ばれる現代都市の性格は，ナショナリストの眼からは「国籍不明」「無国籍」などとみなされることもある。思い出してみると，先にも触れたL. ワースの「生活様式としてのアーバ

ニズム」は，都市的社会関係を，皮相，匿名，一時的接触，合理性と詭弁，他者の手段視などと特徴づけ，脱モラール，参加感覚の喪失という意味で「アノミー」に特質を求めてさえいる(1970：136)。温かい，人格的な，直接的な接触としてのコミュニティ関係はまさに失われ，衰退をみているということであろうか。

コミュニティの追求

大都市を基本的に支配するのは大利益集団であり，市場関係であり，ゲゼルシャフト関係である。しかし他方，まさしく自由，匿名性，合理性などが，伝統的な関係の絆から行為者を自由にすることで，都市が文化の創造の火床になりえたのも事実である。このことを見逃してはならない。バージェスの描く1920年代の工業都市シカゴにも，すでに「進取的で反抗的な精神の根城であるラテン区」「芸術家部落」「急進主義者センター」等があって，異彩をはなち，「新しい，よりよき社会のヴィジョンに充ちた刷新の地域」をなしていたという(1965：120)。ラテン区とは，パリのソルボンヌ界隈のそれの歴史性に遠くおよばないにせよ，たぶん学生や知識人が熱っぽく議論をする場であろうし，急進主義者センターとは，社会改革の理想が語られる場であろう。ここに，市場原理の支配するオフィス街や盛り場には還元できない，都市の意味創出空間が生まれるといってよく，コミュニティの契機を見出そうとする者はそこに惹きつけられる。

パリもニューヨークもそうだが，第一次世界大戦後のワイマール共和国時代のベルリンは新しい文化の一つの中心だった。どちらかといえば冷たく，無機的で，不安の時代の到来を予感させるような雰囲気をもちながら，そのユニークな文化の形成により精神的な個性的世界を作り出した。後にナチスに回収されてしまう挑発的な娯楽作品もあったが，表現主義映画，そしてワルター・グロピウスのバウハウス運動のような現代都市にマッチした総合芸術活動も開花させた。「ベルリンっ子」といわれるようなコミュニティ共属感情が，何ほどか市民の間にもたれていく。

5章　家族，都市，官僚制

下位文化——マイノリティ・コミュニティによる活性化

　ボヘミアンの街や大学街のコミュニティからの文化の形成と発信は，一般に普遍的な，たとえ前衛的であってもコスモポリットな香りや響きをもつものであろう。いま一つの都市のコミュニティの可能性は，限られた規模と範囲の，個々にはヘテロで特殊主義的であって，しかし生命力にあふれたコミュニティがつくられることにある。都市のある一角に他と差異化されてつくられる特有の雰囲気，民族的光景（A.アパデュライ）がそれで，たとえば，よくあるのは「リトル・イタリー」「チャイナタウン」「リトル・インディア」などである。

　現代の都市社会学者C.フィッシャーにならえば，都市とは，下位文化（サブカルチュア）のコミュニティということになる。かれは，ワースの古典的なアーバニズム論が，匿名性，表面的接触，アノミーなどを強調するのに対して，住民たちの身近なミリューから，反伝統の新奇さを帯びながらそれぞれの下位文化が生きているのだ，とする。フィッシャーの命題は，ある場所が都市的であればあるほど，下位文化的多様性が増し，下位文化はより強く活力あるものとなり，発生した新文化が下位文化のなかに流れ込んできて，全体として社会の一般的規範からへだたった新奇性を表す可能性が高くなる，というものである（Fischer 1975）。

　もちろん都市の下位文化とは，エスニックでないものを色々と含むが，そのなかで民族的出自を同じくする人々の下位文化は，しばしば目立った活力をもっているように思われる。各国の都市にあるチャイナタウン，ベルリンのトルコ系の集住区クロイツベルク，パリのアラブ系住民の集住街グット・ドール，ロンドンのバングラデシュ人の街タワーハムレッツなどが思い当たる。文化的共属性が人々に絆をもたらし，相互扶助（実際にはビジネス化している）が求められるから，コミュニティは必要なのだ。Z.バウマンは，伝統的タイプのコミュニティはどこでも分解しつつあるが，例外として「エスニック・マイノリティ」があり，これは選択不可能な「属性」に基づいているから，コミュニティ再生産の条件を備えている，と書く（2008a : 123）。その通りかどうかは後にみるとして，都市のなかのコミュニティとしてしばしば最も可視的に映じるものはこれである。

　それだけでなく，趣味，文化活動，社会活動，ワーカーズ・コレクティヴな

どのさまざまな同志のサークルが，特定の集会施設やメディアを使いながら，ネットワークを生んでいる。今日の市や区の公共施設の利用者に登録されている団体数のおびただしさからも，その隆盛がうかがえる。ここに新しいコミュニティの一つの可能性をみることができるかもしれない。

　他方，(日本の)町内会についてはどうか。「コミュニティの再生」を掛け声として，これを模索する日本の都市は，町内会に実質的にその業務を一部委託しながら，多少の補助を行ってきた。町内会の起源については自然発生的集団とみなす見解と，官製団体とみなす見解があり，市民のこれへの帰属感は必ずしも強くない。自ら「コミュニティ」の中心になるといいながら，弱体化し形式化しているものの代表ではなかろうか。

関係の実態とコミュニティ解体の危機

　こうしてみると，都市を一個のコミュニティとみるとしても，それはアソシエイティヴな関係，市場的な関係を含んで成り立っていると考えなければならない。住民たちのコミュニティへの関わり方にもそれが現れる。M.ジャノヴィツは，「有限責任のコミュニティ」という興味深い概念を提出している(Janowitz 1967)。都市住民たちは，小村落コミュニティとは異なり，選択的に自分の関心・利害に従い関係に参加し，その限られた関係のなかで責任ある市民として行動することを求められるが，全体への無限の同調や責任(連帯責任)を問われることはない。

　では，都市的関係においては，有無を言わせぬ強制や抗しがたい支配といった関係はないのだろうか。

　欧米大都市のように多民族・人種の共存の場である場合，セグリゲーションと差別は生じやすい。K.クラウダーらの研究では，白人，黒人，ヒスパニックなどが空間的に棲み分けていて，その棲み分けの維持に，住宅市場のバリアー(高価格，高家賃)，不動産仲介業者の差別的行動などが一定の役割を果たしている。それでも，大なり小なりの近隣間移動(inter-neighborhood migration)が起こり，それがまた緊張を生む。主に白人が住んでいた地区に黒人やヒスパニックが徐々に増えていくとき，これを妨げようとする動きが生じることがある。あるいはこれを嫌って白人居住者がその地域を去っていく事態も生じる。

どういう要因が居住における民族人種的セグリゲーションを進めるのかは、都市コミュニティ研究の大きな関心事となっている(Crowder and South 2006)。

また、民族・人種問題とは別に、市場的関係が厳しく作用して、住民たちがその支配の下に脅威や不安を感じることはつねにある。

居住とオフィスの双方のために高層ビルが立ち並ぶ今日の都市のあり方は、いかに修辞されようとも、空間支配の市場原理の現れであり、住民の生活の自己設計の可能性と快適さ、安全には反している。かつてL.マンフォードは、メガロポリス(巨大都市)→ティラノポリス(専制都市)→ネクロポリス(死者の都市)という現代都市の発展(衰退)の図式を示したが(マンフォード1974)、それは文明史的警告にすぎないのだろうか。

より具体的な脅威もある。大気汚染や騒音公害によって健康が危ぶまれる例、近隣に突然に高層ビルが建設され、日照権が奪われてしまう例、家賃の高騰によって住み家を明け渡さなければならなくなる例など、都市住民は犠牲者となる場合もあり、それを避けるため自衛しなければならないこともある。20世紀後半には日本でも、公害、環境破壊、健康被害などに対する住民の反対運動が展開されて、都市行政当局もこれを防止するための公共政策を重視するにいたったが、それは万全のものではない。

市場原理と住民の孤立

M.カステルがいうように、不平等は都市生活にはきわめて具体的に現れるのであって、移民労働者(あるいは黒人)には住宅にアクセスできるか否かが大問題であるのに対し、「一定の所得水準以上の人なら汚染や都市交通の騒音から逃れられる」ようになっている(カステル1989:46〜47)。その対極に、移民、エスニック・マイノリティだけでなく、生計手段も、安定した共同体的絆もないまま都市に居住する住民たち一般の不安、孤独がある。今日ではその深刻さは、独居老人の単身世帯、ホスピスに日を送る人々、野外居住者(ホームレス)などの存在に示されている。ただし、同じ不安や孤独が近年では農村にも生じていて、若者たちの離村の結果、高齢者のみが孤立分散的に住む、コミュニティ崩壊状況の町や村が現出している。

2012年1月から2月にかけて、札幌市、そして首都圏内の一都市で、それ

それ複数名の家族が，近隣の者だれにも知られず，衰弱のなかで「孤独死」していることが明らかとなった。匿名化は，都市の自由の象徴のように語られるが，人にも知られず命を落とす自由も存在するということである。といって，その隣人たちに責を負わせるわけにもいかない。福祉国家を標榜しながら，日本は公に保護を求めるのに躊躇する人々を生んでいる。そうした人々の存在を察知し，支え，保護申請または自立への助言と手段を与えるような関係がなければならない。それは――家族，親族の保護機能が衰退している今日――都市社会の関係性とならなければならない。福祉事務所，ソーシャルワーカー，民生委員，福祉NPO，自治会等の緊密なネットワークがそれである。そうしたものが基盤になければ，「都市コミュニティ」も空語にとどまるだろう。

3　組織と官僚制化，その変容

　大規模な集団で，特に一定の目標達成を志向する，専門分化の進んだ，制度化の度合いの高いものが，組織(organization)と呼ばれる。
　こうした集団では一般にその目的の達成に適合するように機能的に役割や人が配置されているが，その目的とは，行政機関や司法機関，私企業のような営利組織，労働組合，政党，さらに病院，大学，研究機関，財団などの公益組織，さまざまなNPO，自発的結社と，ひじょうに多様である。教会や宗教教団のように本来なら人と人の心の触れ合いを重視する集団でありながら，巨大組織をなしているものも少なくない。

組織の管理システムとしての官僚制
　その組織が大規模である場合に，これを管理する一定の原則や方式が必要となる。そのシステムが，官僚制と呼ばれる。本来的には，机を意味するビューロー(bureau)の支配(cracy)であるから，オフィスに在って命令・指令を与える幹部層が，現場で働く者から分離すること，という意味があろう。
　官僚制化は，アンシュタルト，すなわち強制型の集団(国家が代表的)や，目的志向的なゲゼルシャフト型の集団に最も行われやすく，またその規模が大きくなれば，分業による協働を適切に行うために不可欠であろう。官庁，軍隊，

企業などがその典型である。だが，ほんらい精神の触れ合い，直接的な交流を志向するコミュニティ型であるはずの教会，教団，学校などでも役割分化が起こって，上意下達のシステムの必要が生まれ，官僚制化が生じているのは皮肉といえる。

　A. エツィオーニは，「官僚制的組織については唯一のモデルしか認められていない結果，諸組織間の類似ばかりが強調されてしまっている」とし，成員たちがどのような態度で組織に服従するかという観点から，強制的組織／功利的組織／規範的組織の三つのタイプをあげている (1966：2)。これは，成員の行為志向に主に目を向けたもので，社会学的には興味深いものであるが，あらゆる組織が三つの志向タイプの個人を混在させているともいえ[5]，最終的にどの型でも強制力が担保されていることを考えると，分類としては相対的なものである。ただ，この三種の行為志向型から典型的には，行政・軍隊／企業／教会などの違いが描き分けられる。

　組織体（国家，地方公共団体，企業，病院など）そのものを官僚制と呼ぶこともあるが，より分析的には，組織体のなかで，明瞭な権限の規則と関係により幹部から下僚への命令と服従による活動が行われていく部分を指す。その意味では大学，そして後に触れる政党，労働組合などについては，組織体の活動の一部分のみを指すとみるべきだろう。また，アンシュタルトの代表とされる国家や地方公共団体も，議会という成員が平等な資格で合議を行い，決定をする機関を併設していることを無視してはならない。

合理化と近代官僚制

　近代以前の専制国家にも，封建領主の家（オイコス）経営においても，官僚制は存在した。いな，今日でも，私的な恩顧関係と組織の機能的な上下の権限関係がはっきり分離されていないような同族企業の官僚制もある。

　M. ウェーバーは，法による支配や経営が行われるようになる近代の行政や企業に実現されていく官僚制を理念型的に把握し，その合理化的意義を強調し

---

[5]　たとえば教会や政党の成員にも，報酬や地位への関心から規範的志向よりは功利的志向から活動する者はいるし，行政機関の職員のなかに強い使命感から規範的志向により活動する者もいるからである。

ている。それは，近代的な正統的支配である依法的な支配を合理的に行うための手段であり，恣意や情実によって動きがちな前近代的官僚制と対比してのことである。すなわち，その特質は，①法と権限にもとづく職務の遂行，②明確な職務の上下関係の存在，③命令等は署名をともなう文書で行い，記録として残すという文書主義，④職務遂行と私生活の分離，⑤官吏または職員の専門的訓練，⑥その職務専念義務，などである(1960：60～63)。

こうした活動方式が打ち立てられることは，法にもとづく，正確で，技術的にすぐれた，私生活から分離され，情実にとらわれない活動を可能にするという意味で重要である。

ウェーバーは，権威的な国家の恣意的な介入や利益誘導に対して，「怒りも興奮もなく」(*sine ira ac studio*)という標語をモットーとし，法にもとづき活動する公正な近代官僚制について論じた。じっさい，そうした官僚制の機能なしには，正確，公平，公正な行政は不可能である。今日では，特に福祉国家化の下で，公正な徴税，一般の国民・住民の利益に直接関わる公平な年金や医療の給付などもこの官僚制の整備と機能なしには望みえないものである。

組織の実態

けれども，官僚制化の実際の過程をみていくと，現実の環境，課題に応じての組織の適応が行われる過程で次のような問題が生じている。

まず，古典的な指摘を思い出しておこう。R.ミヘルスは現代民主主義が，組織化を必要とすることを強く認識していて，その逆説をこう表現した。

> 組織について語ることは寡頭制への傾向について語ることだ。組織の本質のうちには，根深い少数支配への傾向がある。組織のメカニズムは，堅固な構造を生みだすことによって，組織された大衆のうちに重大な変化をもたらし，指導者と大衆の関係を逆転させる。組織は，すべての党または労働組合を，指導する少数者と指導される多数者との二つの部分に決定的に分割する。(1973：28)

われわれはミヘルスに全面的に同意する必要はない。かれには，大衆(「大多

数の市民」)とは狭小な自己利益しか考えられないものだとする一種の大衆蔑視論があったと見ざるをえないからである(同47)。しかし、そのことは別としても、政党や労働組合において執行の権限とそれを実施する書記・事務機構が大きな役割を演じるようになって、一般成員の参加の回路は弱まっている。

　この傾向の説明は別の面からも可能であろう。一つには、現実の組織では成員の地位の差別化と異質性の増大が進んでいるという事実がある。たとえば企業をとると、景気変動に応じ、季節的な需要変動に応じて雇用人員の調節をするため、雇用期限や待遇の異なる従業員の地位を設ける傾向がある。それは周知のようにパート・アルバイト、契約社員、嘱託、派遣社員、等々であり、外部労働市場の分化といってもよい。それはウェーバーの近代官僚制の理念型の想定していない事態である。こうした周辺的成員を抱え込んだ組織とは、どんな構成と機能を示すことになるか。かれらは官僚制のなかでは指示を受ける最底辺者ともいえるが、正規の命令系統のなかに位置せず、末端者から(文書によらず)口頭の指示だけを受ける、情報共有の弱い存在、雇用保障も短いところから十分な訓練も受けない存在となっている。

情報の秘匿、公開

　また、公私の官僚制組織は非公開のかたちで活動を行い、多量の情報を保有するにいたっているから、それに伴う問題も生じる。

　成員には守秘義務が課され、情報の目的外使用が抑止されるが、それで問題がないとはいえず、公正の観点からむしろ情報公開も求められるのである。今日の情報公開法は、特に行政機関等に対しては、プライバシー保護を要する場合を除き、要求があればなるべく情報を開示するよう命じている。他方、サービスを提供される住民側にも開示要求の権利が認められなければならない。たとえば今日、国民の大多数が受給者となる年金や、医療給付は、官僚制の正確な業務遂行なしには実施不可能であるが、そこに蓄えられる個人に関する厖大な情報は、誤っていても個人が容易にチェックし検証できるようになっておらず、不利益が押し付けられることがある。

　さらに、よく言われるように、合理化への志向は、繰り返しルーティン化を進め、組織の物象化を生みがちである。すなわち規則をつくり、これを厳格に

守らねばならないという観念が、規則遵守それ自体を目的化する傾向を生んだりする。そのなかで活動する行為者にとっては日々の活動はどのように経験されるか。もっぱら命令と規則に従い行動することが動かしがたい慣例となり、成員は自分の判断によって考えたり行動することをしなくなる。

R. マートンは、このような世界に生き活動する諸個人が「手段的価値を終局的価値となす」ような儀礼主義と呼ばれる転倒したパーソナリティ型までを身につけていくとみている。以上の観察から、かれは有名な「逆機能」(dysfunction)の概念をみちびいた。それは、合理的で、有効で「機能的」(あるいは順機能的)であると想定されて追求されたものが、結果としてそれと反する否定的な効果を招来しうるということを指摘したものだった(1961：181以下)。

民主化との齟齬

繰り返しになるが、組織のなかで対等な成員の合議または審議による意思決定が原則である場合、また教師が生徒に講義をしたり、医師が担当する患者を診察したり、司祭が信者に説教をしミサを行うような場合、これは官僚制とはまったく異なる形式の活動である。この意味で、集団で官僚制化が進むことは合議による意思の交流やそれによる決定がより狭められ、また専門家の行う固有の活動が制約を受けることを意味する可能性がある[6]。

じっさい、政党、労働組合、協同組合、大学、NGOその他諸種の自発的結社など、決定過程で成員の意見表明、自由な討議、合議を保障するかまたは重視している組織で、官僚制化はその民主的な討議・決定や、専門職的判断プロセスを蚕食する恐れがある。またトップダウンの意思決定の強化は、情報を一部の成員が握り、その他の成員は限られた情報を与えられ上部に従うという結果をまねきかねない。

コーポラティズム──組織の動き方として

今日の大組織における決定過程では、本来の官僚制的な上意下達でも、成員

---

[6] たとえば近年大学を含む学校組織のなかで経営の観点が重視され、上意下達の決定システムが広がる傾向があるが、これにより、教育内容やその意義に関わりなく、また教員の専門的判断に関わりなく、小規模授業が廃されたり、統合されることが起こる。

の参加民主主義でもない第三の型も現れているように思われる。どちらかといえば寡頭制の変形といえるかもしれないが，（ネオ）コーポラティズムと呼びうるシステムがそれである。

「コーポラティズム」(corporatism)の語の用法では，J.ゴールドソープのいう，公共政策の形成における「三者〔政・労・使〕あるいはそれ以上の関係主体が，特殊利害を調整するのみならず，その互いに異なる利害を協調的に統一していく可能性」(1987：16)というとらえ方が一般的であろう。これは，いわゆる労使協議制あるいはその拡大形態が，国家官僚制のなかに挿入される形態といえる。しかしより広く解釈すれば，国家以外の，地方行政，企業，政党，組合などにも傾向として進んでいるのではなかろうか。

企業では株主総会の仕組みがあっても，個人株主ではなく，機関所有のかたちで高比率で株式をもつ株主が特別な提案権を認められている。行政の決定に関与する審議会では，たとえば経営者団体，労働団体，学識経験者などの団体の枠が設けられ，それぞれの団体の代表者が委員の席を占めるのがよく見られるケースである。労働組合や政党でも，多数決の決定が行われるとは限らず，いくつかのグループの事前の調整と話し合いで決定の道筋が着けられている場合がある。

こうした傾向を組織の民主主義に反するとみなす立場からは，個人株主による動議の尊重，政党や組合では総会開催の要求，話し合いではなく選挙による役員の選出などが要求され，行政審議会の委員の公募制の導入などが試みられている。なお，ゴールドソープも，政労使交渉が進むにつれ，一方で争議行為への労働者の参加が目立って減少していることを指摘しており，一般成員の参加と背反する面はあるといえる。一方，コーポラティズムを肯定的にみる立場からは，より幅広い団体の代表の参加の道が開かれる可能性も指摘されており，たとえば行政の諮問機関に環境運動，消費者運動のNGO，あるいは人権団体などが参加する仕組みとなっている例はある。注目すべき傾向であるが，こうした傾向が組織の民主化に，あるいは官僚制化の抑止に貢献しているのか，一概に判断するのはむずかしい。

なお，主にヨーロッパ諸国で成立をみ，他の世界にも広がりつつある社会的企業(social enterprise)[7)]では，民主化と公開への一定の工夫は行われているよ

うである。その法整備では，成員の参加資格の差別禁止，ステークホルダーとしての出資者と従業員の代表権保障，企業の説明責任の強化，情報公開，などが留意されるべきだとされている(OECD 2010: 17)。一般企業もないがしろにできないガヴァナンス民主化の一つの方向を指し示すものだろう。

成員の疎外への対応

以上とならんで問題となるのは，大組織の成員たちがその組織内の活動において経験する疎外(感)であろう。しかし，ここである程度区別しなければならないのは，労働現場などで起こっている熟練の解体，自動化(オートメ化)による仕事(ジョブ)の細分化・単調化から結果される疎外と，決定－命令－執行の組織そのものが巨大化・複雑化してそこで活動する成員が理解困難や権限縮小感に悩むといった疎外である。両者は，大組織のなかでの成員の「歯車化」といった表現で共通性がいわれるが，実は問題の性質はかなり異なっている。

前者では「労働の人間化」(humanization of work)と呼ばれるような，職務の拡大，流れ作業の改善，労働者のイニシアティヴの導入などが求められ，後者の場合は，組織の分権化＝権限の下方への移譲，さらには合議の過程の導入などの改革が必要となる。

---

7) 社会的企業とは，なんらかの社会的課題の解決を目的とする事業体で，公的な助成や補助を受け，協同組合，従業員所有会社，認定 NPO の形式をとるものが多い。収益事業であるという点で通常のボランティア活動やチャリティと区別されるが，その社会的・公益的なミッションの達成との両立がつねに求められる。社会的課題とは，失業対策，職業訓練，ホームレス支援，福祉サービス，起業の援助，再利用とリサイクル，等さまざまなものがある。

6章
社会的不平等と階級，階層

　経済的，社会的，政治的な資源が今日の社会で成員のあいだに平等に配分されていないことは，通常の観察眼をもつ人ならだれでも感じている。欧米や日本の社会で人々のあいだで所得，資産(とりわけ住宅)，物事を決める力(権力)，進学機会などに差があるばかりではない。海外を旅すれば，高層ビルも並び建つようになった途上国の首都の一角に広大なスクオッターが存在するのにぶつかり，貧しい生活が展開されているのに驚く。そして，この二つの世界は無関係なのではなく，後者から前者への人の国際移動と定住が，前者の階層構造にも影を落とすようになっている。

　社会学は19世紀後半の成立期，またはその前史以来，近代社会が不平等を刻印し，貧困問題を生み，再生産し，それが生活機会のみならず文化の享受にも影響を及ぼしていることを重視してきた。そのことが「階級」やそれに関連したタームの使用をうながしてきた。マルクスはいうにおよばず，サン＝シモン，コントもそうだったことは，すでに1章で触れた。

　以下では後期近代ともいうべき現代を念頭に置きながら，社会的不平等の特有の形態と問題を，脱工業化，グローバル化，福祉国家化との関連でとらえることを目指し，そのなかで階級，階層による把握がどのような意義をもつかを考えてみたい。

1　階級，階層の概念

古典的な階級概念から階層へ
　欧米や日本の諸社会を仮に「先進社会」と呼ぶなら，そこでは資源の配分の

不平等をとらえるのに際して、古典的な階級概念を用いるのはかなり困難となっている。マルクス主義的な生産手段の所有・非所有またはその大・小による階級の古典的定義と分類(分かりやすい表現では資本家階級,労働者階級,小生産者階級)は用いにくくなっている。企業の所有が単純に属人化しにくくなっていること,経済のサービス化に伴い「生産手段」の意味が変化したこと,製造業や農業の分野で小所有者(自営業者)の減少が急速に進んでいること,などが理由にあげられる。

しかし「所有の分散」,まして「所有の民主化」といった議論は妥当せず,規模の大きな株式所有には偏在がある上,A.バーリとC.ミーンズのすでに古典となった指摘[1]でも,専門経営者が生産手段を管理する(所有しなくとも)という支配構造があまねく成立している。これに関連して,学校教育と修了資格(ディプロマ)を通しての職業的地位の配分メカニズムがひじょうに強まっていること,などがその背景にある。

人々の階級的自己認識もずいぶん多様化していて,マルクスが想定していたような対自の(für sich)階級,つまり利害の共有と連帯の感情をもった自覚的集団としての階級を,経験的に確認することはむずかしい。しかし,現実に不平等は存在していて,経済的・地位的格差を示す区分線が,諸集団を分けて走っていて,人々はそのことに意識的でないわけでもない。とすれば,単なる一指標にもとづいて区分された連続性の高い層化を描くだけで満足するわけにはいかない。

以下では,上で述べた古典的な階級コンセプトと区別する意味で,主に「階層」という日本語を使うことにするが,欧米の文献で使われるこれへの対応語は,他の語にもまして class であることを断っておきたい。

格差への接近手段としての階層

古典的な階級に比べ,階層は,実体をもった集団を指して使われるというよ

---

[1]　バーリとミーンズは,アメリカの大企業の分析にもとづき,所有権と支配は一応分離されているが,一般の株主ではなく少数の大規模株主に法的に議決権が委ねられ,また企業の支配は株主とは分離された少数者集団(取締役会)の掌中にあることを明らかにした(1958:167)。株主総会は民主的な統御の場ではなく寡頭制の場となっている。その後の研究は,後者,すなわち経営者たちもしばしば株式保有者であることを実証している。

りは，複雑で多様な要素からなる格差をもつ社会的現実をなんらかの角度から整理し，測定するためのモノサシという性格がより強い。この考え方が収入階級(階層)のような概念の設定に含まれている。それゆえ，20％ずつのⅠ～Ⅴのような五分位階級や，「上―中の上―中の下―下」のような，相対的で操作的とみえる層化も行われる(108頁表1参照)。

けれども，あてがうモノサシに，操作性をある程度犠牲にしてでも社会的リアリティを与えたいと考えるとき，よく「職業」という基準が選ばれる。公式統計に用いられる職業階層区分，あるいは研究者が調査を行う際に設定する職業階層など色々あるが，あまり大きなズレはないようだ。イギリスの社会学者I. レイドは，主観的な社会階級(人々が自分がそこに属していると感じる)が，相当程度，国勢調査や研究者が用いる職業にもとづく客観的スケールに関連づけられていると述べている(Reid 1989: 34～35)。つまり，社会成員を「ミドルクラス」と「労働階級」に分けてきた(英国の)人々の思考が，Ⅰ(専門的職業)，Ⅱ(中間的職業)，Ⅲ(熟練的職業)……の職業階層に重ねられて解釈されるということである。フランスでもP. ブルデューらは，公式統計の職業分類である「社会職業階層」(CSP)を採用しながら，これを「上流(層)階級―中間階級―庶民(民衆)階級」という三つのいわば伝統的な階級でくくったりもしている。

とすれば，職業による階層は単なるモノサシにとどまっていず，認識と判断の基準ともなり，所属の準拠ともなり，受け取りようによっては，リアリティをもった集団とさえみなされる。こうみてくると，階層とは，認識と測定のための道具，モノサシであるとともに，いったん対象に適用されると人々の認識のなかで翻訳が行われ，集団的リアリティも与えられてくる。この両義性があるようである。

ウェーバーにおける階級と身分

こうした考え方に対してはマックス・ウェーバーの階級論が比較的開かれている。ウェーバーは階級を，同じような「階級状況」(Klassenlage)の下にある人々の集団と考える(2012：208以下)。これは「身分状況」(ständische Lage)と対比して使われていて，主に財貨や労働力の獲得や処分の仕方，方法，程度を指すものである。それは近代では典型的には「営利階級」というかたちで市場

のなかの位置によっていくつかの集団が区別されている。その代表的集団として企業者と無産プロレタリアートがあげられているから，マルクスとの認識の共有はある。多くの研究者は，階級状態と呼んだものがマルクスのいう階級と近く，この点ではウェーバーは基本的にマルクスにきわめて接近しているとみる（たとえばスコット・渡辺ほか 1998：19）。

だが，この営利階級と区別して「社会階級」が設けられる点では，異なってくる。社会階級の一つに「無産の知識層および専門家」というカテゴリが含まれ，そこに技術者，職員，官僚群など今日ホワイトカラーと総称されるグループがあげられているのは，さすが 20 世紀の社会学者といえる。ウェーバーは階級を「集団」だと述べているが，利害を同じくする関係者の結社がつくられることもあれば，無数の人々が単に同じような利害状態に置かれているにすぎない場合もあるとする。

階層化の一要因としての威信

なお，上でいう「身分」または「地位」の要素は，名誉や威信に関わる権利を伴う以上，今日の階層には無縁で，すでに過去のものになっているのだろうか。世襲の，それじたいが特権を伴うような身分はむろんもはや存在しないといえるが，威信，尊敬，地位といった要素じたいは今日でも決して無視できない資源をなし，不平等に分配されている。そして，この社会階級は，営利階級からの転化として成立することもある。

> 身分と階級との相互浸透・相互移行関係に着目するところに，かれ〔ウェーバー〕のとらえ方の特徴がある。身分から階級への発展が，一方では経済合理化による営利階級中心の社会構成への歴史的移行であるとともに，他方ではこの歴史的移行の後に階級から身分への逆転の可能性（たとえば営利階級の社会階級への転化）をふくむ，とみるわけである。（濱島 1991：68）

「社会階級」とかれが呼ぶものには，一部に，教育の多寡や生活様式が問題となるような威信階層が含まれている。ウェーバーの影響を受けている R. コ

リンズは，その独自の階層論のなかで，「地位文化」(status culture)という要素を殊に重視している(Collins 1992)。また，社会によってさまざまに異なるが，ある宗教宗派に属することや，ある言語を母語とすることが，威信（プレスティジ）の源泉の一つとなって，階層化の一基準となるケースも少なくない。

「職業階層」とは暗にそうした人々の評価をも含んで，成立している。「職業に貴賤なし」といわれるが，しかし，現実に社会的評価といったものが職業の上下序列のイメージをつくっている。上で述べたその上下を分けているのは，推定される収入だけではなく，遂行している職業の内容の専門性，技能の高度性，さらにはライフスタイルなどであるとみられる[2]。そして，それらの諸要素に教育水準が関わってくる。職業階層が教育水準と対応しているのは事実であり，学歴資格を文化資本の一つとみなす見解は有力である。

民族，宗教などの位置

ここで，階層の把握の実際に関わる別の社会学的問題に触れておきたい。

古典的な階級・階層論では，社会的不平等に関わる民族，人種，宗教などを，「非階級的」あるいは「階級外的」な要因とみなす見方が支配的だった。その場合階級とは，一定の抽象化の操作によって取り出された生産手段の所有 – 非所有，または所得による上下関係の集団ということになる。

しかし現実の不平等とはつねに複雑な切り離しがたい要因の絡み合いから成っていて，たとえばアメリカの階層構成で最下位20％の収入階級をとりあげ，人種・民族と学歴のそれぞれとの相関係数をとった場合，人種・民族との相関のほうが大きくなるということは予想される。また，英国の中の北アイルランドでは少なくとも過去において，階層化においてプロテスタント – カトリックの宗教所属は決定的だった（分田 1998）。民族マイノリティなどの場合も，その階層的位置を，経済的財の不均等配分という指標のみから構成し，すませてしまえば，成員たちの経験している差別や剥奪の意味を把握することもできなければ，階層間の移動が困難であるという事実を理解することもできまい[3]。社会学的アプローチは，経済財の指標を優先する操作と，非階級的要因の除外で

---

2) 「ライフスタイル」として多様な指標がとられうるが，たとえば文化的趣味・知識や文化活動に注目することがよく行われる。これについては藤田英典（1991：168以下）を参照。

よしとせず，民族，宗教，地域等の要因を組み込んだより総合的な階層のとらえ方をめざすべきであろう。ただ，経験的で相対的な議論として，民族や宗教で差異化されるマイノリティが少数である社会においては，経済的指標に特化した階層概念がとられるのはやむをえないといえる。研究の実際ではこれが許されよう。

2　階層の編成の原理──現代社会と不平等の現れ方

収入五分位階級

所得は人々の基本的な生活手段の一つを示すもので，貧しさなどの基本指標となりうる。その所得の五分位階級別を一つの手掛かりとしてかかげよう。

表1　年間収入五分位階級・勤労世帯(2008年)　　　　単位：万円

	平均	I (437未満)	II (437〜582)	III (582〜727)	IV (727〜950)	V (950〜)
年間収入	717	341	508	651	832	1251
有業人員	1.68	1.51	1.55	1.64	1.73	1.97
貯蓄	1250	685	818	1,148	1,398	2,199
負債	652	325	554	752	785	844

総務省統計局「家計調査」による。収入五分位階級とは世帯の年間収入(税込)の低いものから高いものへ順に並べ，5等分した5つのグループを言う。

上表は「勤労世帯」の五分位階級であり，非勤労世帯(多数の年金生活者世帯を含む)を除いてある。もしも非勤労世帯をすべて含めると，I，IIなど下方の階級が厚くなり，平均額も下がる。それはさておき，五分位階級はいわば機械的に分けられた層であるが，それでもこの階級区分から若干のことが読みとれる。V階級とI階級では年間収入で3.7倍の開きがある。貯蓄額にも3.2倍と相当な差があり，他方，負債額に目を向けると，差が相対的に少なくなり，

---

3) たとえば，9章で紹介する調査データ(金・稲月2000)では平均所得という指標では日本人と差がないか，これを上回ってさえいる在日韓国人は，日本人と平等になったと判断してよいか。職業では前者は半数以上が自営業に就いており，「就職差別などによって主たる労働市場〔日本の大企業ホワイトカラー〕から排除され，結果として自営セクターに囲い込まれてきた」(同189)とするならば，かれらに経験されている階層とは，民族を理由とする差別と，不本意な選択としての自営業を考慮せずにはとらえられない。かれらの階層的地位は，少なくとも経済財の配分，民族差別，職業選択の限定された可能性，という三つの要素から規定されなければならない。

Ⅱ～Ⅳの階級で大きくなり，それだけローン負担などが中間所得層には重くかかっていることが推定できる。

所得統計から現代の貧困を論じようとする試みもある。それは絶対的な貧困の定義をとらず，相対的な貧困概念に立つもので，相対的な富の分布を知るには役立つ。OECDで用いられている「貧困」とは，当該社会の全世帯の可処分所得の序列をつくり，その中央値にあたる所得額の半分に達しない生活状態を指す。そして，日本の貧困率は 15.3%（OECD の 2006 年の指摘）に達し，OECD のなかでも下位にあることが知られ，ショックを与えた。国ごとの比較でではなく，周知のような「子どもの貧困」というかたちで特定の年齢カテゴリを取り出して貧困率を算出することも行われ（阿部 2008），またフランスでは，移民の世帯の貧困率が測定され，北アフリカ出身のマグレブ系移民世帯で 22.6% と，フランス平均よりも格段に高い率が示された（宮島 2009：54）。

職業階層からみた収入

以上は収入階層の一例であるが，人々はどういう社会的層に対応しているのだろうか。

表2　収入階層の一例（年収）　　　単位：万円

夫の職業階層	世帯収入（平均）	妻がフルタイム就業の場合	妻がパートタイム就業の場合
専門職	902.3	1125.0	848.8
大企業ホワイトカラー	848.1	1069.2	834.5
中小企業ホワイトカラー	675.3	874.8	663.4
大企業ブルーカラー	685.8	897.7	690.2
中小企業ブルーカラー	534.4	690.4	539.2
農業	802.5	893.8	598.1

（カテゴリ，項目を一部省略）

収入五分位階級はそうしたことを直接には示してくれないが，たとえば日本の社会学者たちの行っている SSM 調査（社会階層と社会移動全国調査，2005 年）の結果を参照してみると，表2から，若干の対応関係が分かってくる（中井 2011：146）。

すなわち五分位階級で最上位のグループを構成した人々の多くが，専門職および大企業ホワイトカラー（ここには経営者や管理職も含まれる）から成ってい

るであろうということが推測される。フルタイムの共働きであれば，世帯として高所得性がいっそう明瞭になることがわかる。一方，五分位階級の最下のⅠ階級およびⅡ階級などになると，中小企業に働くブルーカラーが多くなるのではないかと推測される。

なお日本では企業の規模による賃金格差が大きく，そのことが職業階層の設定にまで反映する(表2)。欧米では必ずしもそうではなく，むしろ熟練のレベルが階層化の原理と考えられていることを知っておきたい。また，表2のデータから読みとれるのは(この場合女性配偶者に限られているが)，フルタイムとパートの雇用形態による収入差の大きさであり，これは後に触れる。

3 階層，教育水準，メリトクラシー

学校教育をへて職業へ

親から受け継ぐ生業が職業に大きなウェイトを占め，また商工業の技術が主に経験知と現場的訓練(叩き上げ)によって形成されているかぎり，学校教育の意義はそれほど大きくない。しかしいまや被雇用者が有業人口に決定的なウェイトを占めている。たとえ親の生業を継ぐ者でも，初職は会社勤めで労働者またはホワイトカラーであるというケースは多い。したがって，図1のような(a), (c)の規定作用はひじょうに大きくなり，(b)のような学校教育をへずにある

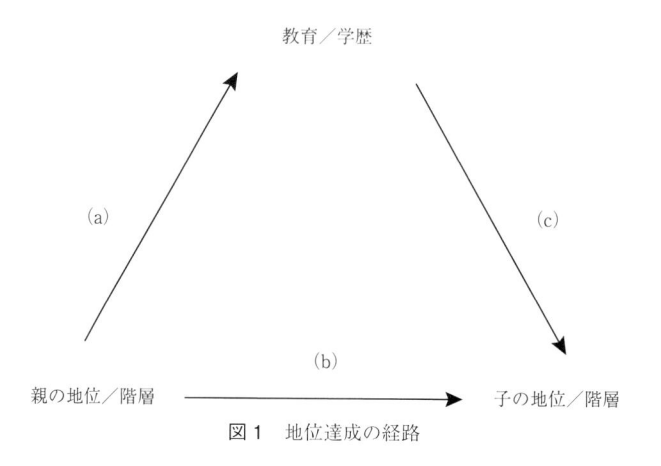

図1 地位達成の経路

階層的地位に達するというコースをたどる者は少数になっている(藤田2005：89〜90)。

ただし、見落としてならないのは、どのようなレベルのどういう教育を受けるかは、本人のバックグラウンドの階層によって規定される傾向にあるという事実である。日本では高校卒業者が95％を超えるため、高校以降どこで学ぶかが問題になってくるが、そこにいくつかのレベルがあり、どこまで進学を果たすかが、到達しうる地位、職業、階層と関連するとみられている。

D. ベルは脱工業社会の中心的特徴を指して「知識社会」(knowledge society)と規定し、技術革新がますます研究開発にもとづくようになっていること、雇用とGNPに占める比率では知識分野(情報、研究、教育など)がより増大していること、という二つの点を強調した(1975：286)。日本でもこのことはほぼ検証済みといえよう。

メリトクラシー論の虚、実

ちなみに、これに先だってであるが、「メリトクラシー」(meritocracy)という言葉が一時期もてはやされた。

これは1950年代にイギリスの社会学者M. ヤングの造った言葉であり(ヤング1982)、個人のメリット(長所、功績、好成績)が評価され、家柄や身分に代わってこれが社会の中での地位、権限などの配分の支配原理になることを指した。その後、メリトクラシーの語は能力主義や業績主義とほとんど同義のように使われてもきた。しかし、メリットを「IQ(知能)プラス努力」とするヤングの定義をめぐっては議論が起こる。IQの強調は、先天的なものを重視する思考だとする批判、逆に、人々の示すIQは社会的、文化的な学習環境によって左右されるものだという知見からの批判が、それである。そうした批判を反映し、今日では一般に、メリトクラシーを、「英才教育制度」とか「エリート階級支配社会」と解釈する見方がある。ヤング自身、「一般民衆ではなく、もっとも優秀な人びとによる支配でしかない」と明言している(1982：16)。

階層形成いいかえると地位の獲得と密接に関わる「学校的成功あるいは失敗」(school success or failure)が何を意味するか、にかんして議論が呼び起こされた。ヤングの説はそこに、環境や後天的な行為では説明できない個人的要

素(IQ)と,後天的な行為の成果(努力)の合成をみようとした。しかし,IQ は措くとしても,努力とはあらゆる個人にとって可能な,つまり独立変数的なものとみることができるだろうか。イギリスやその他の国々では,子どもの学校的成功については純粋な個人の努力に帰せられる部分は小さく,それに先行する,有利・不利をもたらす文化的性向では階層的背景との関わりが大きいことが指摘されてきた。教育社会学者,B.バーンスティンは,生育環境のいかんによって習得される言語コード(文化コードでもある)が異なること,それが学校的な有利さに影響することを確認している(バーンスティン 1981)。

4 「エリート」の形成の基盤

「知識社会」化と技術・専門職

かつてパレートやモスカが「エリート」の統治の不可避性について論じたとき,当時の階級構造や教育の分析にもとづいていたわけではなく,主に個人的な「道徳的・知的資質」の不平等配分からこれを説明した(モスカ 1973 : 451 以下)。だが,ヤングの議論はともかく,ベルのいう「知識社会」化が強まるにつれ,技術,経営などで指導的権能をもつ集団の生成がある程度説明されうるようになっている。知識の配分は,ほとんどつねに学校教育とディプロマを通して行われ,熟練,技術的能力,管理や専門的業務遂行能力などに変換され,それが経済的・社会的優位をもたらしているからである。経営者,専門職については,これらに到達する可能性を直接規定している教育歴は,(大学進学率が 50% を超える現在のアメリカや日本では)大学卒一般の価値が相対的に低下する"学歴インフレ"も起こっていて,いくつかの有力大学や有力学部出身者に限られる傾向がある。これはデータをあげるまでもない。

では,そうした地位にある事実上のエリートはなんらかの共属感や共通の社会意識(イデオロギー)をもって結ばれ集団を形成しているのだろうか。それを判断できるような調査はないが,単にかれらは多様で,多元的であるともいえないだろう。フランスのように,一般の大学(ユニヴェルシテ)と異なる,高度な選抜を行う,定員も限られた高等教育機関(グランデコール)が制度的に政官界,経済界カードルに人を送りこんでいる国では,共通意識と連携性をもった

集団(グランコール)が形成されやすい(梶田1985)。これには政治社会体制の特徴も関わっており、フランス第五共和制(現行)のように議会の権限が限られ、大統領を頂点とする執行権力の強い体制の下では、経済界への権力の介入も行われやすく、「上級カードル」の名で呼ばれるエリートたちが、選挙民の掣肘もなく、社会団体(労組など)の基盤ももたずに、権限を行使している。「テクノクラート」(technocrate)という言葉が、このフランスで頻繁に使われるのはゆえなしとしない。

学歴による階層的地位の正当化

しかし、現代のエリートをめぐる社会学的考察は、高等教育に進学し修了するという行為が多分に再生産的であることを指摘している。ブルデューらは「天与の才のイデオロギー」と呼んで、子どものかちうる学校的成功を先天的な能力に帰するようなあらゆる形態の議論を批判してきた(1991：80)。幼児期以来与えられた社会環境、とりわけ家庭環境等の下でのほとんど無意識のうちに体得されるハビトゥスが、その後の学校教育適応への有利、不利を規定しているとする。

日本でも専門職や企業管理職の子弟の8割は大学進学者とみられ(これは女子についても変わらない)、それに対し、自営業、労働者、農業従事者の場合、30〜40%ではないかという推定が多い。それゆえ、学歴は独立変数とはいえず、階層的・家族的な背景によって媒介されたものとみるべきであり、そのことをある程度意識してか、人々が学歴における「不公平」にきわめて敏感になっているというSSM調査の結果もある(原・盛山1999：43)。

整理すれば、問題の所在はおそらく次の二点にあろう。第一に学歴重視が一種のクレデンシャリズム(資格証明)の域に達し、最終出身学校が最初の入職の際ばかりでなく、当人の生涯の社会的な格付けにも影響するという一面があること。なお、その意味で、業績原理によるはずのものが、属性に転じてしまうメカニズムがあること(梶田1981も参照)。この学歴主義の問題は、英、仏社会にも、アメリカにも、韓国や中国にもあることは付言しておきたい。R.ドーアが、「学歴資格病」(diploma disease)と命名してこれを国際的視野で論じ、知られるようになった(ドーア1990)。第二に、すでに上で述べたように高学歴

を獲得するには本人個人の努力だけではなく，階層や家庭という条件が大きく作用し，そうした条件の不平等の再生産の結果が学歴差であることは，否定しがたくなっている。

5　雇用と格差

正規‐非正規の格差

　つねに存在してきた問題であるが，階層から読みとる不平等でいまや無視できないと思われる要因に，正規雇用と非正規雇用の格差がある。欧米でもパートタイム労働の存在，また有期雇用の存在は，労働者内に格差をもたらすものとみられているが，他方，これをワークシェアリングに伴うもの，労働者自身がワーク・ライフバランス（仕事と家庭生活の調和）を求めることの表れとする解釈もある（前田 2000）。

　一方，正規，非正規の待遇の差がきわめて大きい日本の雇用システムの下では，パートの存在はもっぱら格差拡大に拍車をかけている。グローバリゼーションの急激な進行と，労働者派遣の原則自由化などの結果 2008 年には全被雇用者の三分の一が非正規雇用となるにいたった。「非正規」とは，当該の事業所で従業上の地位が，パート・アルバイト，有期契約の労働者，派遣労働者にあたる者といえよう。2005 年 SSM 調査の結果では，男子の正規雇用労働者の年収の平均が 404 万円であるのに対し，非正規では 273 万円と三分の二強にすぎず，男女合わせてのその貧困率は 34.8％ と，正規労働者の 10％ を大きく上回っている（橋本 2011：64）。

　では，かれら非正規雇用に就く者の属性はどうなのであろうか。

非正規雇用に就く者

　もちろん初職で正規雇用に就いた者が後に非正規に変わることはあり，出産・育児で職業生活を中断した既婚女性の再就職ではそうなる確率は高い。そこで，ここでは初職における傾向をみてみると，先の SSM 調査では，2000 年代の成人に達したコホート（区切られたある年次に出生した人々のグループ）では，高校以下という学歴では非正規が男性で 40％ を超え，女性で 50％ に達し

ている。四年制大学・大学院修了における約20％との間には，有意な差がある(佐藤2011：69)。つまり，大卒者が比較的連続的に卒業から正規雇用へと入っていって，企業都合による解雇や非正規化がまずありえないのに対し，高卒以下では半数近くがそのような保障のない道に入り，正規雇用に移行できる者もいるが，そうでない場合，職場を変えながら不安定な生活を送ることになる。

職業階層でいうなら，ブルーカラー労働者とホワイトカラー事務・サービス従事者を貫いて「非正規雇用層」の存在が想定され，橋本健二の推計では，いわゆる主婦パートを除いた，主生計を非正規雇用とする者は800万人程度に達するので(2011：64)，これが上に該当しよう。全被雇用者への比率では16％前後に達する。伝統的に考えられてきた正規労働者の，さらに下位に位置づけられる層として「アンダークラス」と呼ばれうるものである(同64)。そして，今後格差が拡大または持続，固定化，すなわち再生産が進むならば，これを一つの階層と認めなければならなくなろう。

なお，ここには，他にも母子など片親世帯，外国人，エスニック・マイノリティなどが含まれている可能性は大きい。日本では，自動車・機械製造の下請企業などで就労するブラジルなど南米系の労働者たちの8割以上は派遣労働者である。なお，欧米では，途上国出身の移民労働者とその家族が人口の1割以上を占める国も少なくないが，そこでは有期(短期)の雇用の者が非移民労働者よりも高い割合で含まれている。景気変動の際の調節弁として使われる可能性は大きく，したがって失業のリスクは大きい。

6　階層間移動と地位の非一貫性

「上昇移動」の想定に反して

階層間移動とは，ある階層に位置していた者が，当人として，または次世代において他の階層に所属するようになることをいう。より広く「社会移動」(social mobility)のタームが用いられることもある。実際の調査や研究では，個人追跡的アプローチがとられるよりは，定量的に，量的現象としてその変動が追究されることが多い。主にアメリカの階層研究のなかで発展してきた研究で，マルクス主義階級論などとは異なる，階級の開放性への信仰あるいは期待

からこれが重視されてきた。近代では身分，家柄，財産ではなく個人の努力，とりわけ教育達成と業績が，その社会的位置を決めていくはずだとする仮定から，特に上昇移動(upward mobility)の検証に力点が置かれる。

けれども，理論的に区別しておいたほうがよいのは，産業構造の変化等にもとづく，いってみれば構造的移動と，構造の変化のないときでも個別の行為者の行為によって生じる個人的移動である。たとえば，マルクスが19世紀のイギリスに見たような，機械制生産の拡大による小生産者層の急速な分解は，大量現象として無産の都市プロレタリアートを生みだし，これが19世紀的な階級間の構造的移動の一つの型をなした。しかし，20世紀にはこの構造的移動の意味はやや変わる。たとえば戦後の日本をとると，一貫して続く農民の減少と，その他自営業者の一部存続しながらのゆるやかな減少とは，いちがいに下降移動とはみなしがたく，より多くの現金収入を求めて勤労者層へと移動するという過程を伴った。そして「高度経済成長」が続くかぎりは，都市勤労世帯に参入することは所得上は「上昇移動」の性格ももった。

しかし，マクロに移動を検証しようとする西欧社会の調査は，1960年代にはしばしば，上昇移動が主な趨勢となるという予想を裏切る結果を示すにいたった。フランスの場合であるが，「社会的成功」に関する大規模な調査で，「重要人物」とエリート高等教育機関出身者の出身階層が探られた結果，かれらの三分の二は最上層出身者であることが明らかとなった(ジラール1968)。「平等」を国是とし，高等教育機関にいたるまでの公教育の無償化を図ってきたフランスだけに，この結果は衝撃を与え，その後のさまざまな研究をうながす。先に触れたテクノクラート層の批判的考察もその流れだといってよい。

明白な構造的移動，しかし上層では再生産

イギリスでは，J. ゴールドソープらの「豊かな労働者」(affluent workers)の考察が登場し，中レベル所得の，伝統的ブルーカラーとライフスタイルも異なる層に社会学的な注目が向かったが(Goldthorpe et al. 1969)，この階層間移動がまんべんなく生じているかという点には，留保が付された。70年代，確かに移動は増して，たとえば伝統的なマニュアル労働からサービス労働への上昇のチャンスを若者はつかむことができ，逆の下降移動は少ない。その一方で，上

層階層の変わりにくさという矛盾する傾向の存在は否定できない(Reid 1989: 208~209)。なぜ変わりにくいのか。上層がその成員をリクルートする際の重要な道は高等教育であるが，多額の学費も要する私立学校，パブリック・スクールからオックスブリッジなどの大学への進学者は，依然半ば以上が最上層の所得階層の出身者で占められているからである。

したがって，ヨーロッパを中心に展開されてきた研究は，構造的移動の性格が濃厚である中下層における活発な移動を確かめる一方で，上層(自由業，専門職，経営者，管理職など)における自己生産(再生産)の傾向を検証するものとなっている。この傾向を分析するのに，経済的な障壁だけでなく，文化的な障壁(言語習慣，学校外文化との接触，進学を当然視するか，など)にも分析を加えたのが，ブルデュー/パスロン以下の人々の研究である(136~137頁も参照)。

日本でも，これと近い知見が得られている。先に「アンダークラス」とも呼ばれうると述べた非正規雇用従事者層を，移動論の観点からどのようにとらえるかという問題が出てきているが，SSM調査等で問題とされてきたのは上層ホワイトカラーの階層閉鎖性または再生産である(石田・三輪2011)。これは，イギリスなどヨーロッパで指摘されてきたことと類似している。すなわち，1996~2005年の間に初めての職に就いた者が，上層ホワイトカラー(専門職，管理職〔法人企業役員を含む〕)に入っていく可能性は，親が同じ上層ホワイトカラーであるか，そうでないかによって，男性で3.5倍，女性で2倍の差がある(同31~32)。

欧米・日本を通じてある程度共通に指摘されるのは以上の点である。上層の職業に接近するための大きな要件は，いうまでもなく，それにふさわしいとされる高等教育を修了することであるが，そこにいたる長い就学過程では，家庭の経済的・文化的諸条件の有利，不利が大きく作用する。

地位の一貫性，非一貫性

「地位の非一貫性」(status incongruency)とは，階層研究で注目されてきた現象で，階層の指標として威信，教育レベル，所得，財産，生活様式，勢力(power)の各々をとって地位を五段階尺度などで測定した場合，必ずしも整合

的ではなく，諸地位が一貫して高い人々，一貫して低い人々，非一貫的である人々がいて，階層現象の複雑さを示している。日本でも非一貫性は比較的大きいとみられてきた。

けれども，農民やその他自営業が減少している今日，自営業型の非一貫性タイプ(学歴は高くないが，土地もちで，地域の世話役・議員等をつとめる)はしだいに少なくなっている。とすると，高所得者は所得以外の他の指標でも一貫して高くなる傾向にあり，低所得者は一貫して低くなる傾向も強まると思われる。ただし，現代社会の高学歴化を反映する非一貫現象が広がってくるかもしれない。大学卒業者が人口の半分に近付くなら，きわめて高学歴であるのに非正規の職にあって低所得という非一貫型が増えてくる可能性が考えられる(任期付きや非常勤の教員や研究者など)。

なお地位の測定は個人について行われ，階層的地位をとらえる上では世帯主(主な生計維持者)が重視されるが，生計維持では従である既婚女性などに非一貫型が高い割合で現れている。大学卒でありながら結婚・子育て後の再就職が困難で，パートにとどまる低所得の「主婦」などがそれで，ジェンダーの観点からはしばしば不公正の問題として認識されている。

7　福祉国家と不平等

所得の再分配，生活の保障

資本主義社会の不平等の構造を変えようという試みは，周知のように19世紀以来さまざまに行われてきた。生産手段の公有，社会有という変革をめざす社会主義もその一つだったが，20世紀には資本主義の経済運営の修正へのさまざまな動きも起こり，西欧では労働運動や労働者の政治運動が合法的，制度的な改革を求めるようになり，社会保険法，最低賃金法，雇用保険法，累進税制などが成立する。第二次大戦後，国によっては企業国有化などがかなりの範囲で行われるが，広義の社会保障制度が整備されていき(その出発点となったベヴァリッジ報告[4]が有名)，労働者政党なども，ラディカルな経済改革より

---

4) 経済学者ベヴァリッジを委員長とするイギリスの政府委員会が1942年に発表した社会保険に関する報告書。均一拠出，均一給付の原則による統一した年金制度などの導入をうたった。

これらの制度に依拠した所得の再配分や生活の保障を求めるようになる。

　福祉国家(welfare state)とは，社会保障諸制度を備え，社会福祉サービスを行い，国家がその成員の生活保障に責任をもつような体制をいう。日本では，憲法第 25 条の「国民の生存権の保障」の規定にもとづき，1950 年代から社会保障諸法の整備が進む。当然，社会保障制度が機能することは社会のなかの不平等を低減し，自力で生活を営むのがむずかしい者には最低保障(セイフティネット)を提供することになる。一方，企業も，福祉国家の雇用維持の政策や，公的教育費支出による人材育成政策や，公的資金を投入しても企業の破綻を防ごうという政策から，少なからぬ恩恵を受ける。

市場経済と少子化高齢化の下で

　けれども，完全雇用に近いような経済成長期ならともかく，景気変動の起こる資本主義市場経済の下で社会保障制度を十分機能させることは容易ではない。階層間の再配分の重要な手段である所得税・法人税の累進化や社会保険の拠出には，「企業の競争力低下」や「資本の海外逃避」を招く恐れを理由にあげる抵抗があり，日本では最高税率は下げる方向への圧力にさらされてきた。自社の労働者への社会保険の適用を避けようとする企業の動きもある。

　また，今後もその趨勢が続くであろう少子高齢化は，公的な年金制度や医療保険制度の従来通りの存立を困難にしていくと予想される。年金支給年齢の変更(遅らせること)や，医療費負担の増額などをよぎなくさせよう。不十分な年金ゆえに高齢世帯が低所得層に大きな割合を占めつつある点も問題である[5]。

　グローバル化の進展の下で，企業の国際競争力の維持を理由とする労賃コストの抑制が行われる傾向にあり，そのための解雇，非正規雇用の数・割合との増加が進んでいるが，これに対する社会保障制度による対応は今日，最も大きな課題の一つとなっている。雇用保険と生活保護はいわばセイフティネットということになろうが，それらが有効に機能できるかどうかは問われている。

---

5) 「国民生活基礎調査」(厚生労働省)では，過去 20 年間ほど 60 歳以上の貧困率は 20〜22% で推移している(全個人では 14〜16% 程度)。

平等のための社会的規制

しかし，さらに問わなければならない。福祉国家体制とは同時に，労働法規が守られ，広い意味で平等のための「社会規制」，すなわち雇用の男女差別禁止，土地利用規制，賃貸住宅に関する差別の禁止，障がい者差別の禁止などが行われることを要請するものであるが，これらが不十分にとどまっている点に特に日本型福祉国家の問題点があるとされる（武川 2007：131〜132）。

また，市場原理の柔軟性を評価し社会保障および福祉サービスの一部の民営化が進んでいるとはいえ，その柔軟性と裏腹に，受益者負担や，サービスの一貫性と持続可能性が欠けることが懸念されている。

福祉国家の「悪評」について社会学者 Z. バウマンがシニカルといってよいほどにさまざまに言及しているのが知られているが（かれの最後の勤務地はイギリスのリーズ），といって，かれも福祉国家に代わるオルタナティヴを提示しているわけでない（2008b：109）。

8 階層化と第三世界

新国際分業と移民導入による変化

階級・階層の現象は，今日では一国，一国民社会の中で完結しているだろうか。新国際分業の観点に立つと，欧米や日本の企業に系列化された，発展途上国の現地法人で働く労働者やその他従業員は，潜在的には前者の階層構造に組みこまれているともみられよう。しかしより確認しやすい例は，途上国出身の外国人・移民が先進国に移動し，定着し，人口にも労働市場にも相当な割合を占めるにいたっている事実である。欧米では第一次石油危機に先だつ20年ほどの間に国際労働移動のいちじるしい増加がみられた。日本の場合その比率は低く，今日実質就労している外国人は120万人程度と推定され，就業人口の2％程度であるが，アメリカ，カナダ，英，独，仏，スイスなどの諸社会では人口の1割，あるいはそれ以上の者が外国出生者によって占められており，その定住者化も進んでいる。

移民を組み込む階層構造

しかし非ヨーロッパ系移民の労働市場への統合は進んでいるとはいえない。ヨーロッパでも最大の移民国といわれるドイツを取り上げてみる。1980年代の数字をみても、この国では外国人が総人口の7.5%で、かつ全失業人口の11%を占めていた(Kühl 1987: 21)。そして、その80年代から前世紀末までの20年間における外国人労働者の職業的地位の変遷を示すと、表3のようになる(Bender and Seifert 2003: 53)。

表3 国籍別の職業的地位(男性、国籍別)
単位：％

出身国	不熟練・半熟練労働者	熟練労働者	ホワイトカラー
1980年			
ドイツ	24	41	34
トルコ	76	22	2
ギリシア	74	21	5
スペイン	65	30	5
1999年			
ドイツ	25	31	44
トルコ	71	23	6
ギリシア	70	19	11
スペイン	49	30	21

この表の示すように20年という長い時差で比較してみても7割以上がブルーカラーの低熟練労働者層を占めているという事実は変わらない。脱工業化という職業構造の変化も、ヨーロッパ系移民には若干の変化として現れているが、トルコ、ギリシア出身者の職業構成に明瞭には現れていない。産業別では99年時点ではやはり三分の二が製造業＋建設業に働き、まだ伝統的な労働者像を呈示している。そして、教育レベルからみても、特にトルコ人では低レベルの学歴で職業訓練を受けていない者が99年時点で70%を占めていた(同49)。トルコ人はこの国の外国人・移民の内の最大集団をなしていて、定住、家族呼び寄せ、世代の交替のなかにあり、近年では国籍取得が増え、外国人人口としては減少をみているくらいである(2009年には166万人)。なお、ギリシア人、スペイン人の場合にも職業レベル、教育レベルともにドイツ人に比べかなりの格差を残していて、ブルーカラー労働者層の性格を残している。

こうして人口の1割を占め，就労する者の過半が労働者のなかの周辺層を占めているこれらの移民は，その地位の弱さとともに，言語的ハンディキャップを負っていたり，民族差別をこうむる場合もあり，階層移動も容易ではない。欧米の階層社会の分析では，エスニシティの視点，途上国の視点が欠かせないとされるゆえんである。

7章
文化と社会
―― 象徴的生産・再生産

文化とは

「文化」とは，創造的行為の成果である高度に象徴化された芸術，哲学，思想などを指すかと思うと，ごく日常的な生活行動や慣習にも充てられる言葉でもあるから，社会学的タームとして用いるのは容易ではない。

ヤコプ・ブルクハルトやマックス・シェーラーに代表されるようなドイツ・オーストリア系思想家の用いる「文化」(Kultur)の概念は，前者，つまり人間の高度な知的・精神的・美的な創造行為の産物を指していたが，一方，人間が後天的にその生活のなかで習得してきたものすべてを「文化」と名付けるという人類学者の用法(ラルフ・リントンなど)までがある。人間以外の動物にも文化創造の行為があるのかどうかという問いに答える準備はいま筆者にはないが，日本の霊長類研究者が，サルがその餌であるイモを海水に浸して(塩味を付けて？)食べることを覚え，反復するようになったのを観察し，その行動を「イモ洗い文化」と名付けたのは理解できるところである。

従来行われてきた何十という文化の定義の試みがあるが，定義をめぐる議論には立ち入らない。ここでは，文化について，人々の社会的経験およびそれにもとづく欲求や行為志向が象徴化されたもので，言語などなんらかの媒体を通して表現されるもの，またいかに間接的であれなんらかの意味を表すもの，と述べておきたい。それは神話，伝承，文学，その他の芸術，道徳，社会規範，宗教，エートス，慣習，通念，言語，身体技法など，実にさまざまな形式をとる。

「文化」と「社会」

上で述べたような人類学者の用法では，「文化」と「社会」を概念上区別す

ることはむずかしく，またあえて区別する必要もないとされるかもしれない。しかし，分析的には区別しておくことは必要であろう，社会とは人と人，集団と集団の間に取り結ばれる関係のシステムである。それに対し，文化の中心的要素は，価値および象徴であるとしておきたい。ある関係のシステムがあって，これをなんらかのかたちで価値づけ（意味づけ），命名し，言語化したりして象徴化するとき，そこに文化は具現されるといえる。

なお，だからといって，社会システム－文化システム（さらにはパーソナリティシステム）の間に，対応の関係をみるという機能主義の観点（初期の人類学者やパーソンズのそれ）が肯定されるわけではなく，後に述べる文化の複数性という点からしても，複雑である[1]。

1 文化と意味

文化とその意味は時代により社会により，あるいは民族により地域により異なる，という古来さまざまな論者があつかってきたテーマである。そのこと自体は否定しがたいものであるが，しかし額面どおりに信じることができるだろうか。

文化相対主義をめぐって

あの有名なパスカルの言葉，「ピレネー山脈のこちら側での真理が，あちら側では誤謬である」（『パンセ』断章294）がよく引かれる。だが，実はその文章のすぐ前に「川で仕切られる滑稽な正義よ」という一文があり，さらに「緯度の3度のちがいがすべての法律をくつがえし，子午線の一つが真理を決定する」なる有名な言葉が続き，アイロニーに溢れている（以上，前田陽一訳）。ということは，『パンセ』の著者は，文化相対主義者というよりは，むしろそうした皮相な相対主義的見解をみちびく言説を揶揄し，批判するという位置にいたので

---

1) たとえばD.ベルは，脱工業社会の「文化的葛藤」を論じ，社会のシステムを築いてきた勤勉や禁欲という道徳がしばしば否定され，衝動的な満足，快楽の追求が人々をとらえている傾向を「資本主義の文化的矛盾」と呼んでいる。これは，コミュニティの連帯感の喪失などの問題を引き起こす恐れがあるとする（ベル 1975）。

はなかろうか。

　とはいえ，文化の意味の相対性が，われわれの経験のなかで実感させられることは多い。たとえば，組織のなかの部下が上司に贈り物をするという行為は，それ自体としては日本にもアメリカにも，アジアやアフリカの国々にもあるだろう。だが，それがどのように当事者に解釈されるかという意味はたぶん異なっていて，個人的な親愛の情を表すもの，単に慣習であり重い意味はないものととらえられるかと思うと，別の社会的文脈では，理由がないから受け取れないと突き返されるかもしれない。また，見返りを期待する一種の賄賂と受け取られ，しかるべき対応がなされるかもしれない。その意味で，すでに前述した(50頁)，文化とは「社会的に決められた意味の構造」から成るというギアーツのとらえ方は，簡潔でありながら，示唆的である(1987：21)。

サピア／ウォーフの仮説

　有名なサピア／ウォーフの仮説は，二人の言語学者の名を冠した説であるが，言語というものの性質を通して主張された一種の文化相対主義である。アメリカの先住民のホーピ族の成員は，経験する事象を，自分たちの言語で，英語の話し手とは異なる仕方で知覚している。たとえばホーピ語では，「○○日間」という時間の長さそのものを表す観念は用いられず，序数が一般に用いられ，「かれらは10日間滞在した」と言わず「かれらは11日目まで滞在した」とか「10日目の後に去った」と言う(サピア，ウォーフ1970：17)。とすれば，時間とは連続量としてではなく，相前後する出来事の関係として，あたかも「一列に並べたびんのように」とらえられていることになる。かれらにはその言語を通して独特の世界像が成り立っている，と。

　日本でも，日本語表現が，われわれの認識像をつくっているのではないかと思わされる例にぶつかる。たとえば，敬語・丁寧語の複雑な使用のシステムをもつ日本語の世界が，その点シンプルである英語やフランス語の世界とくらべ，長幼の序や男女の違いを意識させ，これを反映した関係をつくりやすいということを仮説化することができよう。話しかけようとする某さんが自分より年長であるかどうか，気にしなければならないことが多々ある。

　しかしこの場合，社会のあり方が言語のあり方に反映するといえるかもしれ

ず，事実，言語以外のさまざまな要素も人々の思考様式に影響をあたえることはいうまでもない。その意味では，サピア／ウォーフ仮説はある程度相対化されなければならない。

文化の普遍的構造の想定

一方，神話や親族の構造を論じ，文化にはあれこれの多様な現象形態があっても，それらを超えた普遍的な意味構造があるのだとみなすC.レヴィ＝ストロースの構造主義(1958年)には，文化本質論的な響きがあり，経験的事実の確認を重んじる社会学の観点からは容易に同意しがたいものがある。かれはたとえば，オイディプス神話の「アメリカ原住民風解釈」について論じているが，人類のさまざまな神話がオイディプス神話の異文バージョンだなどといえるのだろうか(1972 : 238～240)。またさまざまなかたちをとる結婚が，労働力の交換として説明できるのだろうか。現象的多様性がその相互間に同形性(ホモロジー)を見せるという場合もあることは否定できないが，そこから本質論への議論をみちびいてよいかという疑問がある。

20世紀の人類学には，各社会にはそれぞれ固有の，まとまりをもった諸要素からなる文化が見出されるとする見方，パラダイムが生まれた。たとえば，共通の社会生活パターンからは共通のパーソナリティ形成が行われるとするA.カーディナーの「基礎的パーソナリティ」論や，R.ベネディクトの「パターン・オブ・カルチュア」論がそれにあたる。特にベネディクトの場合は，研究対象の文化を，有名な「アポロ型－ディオニソス型」(ベネディクト1973)，「罪の文化－恥の文化」(同1948)など二分法的にパターン化することで単純化し，差異の本質化をみちびきがちだった。レヴィ＝ストロースもある面でこれに近いかもしれない。これらの流れは「文化主義」(culturalisme)と批判的に呼ばれることもある(Boudon et Bourricaud 1982: 142～143)。これはいわば人類学的臆説またはイデオロギーというべきもので[2]，個々に示される社会生活や性格の差

---

2) この文化主義は，次のような命題から成るとする。①パーソナリティの構造は一社会を特徴づける文化に密接に結びついている。②各社会は独自の文化総体をつくりあげる傾向をもつ。③諸社会の価値体系は，支配的ないし最頻的な価値によって特徴づけられる傾向がある。④一社会の文化は，互いに相補的な緊密な一個の要素連関に組織される傾向にある(Boudon et Bourricaud 1982: 142–143)。

異を無視できない経験的な社会学の観点からは，受け入れがたいものである。
ブードンらは「文化主義」を批判して，次のような例をあげる。

> 教養〔主義〕(Bildung)は19世紀末のドイツの基本的価値をなしていたというが，それはドイツ人一般にではなく，19世紀初めのプロイセン国家の改革以来社会的に重きをなしてきた知識人と官吏たちについて言えることである。同じ19世紀末のアメリカでは，ニューイングランドのアメリカ人とイリノイ州のアメリカ人は互いに"文化的隔たりがある"との強い感情をもち，前者は後者の無教養，散文性，物質主義を非難し，後者は前者の保守性，無能力，起業精神の欠如をやり玉にあげていた。(Ibid. 143)

差異と通底性

とはいえ，文化的相対主義の行き過ぎは，現象的には異なっていても同一の，あるいは共通の意味連関を隠しもっているような文化現象を見逃してしまう恐れがある。古典的例としては，E. デュルケムは，一方で文化相対主義の感覚をもちながら，他方で西欧の軍人たちの自殺，英植民地インドにおける殉死やジャガルナートの巨像への投身，日本の武士の切腹など多様な行動に注目しながら，集団本位主義(altruisme)という通底する文化的文脈をみている。『自殺論』の著者は，安易な閉ざされた文化的相対主義にはくみしていない。

社会による意味の決定と先に述べたが，それは社会ごとにまったく閉鎖された文化世界がつくられていることを意味しない。こうした問題を現代の人類学者は，「イーミック(emic)とエティック(etic)」の違い(音韻学 phonemics と音声学 phonetics の違いにヒントを得た言い方)としてとらえている。すなわち，差異をあえて無視し現象の背後にあると想定される意味構造にせまっていく文化内在的アプローチ(イーミック)，表顕的な現象の違いに注目して記述していく文化比較的アプローチ(エティック)との違いとしてとらえ[3]，この二つを両

---

3) 音韻学からすれば，音の面からみた単語は，「音素」(phoneme)と呼ばれる，一定規則によって並べられた単位のつながりであり，音素の数は，大多数の言語で十数個から数十個にすぎない。これに対し音声学は，きわめて多様な音声的差異を認識するため，歴史的に，比較的にも追究す

立が可能である相対的な違いとみるのである。

2 日常行為に埋め込まれた文化

意識されず言表されえない意味

 実際には,文化の意味は人々の意識からは逃れていることが少なくない。たとえば「テーブルマナー」として,ナイフやフォークの取り方,口への運び方,手やひじの位置などの細々とした作法がある。時と場所・機会に応じた装い方や装身具の選び方など,たしかに暗黙の決まりがある。N.エリアスらは歴史的資料によってこれへの意味遡及を試みている(1977:上229以下)。しかし,それは,歴史社会学者にゆだねられるべき意味復元の仕事であり,いま・ここにいる行為者はまずそれら規則の意味を意識もしなければ,意味を尋ねられても答えることができない。

 スポーツとか舞踊のような身体活動を通して表される文化について,これこれの運動,これこれの所作にどういう意味があるかを問うても,いっそうそうであろう。マルセル・モースは,走り方,歩き方,腕のかかえ方など身体の使い方(身体技法)は,最も合理的な身体運動の法則などから一義的に導かれるようなものではなく,後天的な教育,習得の所産であるとし,「私は修道院で躾を受けた若い娘を見分けられる,と思っている。それらの娘たちは普通,こぶしを握りしめて歩くのである」(1976:Ⅱ126)と書いている。もちろん,そうした動作は当人には意識されず,ましてこぶしを握ることの意味が彼女たちに知られることもない。以上の考察のなかでモースは,ほとんど意識外で維持されている「型の文化」を指して,「ハビトゥス」のタームを用いた。

ハビトゥスとしての文化

 そのような,その意味がほとんど意識されず,知られず,しかし一定の規則性をもった活動としての文化は,P.ブルデューの重用もあって今では「ハビトゥス」の名で呼ばれるようになった[4]。話者がその規則性をほとんど意識せ

　る点に特徴がある。
4) フランス社会学ではデュルケムもモースも「ハビトゥス」の概念を用いている。だが,ブルデ

ずに，しかし規則どおりに運用していく言語活動なども——少なくとも母語に関しては——ハビトゥス的な性格が強いといえる。

その場合，文化とは何であろうか。意味は解き明かされなくとも文化と呼んでよいものがそこにあること，ただし，それは，ある仕方で運動するとか，所作をするとか，話すとかいう振る舞いの外にあるものではないこと，は明らかだろう。ブルデューならば「身体化」されているというだろうが，埋め込まれている意味といってもよいものである。また，食卓である決まりに従ってナイフを使うとか，儀仗兵があるやり方で足を交互に運ぶ，といった動作も，もはや意味化不可能なまま文化のなかに埋め込まれている，という見方も成り立つかもしれない。

後に再び触れるP.ウィリスは，イギリスの労働者階層のメンバーたちの日常の「働く」(work)という営みが——ハビトゥスという言葉は使われないが——文化の内にあることを力説している。

> 文化とは人工物でも，とっておきの日曜日の，雨の午後のコンサートホールのための一張羅でもない。文化は，われわれの日常生活の素材そのものであり，われわれの最もありふれた理解，感情，反応のレンガでありモルタルである。われわれは，われわれを社会的・集合的存在にしてくれる微細な，無意識の，社会的な反応のため，文化的パターンおよびシンボルに依拠する。それゆえ，われわれは，日々の労働という，このうえなく自然で，自発的な行為のなかにある時，きわめて深く自らの文化のなかに埋め込まれているのだ。(Willis 1990: 183)

3 文化の複数性——主流文化と下位文化

複数の文化の併存

日本では歌舞伎，能，邦楽のようないわゆる伝統芸術と，クラシック音楽や

ューはその社会学派の伝統からよりも，美学者E.パノフスキーのゴシック芸術研究から示唆を得て，この概念を用いるようになった(Bourdieu 1986)。これらの点については，宮島(1994：134~135)を参照。

オペラ,バレエのような西欧起源の芸術,あるいはテニスやゴルフと,パチンコや縁台将棋のような中上層文化と庶民文化と分類されるような,複数の異質な文化が一つの社会のなかに併存している。このことは,経験的によく知られている。ほかに植民地支配を受けた地域や民族におけるポスト・コロニアルな状況には,すべてこのような文化のデュアリズムがみられ,特に旧英国植民地ではさらに三重あるいは四重の複数文化状況がみられる。ここでは触れる余裕はないが,それら文化間関係の研究は社会学的な解明を要する[5]。

　一社会の文化を単称で語ることはできない。上に述べたような区別のほかにも,若者文化-成人文化-高齢者文化,男性文化-女性文化,主流文化-マイノリティ文化,ネイティヴ文化-移民文化,等々の区別がありうる。この多様性のカタログは果てしもなく拡大されていくであろうが,現代の社会学では,これらを整理する一つの視点として,主流文化-下位文化という分け方がよくとられてきた。下位文化と意味的には少しずれるが,マイノリティ文化の語も使われる。今日の社会では格差,階層の不平等があり,在来文化の担い手と外来文化の担い手との地位上の差が多かれ少なかれ存在し,そのことが反映されてか,諸文化が対等に評価されあつかわれることは,むずかしい。

「下位文化」研究の意義

　そして特に「下位文化」のタームでとらえられ,研究対象とされたのは,都市の下層の「逸脱」という角度からとらえられやすい若者の行動や,比較的新しい移民グループの示す非主流の諸文化である。1章ですでに触れたが,C.ショウの『ジャック・ローラー』(1930年)に登場するスタンレーの生活史の記述

---

[5] 旧宗主国の言語が植民地解放後も主要言語の一つとして使用されつづけるケースは少なくないが,植民地統治政策のいかんにより複数の言語,文化が序列化されて存続することが起こる。文化的「分割統治政策」(divide and rule)をとり,多文化的併存状況を残し,くわえて植民地開発のためしばしばインド系や中国系の移民を受け入れて,定着を図ったイギリスの下では,元来の土着民族の文化が従属的な位置におかれることもあり,ポスト・コロニアルの複雑な文化的輻輳状況を生んだ。英語,中国語,マレー語,タミル語の4つが公用語でありながら,暗に序列づけられながら共存するシンガポールが典型的だが,香港,マレーシア,フィジー,スリランカにもそうした多文化状況がある。また多くのアジア社会には,仏教,ヒンドゥー教,儒教,イスラームなど強力な文化宗教集団の「平和的共存」の伝統があったため,そうした状況がつくられやすかったという指摘もある(Kymlicka and He 2005: 5)。

は代表的である。スタンレー自身はシカゴのポーランド移民街区で育っているいわゆる非行少年である。また，WASP(白人，アングロ＝サクソン，プロテスタント)に属さない，アイリッシュやイタリアンや東欧系の文化は，下位文化として注目されることが多かった。大都市の貧しいダウンタウンのイタリア系青少年の行動を記述した W. F. ホワイトの『ストリート・コーナー・ソサエティ』(1943年)も代表的研究にあげられる。

　この著者たちは必ずしも文化の優劣を論じるわけではないが，アメリカ社会のなかで，下層の労働者層や，新参のラテン系あるいはカトリック系移民を背景とする者たちが，所与の条件や日々出会っている問題との関連で，アングロ＝サクソン市民文化と異なる，男らしさ，肉体的勇気の誇示，短期的欲望充足志向などを示すことに注目する。そして，かれらが，中上層階層の規範やライフスタイル(たとえば長期間の就学を当然と考える生き方)に従って要求を実現せず，非行などの逸脱行為や，強い民族ネットワークをなかば非合法世界で維持するといった傾向を，これらと関連づけた。

　こうした研究は，所与の社会の文化実態の研究や文化葛藤の研究として意味があるが，さらに，単に「犯罪」や「非行」とカテゴリ化され，反社会的と烙印されてすまされがちなある人々の行動を，文化，すなわち経験の一定の意味づけ，価値づけの体系の発現としてとらえることを可能にする[6]。後に用いられる「非行下位文化」(Cohen 1955)という概念も，こうした見方から概念化されたものである。

下位文化の対抗性

　イギリスを中心に展開されてきた現代文化研究(「カルチュラル・スタディーズ」の名で呼ばれる)は，グローバリゼーションや多文化化の現実をより強く反映しながら，下位文化の，マジョリティ社会への対抗性をとらえようとする。

　先にも紹介した P. ウィリスはその一人である。イギリスの労働者階級の子

---

[6]　ショウはある少年の次のような言葉を拾っている。「万引きを始めたきっかけは，自分の物にしたいと思ったわけでも，腹がへったからでもない。万引きほどぞくぞくすることが他になかったからなんだ。……俺は万引きのときと同じ大胆さで，高架鉄道の線路の上をよく歩いたものだ」(1998：34)。

どもたちの，自らの身体を使って働くことを誇りとし，学校教育に否定的な意味づけを行うという傾向に注目したかれの考察は，すでに古典となっている(『ハマータウンの野郎ども』)。またP.ギルロイは，大西洋の両岸のアメリカ，イギリス，およびカリブ海諸島などを通じて，またそれらの場を越えて，独自の音楽，身体表現，ダンス，語りなどによって生みだされている黒人の若者たちの文化を，対抗文化的に描き出している(ギルロイ2006)。ヨーロッパ諸国にやってくる非ヨーロッパ出自の黒人移民たちが，文化の面で出会っているのは，否認と差別，そして同化の要求であればこそ，である。

また，K.ロビンズは，ヨーロッパの影響にさらされるトルコ人の経験についてこう書いている。「『前近代』世界という境遇は，苦痛に満ちたものである。ヨーロッパはトルコ人の現実に一顧だにしないのに，かれらのほうはヨーロッパに対して開かれていなければならない。モダンなヨーロッパからやって来る新たな文化的ダイナミズムに扉を閉じることは許されないのだ」(Robins 1996: 62)。この経験は，ヨーロッパ内に生きる移民たちや，周辺に生きる多くの諸個人の感じている文化ヒエラルキーの感覚に広く対応していよう。

4 文化のヒエラルキーと選別

言語について，イギリスの言語学者P.トラッドギルが次のように書いているが，多くの場合に当たっていると思われる。

> ある言語の変種(通常，方言と呼ばれる)はそのどれをとってみても，独自な，複雑な，そして規則によって支配されている体系なのであり，それら変種の話し手の必要にまったくかなったものなのである。したがってこの言語のこの変種は正しいとか，純粋であるとかいう価値判断は，言語的というよりはむしろ社会的なものであり，標準語でない変種が劣っているというべき言語的な根拠は全然ない。(1975：10)

正統な言語の生成

なにが正統な言語であるかの評価の社会性，政治性については，ブルデュー

もフランス語について次のように論じている。もともとフランスの言語的基層は多言語的であって、大革命までの言語統一過程は「君主制国家の建設」のそれと不可分であり、北方のオイル語圏[7]においては、地方方言は教区ごとに異なっていて、文字言語にも確たるコードがなかったが、それらは、王権と結びついたパリの教養ある階層で練り上げられる共通言語にとって代わられていく。方言の民衆的慣用はといえば、ちりぢりになり、社会的価値の低減をこうむり、単なる「パトワ（俚言、お国訛り）」に転落していった、と (1993：39～41)。

ただし、南部のオック語圏では 16 世紀になってようやく王の下での行政組織が漸次つくられていき、公の証書に限ってはパリの言語が使われるようになるが、大革命時にはまだフランス語化は一部にしか及んでおらず、そこには遅速がみられた。

文化のヒエラルキーの構築

さて、言語にせよ芸術にせよ宗教にせよ、服飾やスポーツにせよ、文化に優-劣という内在的な価値の上下があるという考え方は、研究者によって否定されている。だが、現実の社会のなかでは文化には、上下のイメージの付与がほとんどつねに付いて回る。そうした序列づけられたものを、筆者は「二次的な文化構成物」と呼んできたが (宮島 1999：9)、これらを構成するものにさまざまな社会的要因が関わっていることを強調したい。

たとえば社会階層が文化の価値づけに関わることは、多くの社会学者が指摘してきたところであり、ブルデューは『ディスタンクシオン』において、特定の文化的趣味が上層階層と結びつき、それゆえに正統視され、また特定の文化的趣味が主に庶民層と結びつき、それゆえに貶価されるといった関連があることを指摘した。たとえば、抽象画を愛でる、バッハの「フーガの技法」のような玄人ごのみといわれる曲を愛聴する、といった人々は、上層に有意に多く、表題性のはっきりしたいわゆる名曲、「美しく青きドナウ」やよく知られた具

---

[7] 今日のフランスの北部で使われていた諸語をオイル語と呼ぶ（「オイル」は当の諸語で「はい」を意味した）。その内のイル・ド・フランス方言が、のちのフランス標準語となる。それに対し、ロワール川以南ではオック諸語（「オック」は同様に「はい」を意味した）が 19 世紀まで使用された。

象の名画を好みにあげる人々は庶民層に多いことが注目されている。このような階層と文化的好みの結びつきのメカニズムが，同時に文化の序列化を生んでいることを示唆している。

　学校教育は，それと気づかれないが，文化の分類や序列化に少なからぬ役割を演じる。ブルデューたちもこれについて多くの検証をしているが，ここではB. バーンスティンの研究に触れよう(バーンスティン 1981)。かれは，人々が発話を行う際に主に依拠する言語コードとして，「精密コード」(elaborated code)，すなわち省略や文脈依存性の少ない完結的な表現を志向する統語法と，「限定コード」(restricted code)，すなわち省略も多い，比較的単純な文による，話者間の暗黙の了解に依存することの多いそれとを区別した。そして後者が，労働者階級子弟の会話などにより頻繁に用いられることを確認しており，この二つのコードを区別し，その使用をコントロールしているのは，まず学校教育である。学校では，精密コードでの発話がつねによき表現として称揚され，ミドルクラスの生徒にとってはこれに適応しやすく，労働者階級の生徒にはこれが試練を課することになった。

5　象徴的なものと文化的恣意

文化の意味の選択の裁量

　現実の社会関係や人間関係のなかで文化の機能を検討してみるとき，二つのことに気づく。一つは，文化とは，言葉の本来的な意味での「恣意的」な性格をどうしても免れえないこと，いま一つは，象徴的なものとしての文化がしばしば，力の関係を，それを覆い隠しつつ機能させることがあること，である。いずれも，ブルデューらが指摘し，力説してきたことであり，それは主に教師が生徒に向けて行う教育的コミュニケーションの考察にもとづいている。教師が生徒に伝達しようとするある知識は，その"真理性"がいかに強調されようとも，教育用に編成され，意味限定を受けているものであって，その意味で「文化的恣意」と言いうる。この場合の「恣意」(arbitraire)とは，意味的な選択や裁量が加えられているということにあり，力によってほしいままに意味を歪めるということではない。そして生徒たちはこれを受け入れるようにと仕向

けられる。教師 - 生徒の，それとしては意識されない力関係がはたらいていればこそ，である。

　メディアによって伝達される情報，知識についても，同様だろう。これまでメディアの提供する情報や知を「擬似環境」(リップマン)，「擬似イベント」(ブーアスティン)ととらえる見方には，どこか「真実の」事実が存在することが想定されていたように感じられる。だが，いまでは真実であることの相対性を認めざるをえない。むしろ無限に複雑な現実のなかに認められるどの事実，どの言説を取り出し，どのような事実や言説は無視して，意味連関を構成することが行われているかという過程を問うことだろう。それを受け手の人々が受け入れるには「もっともらしさ」(plausibility)という基準ももちろんあるが，メディアの権威という力の関係がはたらくこともまちがいない。

メディアが提供するリアリティ
　ただ，半世紀前に比べてメディアは多様化している。テレビを中心とするコミュニケーションは，古典的メディアのそれとだいぶ違う。暗示，暗喩などに満ちていて，受け手の同意をソフトに誘い，引き出すようなメッセージの発し方も増えている。広告メッセージなどはその最たるものであろう。佐藤毅は次のように書いた。

　　メディアはその言説のなかに，一定の予測のもとに受け手の解釈をも戦略的に設定する。しかしその設定の仕方は全く恣意的ではなく，通常，その設定された解読は，なにがしか受け手の解読のフレームと一部にしろ接点をもつように仕掛けられる。さらに，受け手自身が送り手といわば共謀関係のなかで意識的・無意識的に戦略的に解読していくこともある。
　(1990：232)

　さらに一連のニューメディアの展開によって，その利用者はヴァーチャルな現実と向き合わされることがいっそう多くなっている。「ヴァーチャル・リアリティ」(virtual reality)とは，狭義にはコンピューターによってつくられるシミュレーションに関わるものを指すが，そのシミュレーションとは，「現実の

生活を再現したり,『現実の生活』に等価物をもたない新しい環境を発明するもの」である(ブルッカー 2003：20)。報道や準報道の画面のなかに,実写が不可能ないし困難であるもの(消滅した古代の神殿,銃弾の飛び交う戦場など)の代替に,そのシミュレーション画像が挿入されるとする。

　視聴者はそれがコンピューターによる仮想の人工物だと分かっていても,そのイメージの影響を強く受けながら自分の現実象を形成する。しかと自分で確認できる堅固な現実というものが得られないかぎり,ヴァーチャルなものが大きな比重を占める情報を現実とみなすほかなくなる。とすれば,映像作成者が戦略的に受け手の解釈を設定することが,より日常化しているのではなかろうか。

　真実を伝えるといわれるメディアが,制度的大メディアではなく,インターネットのように個人間メディアのかたちをとって現れているのは,民主化途上にある国々の共通の現象となっている。その場合,力の関係は考慮しなくてよいのか,力関係がはたらくとすればどのようにはたらくのだろうか。いわゆる対抗的な個人間メディアがどんな社会学的意味をもつかは,まだ明らかにされていない。

6　文化的再生産の過程

　社会の編成と構造化に対し文化が一定の役割を演じているのではないかという観点から,資源としての文化というとらえ方が打ち出された。ブルデュー／パスロンの「文化資本」(capital culturel)の理論が代表的なものであろう。そして,かれらが,所与の社会(フランス社会)に見出した問題は,学校教育でもその他の生活領域でも階層的不平等が維持・再生産されていて,それが経済的障壁によっては十分説明されず,むしろ「文化的障壁」が明らかにされねばならない,とみる事態だった(ブルデュー,パスロン 1997)。

文化資本とは,その機能

　事実,データの示すところでは,高等教育に進む者には上層出身子弟が高い割合を占め,美術館をひんぱんに訪れて絵画を鑑賞する者は同じく高い割合で

上層の人々によって占められる。その上層の人々のもつ有利さとは，経済的有利さもあろうが，それ以上に出身の家庭環境とそれが可能とする文化接触経験などから形成される文化資本であろうと想定された。出身階層ごとの学生の言語能力調査や階層ごとの文化的趣味の調査を積み重ねてきたブルデューらは，対象者が習得，獲得してきた文化資本として，抽象言語や教育言語の使用能力，美的なものへの性向(ハビトゥス)，学歴に代表される本人や親の就学経験などに注目した(ブルデュー，パスロン 1991)。

　一方，一般の民衆階層の用いることのできる文化資本とは何か。それは，かれらがその中に生きている環境がもたらしてくれる具体語や経験知であり，また勤勉さやまじめさという態度とそれにもとづく学習努力によって知識獲得に進む行為である。そして，高等教育への進学，そして修了を達成する上で，また中・上層の行動や趣味のコードに接近する上で，有利にはたらくのはどちらなのか。それはしばしば前者であろう。勤勉さと努力によって学業的成功をかちえ，出身階層よりも高い階層に入っていく個人はつねにあるとしても，有利な文化資本を用いての中・上層の社会的地位の再生産という過程の進行は否定できない，と。もちろん，こうした考察は決定論を肯定しているのではない。

文化的再生産が各社会でもつ意味——西欧，日本，アメリカ

　「文化的再生産」と呼ばれるこうした過程は，さまざまな研究によって追証されてきた。上述したバーンスティンの二つの言語コードの考察も，ウィリスの労働者階級の文化の議論も，不平等や格差をはらんだ階層関係が再生産されやすい傾向を，文化的な側面から事実上論証するかたちとなっている。

　では，文化のあり方や教育のあり方がかなり異なる日本ではどうか。すでに述べたように日本の文化状況は，伝統的文化と西欧出自の文化という二元性があるのでむずかしいが，それでもブルデューらの考察視点を仮説化しての調査が行われた。結果としては，四年制大学への進学では階層差が認められ，父親の職業が経営者，専門職，管理職である者が高い割合を占め，文化資本についての推定でも言語能力等の階層差が検出されている(宮島・藤田 1991)。

　ヨーロッパと社会構造および文化の型が異なるアメリカでは，文化的再生産についてはやや異なった見方がとられている。「文学的言語スタイルの洗練さ

れた仕方での習得を強調するフランス式の伝統的教育方法論の用い方，それこそが，豊かな相続文化資本を与えられる者に有利になるように差別的にはたらくのだ」(Swartz 1997: 200)という見方がよくアメリカ側から示される。アメリカでは，学業の成功と関係するような文化資本があって，その間に相関性があることを認める研究はあるが，そうした資本が親の教育程度や家庭の文化的環境と相関しているとはいえないとする，調査にもとづく指摘もある(DiMaggio 1982)。ということは，家庭からの継承物としてよりも，個人が自分自身で獲得していく一定の知識や関心や好みが，文化資本をなすととらえられているのかもしれない。

また，美術館の奥深くに飾られ，ブルデューらが一部の限られた階層の観衆の目に触れているにすぎないとみなした絵画が，アメリカではだいぶ異なるあつかいを受けているとされる。マスメディアによって広く宣伝され，美術館キュレーターらの解説によって鑑賞が広がり，また市場化によってコピーがより広く流通している。こうしたことを通し，階層との強い結びつきをもたなくなっているとする指摘もある(Halle 1992; Zolberg 1992)。

マイノリティを視野に文化的再生産を問う必要

しかし，以上アメリカの研究は主に中間階層を視野に入れた研究だといえる。マイノリティとされているアフリカ系，ヒスパニック，一部アジア系を含めた，よりトータルにとらえられたアメリカ社会では，いったいどうなのだろうか(先のディマジオの研究は，理由は不明だが，非白人エスニック・マイノリティを対象から除外している)。これらマイノリティの子どもたちの学校失敗(school failure)率の高さは，種々の調査の示しているところであり(たとえばColeman 1990: 75 以下)，当然，社会的不利につながっているはずで，これをどう説明するのか。

この最後のテーマは，アメリカの批判的な教育研究者がかねてから取り組んできた問題であって，貧困や家族生活の問題点からの説明がある。いまや古典的となったS.ボールズ／H.ギンティスのアメリカの学校教育についての考察は，これらのマイノリティを含む労働者層の子どもたちが——ミドルクラスの子どもの家庭やかれらの通っている学校と異なり——家庭と学校の双方で，規

律中心のしつけと教育を受けていること(ボールズ，ギンティス 1986-87)，および教師たちがかれらの学習に示す期待の低さ(負のレイベリング)が，その成績不振にも，中途での勉学放棄にも影響を与えていること，が指摘されている。そうした状況が根本的に変わっていないとすれば，労働者層の子どもの社会的不利が，やはり文化的不利に媒介されているという事実があるといわねばならない。

8章
ジェンダーと社会

1 社会的, 文化的につくられる性差と性差別

社会学古典と男性 - 女性

　社会学は, 研究の対象とする人間集団を均質なものと想定せず, つねに下位集団または下位カテゴリに目を向けながら, 識別し, 再構成していかなければならない。それは, 単に価値や行為の異質性をみいだすためではなく, 差異が差別を惹起し, 不平等, 支配の関係をつくりだしていることが多いからである。19世紀の社会学的思考の出発点では, マルクスをはじめウェーバーも階級, 階層に光をあて, 不平等, 支配, 闘争の現象を考察した。20世紀に発展をみるアメリカ社会学は, 人種, 民族という下位集団に目を向け, やがてこれを基軸に差異と不平等の分析を進めるようになった。

　では, 男性, 女性という下位集団もしくは下位カテゴリについてはどうだろうか。

　社会学の古典で, このテーマに意識的に取り組んだものは少ない。そのなかで, 意外に感じられるだろうが, 同じ一つの社会現象が男性と女性にとってどう異なる意味をもつかを先駆的に論じたのは, エミール・デュルケムである。誤解されることが多いが, その『自殺論』の議論は社会学的洞察を含んでいないわけではなく, 検討にあたいする[1]。

---

1) デュルケムは『自殺論』で, 当時のヨーロッパで確認される男性と女性の自殺率の差を説明するのに, 以下のような考察を行っている。女性の自殺率が有意に男性のそれより低いのは, 社会生活への参加の度合いが低いため, 自己本位主義の心的状態におちいることが少ないからである。また欲望の無限化, 無規制なるアノミーは, 男性に生じやすく, かれらにとり焦燥, 苦悩の源となるが, 欲望が社会化されていない女性はアノミーにおちいることが少なく, それゆえ欲望の規

やや信じにくいことだが，社会学と社会問題の諸分野別の充実した概観として長らく定評のあったロバート・マートンとロバート・ニスベット編の『現代の社会問題』(1961年)には，「売春」や「家族解体」の章はあっても，ジェンダー問題に相当する主題に充てられた章はない。家族の社会学的研究といえばほとんど枚挙にいとまがなく，そのなかで男性－女性の関係は一応分析の枠組みをなしてはきたが，他の多くの社会学分野では男性，女性の別が考慮され分析されることは少ない。特定社会現象について男性の示す傾向をもって，両性を含めた成員全体の傾向とされることが多かった。たとえば犯罪などが典型的で，多くの研究が捧げられてきた犯罪社会学において，女性の犯罪の固有の性質と，その統計を正面からあつかった研究がどれだけあっただろうか。

　フェミニズムとの関わり
　状況が変わるのが，フェミニズムの新しい流れ(第二波)が登場する1960年代後半からだといわれる。その社会背景も重要であるが，それを画したのは「ジェンダー」(gender)概念の登場であろう。性(sex)が男女の身体的・生物学的な差異を指すのに対し，ジェンダーは，社会的，文化的につくられた性あるいは性差を意味する。この後者が，もともとは「文法上の性」(grammatical gender)を意味する特殊な用語から導かれたことも，人々の思考を刺激した。では，このジェンダーによる視点から，どのような現実の問題が明らかになるだろうか。

　ジェンダーの社会学をやや狭義に考えるなら，客観的なデータや調査にもとづきながら，社会生活のさまざまな領域で，男性と女性の置かれている地位，条件の違い，とられる行動や行動性向の違い，社会やメディアが男性および女性に対してもつイメージや観念の違いを，明らかにすることにあろう。こうした面で客観性をもったデータが積み上げられることは，それとして必要である。

　他方，男女の平等を，女性の地位・権利の獲得と解放をめざす観点から実現しようとするフェミニズムそれ自体は，研究ではなく，思想あるいは運動であ

　　制の制度でもある結婚は，男性には益があるが，女性にはそうではなく，むしろ自由の制約として経験される，と。以上の議論には，注目される社会学的洞察と著者の一面的臆断が含まれているとみられる。これについては，ベナール1988，内藤1994，牟田2005を参照されたい。

る。しかしこれがジェンダーの研究を動機づけ，さらに方向づけてきたことは否定できない。特に第二波フェミニズム[2]は，政治的権利や経済的地位の問題に限られない，身近な生活環境のなかで自明視されてきた暗黙の性別の役割やコードを問題視することで，社会学的なジェンダー研究を大いに活性化した。その意味で，ジェンダー研究のそもそもの問題意識は，フェミニズムと切っても切れない関係にある。

　なお，そのように言うと，男性の役割，地位や権利，その表象に関わる問題はないのかという疑問が生じるだろう。むろん，そういうことはなく，社会的，文化的につくられた男性ジェンダーの問題も，シンメトリカルに指摘でき，若干の考察は存在する（伊藤 1993，山田 2008 など）。しかし，この主題についての社会学的な判断の基準を，社会生活（政治，経済，教育などを含んで）において属性原理にもとづくと思われる有利，不利が性との関連でどのように示されるかという点に置くならば，女性の置かれている現在の状況により論じるべき，解明すべき問題があるとみないわけにはいかない。

2　政治，雇用の世界──性別の看過と自明視

　近代デモクラシーの実現を測る指標の一つに，普通選挙権がある。それが認められるのが最も早かったのはフランスで大革命時の 1792 年，日本では「大正デモクラシー」運動の所産とされる 1925 年ということになっている。しかしいずれも男性のみに認められた権利だった。女性をも含めた普通平等選挙権は，どこの国でも 20 世紀になってからで，当のフランスでも第二次大戦後のことである。民主主義の模範国といわれるスイスにして実に 1970 年代にいたるまで国政での女性の投票権は認められていない。

　政治というきわめて重要な領域で，行為主体あるいは市民といえば実質男性という時期が長かったのである。そうしたことをいわばカッコにくくり，人は，

---

[2]　1960 年代にアメリカを中心に登場するウーマン・リブ運動に象徴されるもので，その特徴は，天野正子によれば，「性差別が社会制度だけでなく，自明視された日常的信念として女性自身を含む人々の意識やライフスタイルに組み込まれていることを明らかにし，性差別の重層構造全体の分析（セクシズム批判）を確立した点にある」(1993)。「個人的なことは政治的なことである」というアピールも，この視点を特徴づける。

政治とは，デモクラシーとは，を論じてきたわけで，「なぜか」とだれかが問えば，「政治は男性の関心事だ」というほとんどステレオタイプの答えが返ってきた。これはほんの一例であり，性別の看過と自明視はいたるところでみられ，普遍性をおびた表現がとられながら，男性主体の社会運営がなされてきた。政治家，組織の長や管理職，世帯を代表する世帯主などには男性がふさわしく，それに対し補佐，補助，内助，さらには調整やケアにあたる役割が女性にふさわしいとされてきたことは指摘するまでもない。

政治における不平等とその是正

再び公生活の領域に立ち帰ると，ヨーロッパ諸国ではデモクラシーのあり方にかかわって，政治の世界における男女の参加の不平等が問題視され，近年，それを正すためにポジティヴ・アクション（積極的是正措置）もとられている。議員選挙の立候補者にもし女性が 1, 2 割しかいなければ，議会が男性優位の討議の場となることは目に見えている。フランスが国レベルの立法によって，比例代表制を布く地方選挙で候補者における男女を同数とするよう「パリティ」を定めたことはよく知られている。韓国でも地方議会議員選挙，国会議員の比例代表選挙における候補者名簿の 50％ クォータ制が導入された。スウェーデンでは社会民主党が選挙で候補者を立てる際に女性候補者割合を 40〜50％ とする目標を立て，自主的クォータを規則化している（辻村 2007：131〜132）。これらは女性議員を増加させるのに明らかに役だっている。

認識も運動も不十分な日本では，国会議員に占める女性の比率は 2009 年衆議院選挙で 11％ にすぎず，2007 年の全国の市区議選挙では 15％ となっている（大山・国広 2010）。新たなフェミニズムの展開のなかで「個人的なことは政治的なことである」(The personal is political) と高唱されても，問題が提起される肝心の政治の場である議会で極端なジェンダー・アンバランスがあるなら，生活の変革は期待できない。

雇用の世界では

政治の領域と並んで，雇用の領域で生じてきたことも当然重要である。歴史的には，一部の社会層を除き，女性はつねに就労者だったのであり，家族従業

者として無給だったにせよ就労者に変わりなかった。農林漁業，自営業のウェイトの高かった戦前，そして戦後も高度経済成長期以前はそうである。ある時期以降，増加するホワイトカラー配偶者で「主婦」と呼ばれる女性たちが生まれ，女性の労働力率は低下した。

　だが，過去数十年，別の動きが起こっている。脱工業化の進行とともに，労働市場ではマニュアルワークの比重が低下し，サービス労働が多様化しつつ増加した。1990年にはサービス産業(第三次産業)の雇用は，全雇用の59％だったが，2000年にはこれが64％に達している。職業のサービス化も進み，2000年にはノン・マニュアルに分類される職業は60％をやや超えている。仕事または作業(ジョブ)の性質上，女性も男性と同じように就くことができるとみなされるものが明らかに増大している。とすれば，女性の就労率が上昇したのも不思議はない。事実，2006年の25〜29歳の女性の労働力率は75.7％(厚労省)に達し，その20年前の54.5％を実に20％も凌駕している(総務省統計局『労働力調査年報』)。

　だが，そうなってみて，かえって明らかになり問われるのは，雇用における性による格差，性差別である。後に若干のデータをかかげるが，日本の統計には男女別の数字が提示されないものもある。ちなみに欧米では，フランスのジェニソン法が代表的であるように，統計における男女別のデータの提示を法的に義務づけている国もある。

合理化される差別

　雇用における男女間の格差を「合理的に」説明する論理はありうるだろう。アメリカの研究では，職業におけるジェンダー不平等は，よく言われるように女性の多い職業は貶価(devaluation)がなされ相対的低賃金が押し付けられることによるとは，必ずしも証明されない。だが，当該の産業および職業に特化して訓練の行われる職に対しより高賃金が支払われることが検証されており，そうした職への配置では男性がより有利だというファインディングスが得られている(Tam 1997: 1686)。

　となると，そのかぎりでは，性による差別ではなく，技術＝熟練レベルによるその限りで合理的な待遇差だということになるが，では，なぜ技術習得の要

求される職への配置で男女差が生じるのか，という問題が説明すべく残される。

　女性がより不利な条件の下に置かれているとみえても，それは合理的に説明しうると考える議論は，ジェンダー問題の追求をどこかでやめてしまうか，または故意に無視しているのだろう。法的になんら障害はないのに女性の議員への立候補がなぜ困難なのか。学卒ではほとんど男性と変わらない条件で求職をした女性が，なぜコース別採用に悩み，企業の側の暗黙の水路付けに従うことになるのか。こうして賃金，昇進，勤め上げの可能性において男性との間に格差を開けられていく。このことは，社会的にビルトインされているジェンダー秩序を抜きにしては説明されえない。

3 「ジェンダー」概念とジェンダー秩序

　もともと文法的な性別を指していた概念，grammatical gender が，R. スターラーらによってなぜ社会的，文化的につくられた性別という新たな概念に移し替えられたのか。説明の要はもうないかもしれないが，それは，ヨーロッパ諸語の多くで一つ一つの名詞のもつ性（中性名詞がある場合もあるが）が，説明不可能なランダム性を示しているからである。フランス語の名詞でいうと，「フランス」という名詞は女性で，「日本」は男性，「ワイン」は男性で「ビール」は女性，「山」は女性で「湖」は男性……というように。これはなんら必然的根拠のない偶然性，恣意性を表しており，まさにそれが文法的ジェンダーと社会・文化的性別とをむすぶ共通の特性である，と[3]。事実，男児が黒いランドセルで女児が赤いランドセル，工学部進学者の9割以上が男子で文学部進学者の7割近くが女子といった配置は，それぞれの性の必然性から説明されう

---

[3] 文法的性になんら規則性がないということを意味しない。たとえば女性行為者を表す名詞（たいてい語尾変化している）は女性であるし，-té や -schaft で終わる抽象名詞は女性，-tion で終わる名詞は女性などの規則性があり，外来語は一般に男性としてあつかわれる。関連していえば，言語（特に話し言葉）は生きものだから，男性名詞に女性冠詞を付けるなどの用法も行われないわけではなく，フランス語では，呼びかけ語として，Madame *la* professeur（女性教授），Madame *la* ministre（女性大臣）などが用いられる（professeur, ministre は男性名詞）。なお，フランスの言語政策に大きな影響力をもつアカデミーフランセーズはこうした用法は容認していないようである。

るだろうか。

ジェンダー秩序の三つのレベル

そこでジェンダー研究の焦点も，人々の生きる社会的な場のなかにつくられている男性の支配を自明視してきた性別の秩序を明らかにすることに置かれる。ジェンダー秩序とは，ジェンダー制度とは区別される社会的実践のパターンであり，江原由美子は，R. コンネルにならって，性別に関わる社会構造特性および社会実践の規則性から生まれるハビトゥス（心的諸傾向）をジェンダー秩序とみる (2001：120)。具体的例示として，分かりやすい浅井美智子の性別秩序の三つのレベルをあげておく（浅井 2005：107〜108）。

・指標や振る舞い
　　服装，髪型，化粧，男言葉／女言葉，しぐさ，感情の持ち方・表し方，etc.
・生き方や自己充足の仕方
　　男の生き方／女の生き方，男の生き甲斐（仕事，出世，権力，お金）／女の生き甲斐（恋愛，結婚，育児）etc.
・役割・分業
　　「男は仕事／女は家庭」，「男向きの仕事／女向きの仕事」etc.

じっさい，日本では企業の職場ではしばしば女性社員にのみオフィス内で「女らしさ」を示す制服の着用が定められている。また，俗に「結婚退職制度」などと呼ばれる不文律の慣行があり，さらに日産自動車事件として有名になった，「男性 55 歳，女性 50 歳」といった定年に差を付けた就業規則が，設けられていた。この日産自動車で，ある女性職員が 50 歳で退職を求められ，そうした差別的な定年制度は男女平等の趣旨（憲法第 14 条「法の下での平等」）に反するとして訴えを起こし，最高裁まで争って 1981 年に勝訴したものである。以後，当然ながら企業がその就業規則に公然と男女別の定年を書きこむようなことは不可能となったが，企業における性別秩序意識も変わったとみるのは楽観的すぎよう。

なお，上のジェンダー秩序にたぶん付け加えられてよいのは，たとえば労働のスタイルの違いであって，R. コリンズは，多くの女性の労働のスタイルを「ゴフマン的労働」(Goffmanian labor) と呼び，次のように書いている。

　　多くのホワイトカラー労働階級の女性は人前に出る仕事に就いている。セクレタリーはたいてい，外部者が初めて出会う組織内の人間であり，上級セクレタリーになると典型的に，外部者の上司への接近をコントロールする仕事に就き，上司との面会のアレンジ役をする。言い換えると，組織内でのゴフマン的な自己呈示の第一線に立ち，第一印象の管理の専門家，および陰での企業幹部への影響力行使の専門家となっている。店員は，店頭で顧客相手に組織の自己呈示を行い，看護師は医療的環境のなかでこれを行うのだ。(Collins 1992: 214)

　背景に引っ込んだバックステージでなされる男性ブルーカラー労働は，これと対照的に対他の自己呈示に心を配る必要があまりない。職場のなかでもかれらは粗っぽい言葉を吐いたり，シニカルな言動（「食べるために働いている」といった言葉）に出たりする。

自然化されて
　以上は，ジェンダー・ステレオタイプというべきものだが，これらの性別秩序感覚が，人々の意識に取り込まれ，ハビトゥス化され，家族や学校の日常相互行為の関係性のなかにも，さらには組織の規則や慣行のなかにさえ定着し，自明性を獲得していく。浅井の言葉でいえば，「自然化」しているのである。ただし自然化は，まったく自然に進んだものではなく，無意識の抑圧の結果ともみるべきだろう。自己呈示的な働き方が求められることは，彼女らに，仕事（待遇も含め）や顧客への批判や不満をストレートに表出させにくくするという独特のジェンダー問題も引き起こさずにはいない。
　ジェンダー秩序の感覚がどのように人々のなかに形成されるのか。シモーヌ・ド・ボーヴォアールの「ひとは女に生まれない，女になる」という言葉（ボーヴォアール 1966）は，経験的な視点に立つ社会学研究者には受け入れられ

やすい。生まれた子どもたちは白紙であろうが、やがて与えられる玩具、着せられる衣装の色、周囲からの呼びかけ、奨められ親しむ絵本の種類などにより、しだいに男あるいは女であることを意識していく。家庭のなかでの男女役割のしつけ・教育があり、学校に行くようになると制服、授業の編成、進学指導などがあって、ジェンダー秩序が取り込まれていく。ブルデューとパスロンは、女子大学生を論じて、「女らしい」という特性の社会的規定の影響の下に、たとえば文学という「女らしい」専攻を選び、かつそれを自分の適性にまで変容していく、とみている(1991：110)。

性(セックス)は生物学的で不変なのか
　ただし、従来のジェンダー観に対し、理論的挑戦がないわけではない。J. バトラーは、男女の性(セックス)は、言葉で定義される以前の「解剖学的な事実性」、すなわち生物学的で不変のもので、ジェンダーは社会的に構築されたものだとする二分法に疑問を呈し、性もまた構築物であり、「ジェンダーは、それによってセックスそのものが確立されていく生産装置のことである」(1999：29)と書いた。あるいは「セックスは……これまでずっとジェンダーだった」(同31)とさえ言っている。
　この逆転的にみえる思考は異論も呼んだが、性(セックス)とははたして二分されて変わらないのか、固定的なのか、という疑問に対する近年の回答を想起すれば、うなずける要素を含んでいる。性同一性障害、両性具有意識などの存在に照らせば、性の自然性、解剖学的決定性などは単純に想定されえない。性(セックス)の自明性を問うこと——これは今後の課題であるかもしれない。
　実はこれとパラレルな問題は次章で触れる「エスニシティ」にもある。肌の色その他の身体的特徴(「人種」という言葉がよく充てられる)は、所与の自然的なもので、他方、社会的、文化的につくられるのがエスニシティだということが言われてきた。だが、たとえば現代アメリカでとられる「ブラック」や「オリエンタル」という分類が、客観的に根拠あるカテゴリかというと必ずしもそうでないことは、アメリカの大統領選挙での、親の一人がヨーロッパ系であるバラク・オバマ「黒人」大統領の誕生の際の議論からわかる。
　あるいは、「生物学的性別」が、それ自体社会的、文化的に形成された近代

科学(生物学,医学,脳科学)における研究者の活動によってはじめて認識されるものであり,性別の内容も,科学の基底にある関心や問題設定によって大きく異なる,とみる見解もあり(江原2008:4)。この議論は今後も多面的に展開されていくと思われる。

4 平等へのアクションとアイデンティティ

平等に向けて,しかし西欧との落差

男女平等に向けての行動や施策は多様化している。しかし,前述のようなジェンダー秩序の根づよい存在,気づかれにくいような微妙なかたちでのその作用もあり,また男女の平等とは何か,どのような状態を指すかの十分な合意もなく,状況がダイナミックに動いているともいえない。

国際女性年(1975年)とそれに続く「国連女性の10年」は,確かに大きなインパクトをもった。発展途上国のなかには,国際援助や欧米NGOの援助を得て,一挙に女性の教育や能力開発に取り組み始めたところもある。日本国内での動きとしても,女性差別撤廃条約の批准(1985年),男女雇用機会均等法(1986年,改正法は1997年),男女共同参画基本法(1999年),「DV防止法」(01年,04年改正法)などが成立している。それなりの成果は生まれているとみるべきかもしれない。

一方,不平等として依然として明らかなのは,政治など公生活における女性の進出の弱さである。「機会の平等」を超えてのポジティヴ・アクションの適用は,研究者や一部行政担当者の間では検討され,認識されているが(辻村2011),政治の世界での適用の可能性は低く,男女共同参画の自治体レベルでの条例でも法定のポジティヴ・アクションなどは含まれず,西欧との違いは大きいといわねばならない。

労働力率は高まったが

雇用に関して,経済のサービス化で女性の労働力率が上昇したことは先に述べたが,ヨーロッパでは,オランダのように雇用の分かち合いと,仕事(W)と家庭生活(L)の調和を求めてのフルタイム/パートタイムの時給差の撤廃が進

表 1　男性との比較における女性の平均賃金
(非農林漁業*)(男性平均賃金 = 100)

国	2004 年	2005 年	2006 年	2007 年	2008 年
日　本	66.9				
イギリス	89.1	89.8	79.9	80.1	80.2
フランス	86.6	86.6	85.7	86.8	
オランダ	80.1	81.5			
ノルウェー	86.6	86.8	86.8	86.5	87.1

*イギリスのみ全産業

んだ国もあり，標準労働時間も週 38 時間に短縮されている。これが労働市場での男女間格差の縮小として作用していることは疑いない(水島 2010)。スウェーデンなど北欧型では，女性の継続的な，なるべく平等な就労を可能にするかたちでの W と L の「両立支援」として，良質の保育サービスの提供と育児のための「両親休暇法」などが行われている(両角 2012：91~92)。しかし日本では，女性の 80 年代以降の就労率の上昇は，非正規労働に就く女性の増加によって可能にされたとの指摘もある(大石 2010：221)。もちろんオランダのような改善のないまま，雇用の面ではパートなど非正規雇用で女性の比率は年齢を問わず高くなっている。フルタイムとパートタイムの賃金格差は，年間数カ月分の賞与や福利厚生費を含むか含まないかという大きな差異があり，もともと欧米より大きく，深刻な意味をもつ。表 1 は男女のトータルな平均賃金という大ざっぱな指標からみた男女差で，日本のデータは限られているのが残念だが，西欧諸国に比べ格差の大きさの一端がうかがえる(総務省統計研修所 2010：305)。

　女性の労働力率を縦軸にとり，年齢を 15 歳以上から横軸にとった折れ線グラフで示される曲線から俗に言われている「M 字型」の就労についてはどうか。図 1 をみられたい。労働力率でアメリカと遜色ないようにみえる 20 歳代後半から，10 年間ほどの間に大きな落ち込みが見られ，そのボトムはやや上がったとはいえ(未婚化が進んだためとの見方もある)，欧米諸国に比べるとやはり M 字が目立つのである(国立社会保障・人口問題研究所 2011：138)。

　W／L のバランスから日本をみると，フルタイム労働に従事する男性の長時間労働，それと対の，パート労働従事女性または主婦によって引き受けられる再生産労働(家事，育児，子どもの教育など)というパターンはあまり変わって

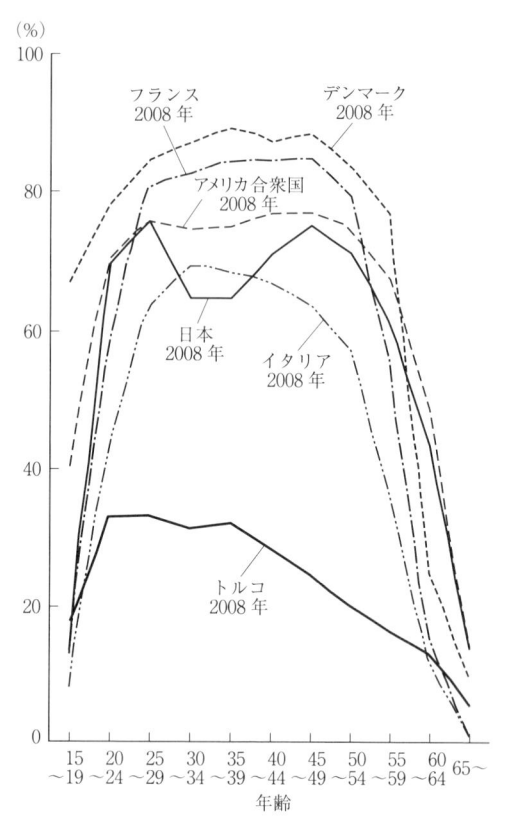

図1 女性の労働力率の比較

いない。フルタイム共働きの家庭でも，主に家事労働は女性の側が担うというケースは少なくなく，結局のところ，最も変わりにくい不平等問題は，家庭という場における性別役割にあるのではないかという議論もある。

　それは男女の意識の問題のみには帰せられず，WとLの調和をつねに二の次にして，労働過程を編成してきた就労体制の問題である。といって，それは行為者(この場合は男性)を免責するものではない。男性アクターが，自分は家事をしない(できない)と宣するとき，同じ態度はとれないと考える女性は，無理をしてでもこれを引き受けざるをえないと考える。こうした点に，ジェンダー支配といってよい男女の力関係が現れる。結婚に踏み切れない，または晩婚

化し生む子どもの数を少なくするという女性の選択行動は，この現実に対する一つの応答であろう。

私的世界で維持される男女差

表2 子どもに望む学歴（2003年）
単位：％

子どもの性別	新潟		東京	
	男	女	男	女
高校（まで）	11.0	17.9	12.9	15.4
短大・高専	1.3	20.2	2.0	19.4
専門学校	11.1	16.1	7.4	12.4
大学以上	76.5	45.9	77.8	52.7

私的世界でジェンダー差別といわれるものは，人々の意識に定着している観念，私的な場で自明視されている慣行などから成るから，差別を指摘し，是正の方途を論じるというぐあいにはなかなか進まない。たとえば親がわが子にどれだけの学歴を望むかを，杉原名穂子らの調査データから紹介すると，表2のようになる（杉原：2011：22）。

地域差もかなり大きいが，四年制大学まで進学させるかどうかでは男女で25～30％の回答差がある。また，大学進学を認める場合でも，男子なら高い就学費負担を覚悟で新潟から首都圏の大学への希望を容れる可能性があるが，女子では地元の公立大学に進むよう暗にはたらきかけがあるかもしれない（もちろん娘が強い希望をもって進みたい大学への初志をつらぬくかもしれないが）。

家庭内の役割については，家事負担のような比較的可視的なものもあれば，より微妙な，しかし不当と感じられる暗黙の役割強制もある。たとえば，母親に課される子どもの教育責任がある。今日では競争のなかでの個人的な学業的成功を大いに称揚する新自由主義的な教育観によって，子どもの教育への貢献が当然のごとく母親に求められ，それが果たされなければ暗に非難され，フルタイムの仕事を外でもつことを断念させるような無言の圧力がはたらくことがある（喜多2012）。家庭内での話し合い，相互の努力によってより平等な責任分担にある程度進むことはできても，周囲が押し付ける目にみえないジェンダー規範の圧力に抗するのはむずかしいと感じている女性たちがいる。

5　層の分化

成功した女性たち？

　しかし労働市場で女性の置かれている状況は一様ではなく，目にみえるような分化も示しはじめている。男女雇用機会均等法にはいろいろと限界はあるが，その制定，改正後，企業は「いわれなき差別」と称されるような明示的な採用・昇進差別はできなくなった。多いとはいえないが，総合職や専門職に就く，俗に「キャリアウーマン」と呼ばれるような人々が現れている。

　特に改正労働基準法(1997年)により女性保護が撤廃され，残業，転勤を引き受け，仕事の一貫した責任者になるなど，男性とほとんど同じ働き方を受け入れる者が生まれている。彼女たちはたぶん少女時代から学業にひいで，仕事でも人一倍がんばってきたという自負があるため，能力主義の信奉者であるかもしれない。それだけに，そういうコースをたどらなかった女性に，「自己責任」論をもって厳しくあたることもあるといわれる(熊沢2007：128～129)。

　だが，「成功した」といわれる女性たちは，反面でどんな悩みをかかえ，何を犠牲にしてきたのか。人生の価値はそう簡単に決められないから，単純な議論は控えるべきだろう。

非正規雇用に置かれて

　それに対し，非正規雇用または派遣労働のかたちで，有期で不安定で，不十分な待遇に甘んじている女性たちがいて，近年では事務や販売の職場ではこれがマジョリティとなっているところもある。勤務時間はそう短くなくても，同年齢の総合職女性の月収の二分の一程度の者も珍しくない。なお，2006年の厚労省調査では，母子世帯における母親就労の約5割は，臨時・パートであり，保護を必要とするような水準の者もいる。

　臨時・パートのなかには「不満の少ない女性たち」もいる，とよく言われる。比較的短時間の勤務の既婚女性のパートタイマーたちのことで，収入は少なくとも生活にささやかなゆとりをもたらせればよいと考える傾向があるからである，と。しかし，いちがいにそう言えるだろうか。表面上はそうでも，出産・

育児のためやむなく退職し，育児が一段落した三十数歳になって再び正社員採用の道を懸命に探したが，うまくいかなかった人々も含まれている。彼女たちのなかには経済的動機からだけではなく，働く者としてのアイデンティティ重視というか，「仕事はきちんと覚えたい」「責任ある仕事もやりたい」と考えつつ，真剣に正社員となることを欲している者もいる。既婚女性のパートタイマーを「不満の少ない人々」と一括りにはできないだろう。

外国人周辺労働者

就労女性の層の分化は，おそらく以上にとどまらない。

欧米の社会と一部のアジア社会では，明らかに格差づけられ，地位上も十分な市民とはあつかわれない女性たちが，再生産労働や下級サービス労働の分野で就労している。外国人あるいはエスニック・マイノリティと呼ぶべき人々で，典型的には，家事労働者（メイド），エンターテイナー，その他下級のサービス労働者などである。東南アジアのなかの先進国シンガポールでは，女性人口のなんと8%が，外国人家事労働者で占められている。雇用主のシンガポール人女性から虐待を受けるケースもあり，これは二重化されたジェンダー問題といえよう[4]。

日本では，いまのところ外国人家事労働者をみることは稀で，エンターテイナー受け入れは後述するような事情で少なくなり，製造業，サービス，技能実習生などに30〜40万人の女性が働いているにすぎないが，非正規雇用の率は高い。将来，介護や福祉の領域での外国人の増加はまちがいないとみられているが，その周辺性は払拭されるだろうか。

6　グローバリゼーション下のジェンダー

市場や情報のボーダレス化が進み，人の移動（マイグレーション）も相対的に

---

[4] シンガポールや香港では，就労する高技能の既婚女性たちはその家事，育児の責任を負うが，それを引き受けてもらうため外国人家事労働者を雇用する。しかし低賃金や過酷な労働条件を強い，女性雇い主とのトラブルも起きやすい。シンガポールには「メイド虐待」(maid abuse)の言葉もある(Yeoh, Huang and Devasahayam 2004)。

容易となり，国内的には労働法規の改変（規制緩和）も進むなかで，男性のみならず女性もその影響を受けている。

パートや派遣労働者が増えて

　語学力や留学による取得資格を武器に国際的に活躍する国際公務員，ジャーナリスト，NGO 職員，ビジネスウーマンらが話題となることは多くなった。だが，多数の女性たちは，競争力維持の理由の下に人件費の抑制にはしる企業によって，パートや派遣労働に就いている。日本では労働者派遣法（1985年制定）が当初は専門性の高い13業務への適用に限られていたのが，1999年にはグローバル化への対応のため「規制緩和」を要求する経済界の声に応え，原則自由化へと転じた。もともとパートの比率の高かった女性において，パートがさらに増え，派遣労働もいちじるしく増加した。

　西ヨーロッパでは，パート労働を安易に増やさないことや，パートを雇用する場合のフルタイムとの均等待遇が法的にも義務づけられている国も多く，グローバル化のなかで揺らぎはあるが，格差はそれほど大きくない。反面これらの国の問題は，失業率が低くないことであって，仏，独，スウェーデンなどでは女性で6〜8%が記録されている（2008年）。ただ，オランダだけはワークシェアリングとの連動が比較的うまくいっているのか，失業率は3%程度にとどまっている。グローバリゼーション下で，日本の女性被雇用者は，無防備なままに働く条件の切り下げの前に立たされているとの感がある。

増える国際移動の女性たち――豊かさと解放を求めて？

　一方，上記のように，外国人やエスニック・マイノリティの移住女性が労働市場，地域生活，家族生活などに加わりつつあるのが，グローバリゼーションのもう一つの側面である。グローバル化時代の人の移動の一つの顕著な特徴として「女性化」があげられる（カースルズ，ミラー 2011：13）。これはつとに知られ，その背景については次章，最終章でもあらためて触れるが，男性中心の一般のマイグレーションとの違いは，こう指摘されている。

　　　女性たちは，その移動を，彼女らがそのなかに生きている抑圧的構造の

若干の側面に対する抵抗および逃避の一手段とみなしている可能性がある。移動によって自身と家族の間に介在する状態を改善できるのではないか，不満の多い，たぶん暴力のつきまとう結婚生活から逃れられるのではないか，そしておそらく，移動の道程のなかでの集合行動や抵抗のなかで自尊感情と公正性を回復することができるのではないか，と。(Kofman et al. 2000: 22)

ただし，「中心」国の労働市場は，「周辺」国出身女性たちの望むように開かれているわけではない。かつて日本では「興行」(エンターテイナー)という資格が開かれていたために，毎年10万人に近い外国人女性が，おそらく抵抗感，不安を抱きつつも，このゲートから入国していった。

今では国際批判の高まりによりそのゲートもほぼ閉じられ，比較的開かれているのは結婚であり，日本への移動でも多いかたちは日本人男性との結婚である。いわゆる国際結婚世帯が今日33万余にのぼる。うち，8割近くが日本人の夫と外国人の妻の組み合わせであり，そのマジョリティは，中国および東南アジア出身女性が妻となる形式で，後者の行動への推測から「ハイパーガミー」(「上昇婚」)と呼ばれたりする。

しかし彼女たちにとって経済的動機がすべてではない。貧困からの脱出もだが，女性に抑圧的である規範からの解放を願い，また単に手段としてではなく相手男性への信頼と期待もあって妻の座に就くわけである。ただし理想どおりにはいかない。このような結婚ではもともとコミュニケーションの困難がついてまわり，女性のほうが日本語の習得を強いられ，さらに家族生活としきたりへの同化を強いられることが多く，対等な相互関係は築かれにくい。共同生活の破綻も生じやすく，離婚にいたれば，ただちに女性の在留も生計も危機におちいる。

国際人権規範への訴え，能力実現への援助

移住女性たちに提供されている雇用の劣悪さ，不安定さ，人権上の問題が，いま一つの「傷つきやすさ」をなしている。出身国で後期中等教育やそれ以上の学歴を得てきた女性たちが，非移民の女性たちがもはや就こうとしない雇用

をゆだねられる。前記のように日本では外国人家事労働者は少ないが，欧米や東南アジアでは家事労働者，介護労働者（ケアギバー）などとして途上国の女性が広く受け入れられ，低賃金，時間不定の労働，その他の人権蹂躙が経験されている。雇い主は，外国人女性が在留資格を必要とする弱者であることを利用し，また従順で，ケアへの自然的適性をもっているとするジェンダー化された言説から，彼女たちを雇い入れる (Ibarra 2008: 164)。

　以上の問題は，国際人権の問題として認識され，当該国のみならず，国連，国際NGO連携などで取り組まれなければならない。だが，もっと根本的には，国内で抑圧ないし差別を受け，移動すればホスト国の課する規制のなかでしか滞在・就労できない途上国女性たちが，どうすれば自己実現の途を開けるかであろう。途上国内では，国際機関や西欧NGOが主体になって人間開発の支援プロジェクトが展開されるようになったが，対象はしばしば女性とされ，女性の役割と考えられているものを越えない範囲で，つまり「裁縫，料理，編物，庭仕事」などのスキルを訓練するという限りで受け入れられている，と指摘されている（ウィットワース 2000：72）。

　であるなら，A. セン(1999)やM. ヌスバウム(2005)らの「潜在能力アプローチ」に立ち帰るべきかもしれない。潜在能力(capability)とは，人が行う・選ぶことのできるさまざまな機能の組み合わせであり，個人が権原により，与えられる財・サービスを活用して自らが望む生活を発現させること，つまり，自己実現を達成させる自由そのものを指す（佐野 2012）。そこに立ちもどって考えることがたぶん必要だろう。

9章
エスニシティ

1 「民族」の視点

　一つの社会を構成する成員または集団を同質,均質なものと想定すれば,前章でも触れたように,社会の内なる価値や文化の多様性,集団間の不平等,支配,差別などの存在に目をふさぐことになりかねない。「民族」(エスニシティ)という視点とコンセプトの導入は,その意味で重要な意味をもつ。そうした角度から一社会を分析すると,それまで見えなかった文化的多様性が発見されたり,貧しさと差別によって区別される人々を他の人々から分かっている境界が何を意味するかも認識される。

　たとえば,"一にして不可分"の国民からなる共和国という国民国家モデルを押し立ててきたフランスで,1960～70年代に地域主義運動が起こり,人々の目が「差異」に向けられるようになると,ブルターニュ地方や島嶼のコルス(コルシカ)のように経済的・文化的な対立要因を抱えた所では,マイノリティの存在が気づかれる。また,世論調査で「フランスに住む人々の35%は,地域語を一つは話し,理解できる」という新事実が知られたりする(Tabouret-Keller 1981: 8)。一方,日本には戦後も独自の歴史経験とアイデンティティを保持したコリアンたちが多数生活してきていながら,人々の認識のなかで必ずしもとらえられず,「単一民族」の観念が支配してきた。なぜそうだったのか,振り返って問わねばならない(宮島 2011c)。

　ところが,今日では一転,「エスニック」という言葉は,エスニック料理,エスニック音楽,エスニック・ファッションなど,日常的にさまざまに使われるようになり,いささか通俗化もされている。1980年代からの日本の国際化,

グローバル化による社会，文化の変化が，表層のレベルで敏感にキャッチされていることの表れであろう。だが，この言葉に根ざす「エスニシティ」(ethnicity)というタームが社会学で使われるようになるのは，ジェンダーと同様，そう古いことではなく，アメリカでも半世紀前からであり，日本の場合たかだか四半世紀来のことである。それにはどんな背景があるのか，概念の理解と使用はどうあるべきか，その使用によってどんな現実の問題が明らかになるのか。

　過去に一言すれば，マルクスとエンゲルスは独特のバイアスをもった視角からアイルランド人などの「民族」の問題をあつかい，マックス・ウェーバーは『経済と社会』で国家や国民とは何かを追究して，そのなかでエルザス(アルザス)人，クロアチア人，ユダヤ人などについて民族と言語，宗教の関係を論じ，注目すべき指摘を残している(佐久間 2000)。これらについての批判的再吟味も必要であろうが，ここでは触れる余裕がない。

2　国家と民族

消し去れない民族──国民国家とその虚実

　国民国家(nation state)という理念と形式をとり19世紀から20世紀にかけて成立する多くの近代国家では，その成員，つまり国民の"一にして不可分であること"が強調されてきた。同じ言語，同じくにの生まれ(natio)，運命を同じくしてきたという連帯感，一なる主権に参画しているという意識などが想定され，強調されてきたのである。日本も，後発ながら20世紀になるとそうした国家の体裁をとってくる。

　その場合，「民族」という言葉は，たとえば「ドイツ民族／国民」(Deutsches Volk)，「フランス民族／国民」(nation française)などのように，差異を捨象して同一の共同体への帰属を印象づける言葉として，さらに大括りに国民と国民の間の違いを浮き彫りにする言葉として使われた。

　しかし，そうした国民の内部で，宗教や言語(母語)さらには制度にも明らかに違いがある諸集団が併存する場合，それもまた「民族」と呼ばれるというややこしい関係が生まれる。その場合の「民族」もネーション(nation)という言葉で表される(ミニネーション，非国家ネーションと言う場合もある)。それら

を認知し，国家，社会の民族複合性を認めてきた国もある。スイスやイギリスの場合はそれである。イギリスを例にとると，イングランド，ウェールズ，スコットランド，アイルランドの諸ネーションの複合から成り，国旗(ユニオンジャック)はこれらを象徴する三種の十字架(イングランドのジョージ十字，スコットランドのアンドリュー十字，アイルランドのパトリック十字)の組み合わせにほかならない(ウェールズはイングランドへの併合が早く，国教化も進んだため，ここではイングランドの一部とされた)。「イギリス国民」という意識は，ようやく18〜19世紀の対外進出(植民地獲得)や対外戦争，特に対フランス・ナポレオンとの戦争遂行のなかで涵養されていった(コリー 2000：387)。

「るつぼ」神話を超えるアメリカ

アメリカのように，もともとが「移民社会」「移民国家」とみなされる場合，自民族認識はどうだったか(もちろん事実としては先住民の存在があったのであるが)。

シカゴ学派社会学者たちのように都市の民族モザイクに目を向ける先進的な試みはあったが，公式的なセルフイメージとして，世界各地からやって来る移民が一つに溶け合って「アメリカ人」という存在を新たにつくるとする「るつぼ」(メルティングポット)の観念が支配していて，そのかぎりでは，「民族」の存在と差異がことさらに論じられることはなかった。

ところが，公民権運動[1]の展開で人種差別という現実とこれをめぐる論議が公にされ，1960年代にその転機が訪れる。「るつぼ」が多分に神話であり，人種・民族間の区別，棲み分け，差別はなくならずに持続・再生産されていることが気づかれ，いっそうの反差別の努力の必要が確認されるとともに，「民族」の概念が用いられるようになる。その画期をなしたのが，N. グレイザーとD. モイニハンの『人種のるつぼを越えて』であろう(1986[1963])。同書は，ニューヨーク市を舞台に，この大都市が「るつぼ」というよりは人種・民族モザ

---

1) 1950年代から黒人および一部白人リベラルの人々が，憲法で保障された公民権(civil rights)，具体的には黒人の法的平等と平等な参政権を求めた運動。54年，公立学校の白人・黒人の別学を違憲とする判決(ブラウン判決)を得て，運動は急速に盛り上がり(63年のワシントン大行進)，64年には一切の人種・性別の差別を禁じた公民権法を成立させた。

イクをなしているさまを，コミュニティないし主要居住地区ごとに描き出したものだった。ここでの「民族」は，nation ではなく，ethnic group であり[2]，「人種」を表す語，race も用いられている。なお，それら移民にもとづく民族集団への着目はまた，非移民であるネイティヴへの着眼もうながすのであり，先住民(indigenous)というカテゴリによって諸「インディアン」の独自文化などへの関心も高まった。

再生する民族——新しい地域主義

一方，「旧世界」のヨーロッパでは1960年代以降，高度経済成長と地域間不平等の拡大，地域分権化への強い要請，植民地独立の精神的影響，等々のほとんど同時的な動きによって，社会のなかのアクターたちを「民族」の観点からとらえる傾向が強まる。スコットランド民族党，ブルターニュ民族運動，フランデレン(フランドル)民族運動などがそれで，地域自治や連邦制の要求，言語の権利や資源管理への要求が提出される。伝統的な地域擁護論と区別して「新地域主義」と呼ばれることもある(Keating et al. 2003)。

それにくらべて，経済成長期に増加した移民たちの行動は，もっと後発であり，控え目だったが，それでも1980年代には，劣悪な待遇や差別に抗議する移民の第二世代の若者たちの平等要求が，フランスやイギリスでみられるようになる。

こうした動向を，広く世界的にとらえて，A. スミスは「民族再生」と呼んだ(Smith 1981)。ここで「再生」と言われたのはなぜか。前近代にみられた民族モザイク的な状況(たとえば大革命前のフランスでは，フランス語を解する住民は半数にすぎず，文化的・民族的多様性ははるかに大きかった)は国民国家の形成のなかでしだいに融解して，国語，国民文化にとって代わられていくものと見られていて，民族的差異はしだいに薄れていくとされていたからであ

---

[2] ネーションは，ある地域に歴史的に定住してきて共属感と場合によっては自決(self-determination)への意志をもつ人々を指すのに対し，エスニックの概念は，もともとはマジョリティとの対比で，異質で周辺的であるという意味が中心をなしていた。語源的には，古代ギリシアの「エトゥノス」(正規の市民ポリスに対し，文化的に異質的な非正規市民，周辺者を意味した)に淵源する。このことにより敏感なヨーロッパの移民研究者は，最近までこの言葉の使用を避ける傾向があった。

る。1950年代まで，ヨーロッパでもアメリカでもそうした見方が支配的だった。それが一部反転を示したからである。

　日本の場合，明治維新後大きな方向として政治的中央集権化は進むが，地方ごとの言語文化的な差異は大きかった。また，アイヌや琉球（沖縄）住民の日本への統合にはある程度の強権を必要とした。のちに後発の帝国主義国としてアジアへの進出を図るようになると，さまざまな外なる民族と向き合い，帝国への統合（「皇民化」）に腐心するようになり，むしろこの時期には多民族性はより強く意識されていた（小熊1995）。それが戦後は一転して，「単一民族」日本の観念が強調され，民族的多様性には目が向けられることなく，1980年代を迎えるのである。

3　エスニシティの概念

社会的・政治的定義づけ

　「エスニシティ」は，訳語を求めれば，「民族」や「民族性」と言い換えられよう。M. マルティニエッロはエスニシティについて「民族的と呼ばれる集団の間の身体的・文化的な相違に関する社会的・政治的定義の生産と再生産にもとづくもの」(2002：26)，と述べている。ここで言う「民族的」とは，後述する属性的と考えられる特性を指すが，客観的事実性を伴うとは限らない。われわれはある人々を指して中国人（系）だといい，ある人々を指してはユダヤ人（系）であるという。しかし本人は主観的にどう考えているか。前者は「たしかに中国系だが，アメリカ市民であるとも感じている」というかもしれない。また後者は「ユダヤ系と意識することはない，自分は民族にとらわれない自由なジャーナリストとして行動している」と語るかもしれない。エスニシティはつねに客観的な身体的・文化的などの特性によって定義されるはずだ，と考えてはならない。

　ただ，差異の認められないところにエスニシティをみることは通常困難である。属性（ascription）と呼ばれる，当人の意志や努力によって変えることの困難な身体的特徴，言語（母語），宗教などの差異は，上にいう「民族的」といわれるもののなかに重要な位置を占める。また独特のアイデンティティや集合的

記憶なども，この差異に含めてよいかもしれない。たとえば在日コリアンは属性的にはほとんど通常いう日本人と区別できないが，独自の民族アイデンティティをもち，韓国または朝鮮の国籍ないし帰属と結びつけてこれを担保し，代々伝えられてきた被支配と，自らも経験する差別の記憶を多少とも保持している。

　実は上の定義で重要なのは，差異それ自体というより，差異の「社会的・政治的定義」がエスニシティを構成するという点であろう。どういうことだろう。

　アメリカやヨーロッパに住む数百万人のユダヤ系の人々の多くは戦後，住んでいる国の文化に同化した市民として生活を送る傾向にあったが，イスラエル－アラブの中東戦争が激しくなるにつれ，かれら自身「ユダヤ系」であることを意識し，公にするようになる(ヴィヴィオルカ 2009：26)。また，1990年代初めまで存在したユーゴスラヴィア連邦共和国では，セルビア人とクロアチア人は違いはあれ，同じ南スラヴ系という同類民族であることが強調されていた。ところが利害の対立から後者が独立することになり，両者が異質な民族であることが強調されるようになる。すなわち，

　　セルビア人とクロアチア人の民族的性格を基礎づけているものは何か。……それは，両者の相互行為において，この二集団が近年，たがいに他集団との対比で区別できるような固有の文化特性があると信じているかのように振る舞っていること，そのことなのだ。(マルティニエッロ 2002：27)

　そしてそれは各々のリーダーである民族主義指導者の強烈なキャンペーンの結果でもあった。つまり分離・独立という政治過程のなかで，新たに二つの民族が造られた，とも言える。

　別の例では，ベルギーのなかでフランデレン(フレミッシュ)の人々の言語や政治的自決への要求がつよまっていくにつれ[3]，対抗的に，それまでは「民

---

3) ベルギーはその建国(1830年)以来，地域的に南北に分かれるフランス語系とオランダ語系の二民族から構成されてきた。以来，フランス語系が政治的，文化的に支配的な位置にあり，これに抗するオランダ語系フランデレンの平等要求(フランデレン運動)がしだいに強まり，20世紀後半には地域ごとの一言語主義(ブリュッセルのみは例外)が実現し，連邦制に移行した。この変化を主導したのはフランデレン運動であり，フランス語系(ワロン人)は概して受け身に立たされ

族」としての意識のなかったフランス語系が「ワロン人」という規定を採用し，共通の目標などをかかげるようになる(梶田1988：251～252)。その民族形成に人工的な性格をみる者も多い。

社会的構築ということ

したがって，エスニシティは，実在する不変の特性をもった人間集団によって基礎づけられるというより，社会的な構築(construction)による部分がつねにあるとみるべきだろう。社会学における構築主義(constructionism)の理論は，ある社会問題が存在するのは「そのような事象が存在し，かつそれは問題である」ととらえる人々の活動によって構築されるからである，とみるラディカルな理論的立場である(キッセ，スペクター1990)。エスニシティ研究者でこの見方に全面的に賛成する者がどれだけいるか分からないが，構築という見方が必要であることには多くが同意すると思われる。

エスニシティの構築には，外から(あるいは上から)決定され，押し付けられる場合もある。アメリカにおける黒人(「アフリカ系」と呼ばれることもある)の運命を顧みてみると，自由な市民ではなく奴隷という身分にあって，抗弁するすべもなく白人たちから差別的な呼称を押し付けられてきた。有名な黒人解放運動家ウィリアム・デュボイスが次のように書いたのは1世紀前のことだが，この言葉は，現在でもその意味は失っていない。

> アメリカの世界——それは，黒人に真の自我意識をすこしもあたえてはくれず，自己をもう一つの世界(白人世界)の啓示を通してのみ見ることを許してくれる世界である。この二重意識，このたえず自己を他者の目によってみるという感覚，軽蔑と憐びんをたのしみながら傍観者として眺めているもう一つの世界の巻尺で自己の魂をはかっている感覚，このような感覚は一種独特なものである。彼はいつでも自己の二重性を感じている。アメリカ人であることと黒人であること。(1992：15～16)

てきた。

白人との間の混血の子どもが生まれても,「黒人」とみなすとされてきて,ラテンアメリカなどでは存在する中間的な名称も拒まれてきた。エスニシティに主観的な要素があると述べたが,アメリカ社会における黒人たちは,主観的にエスニック・アイデンティティを表明してもそれが社会的には受け入れられないという無力感を経験している。

4　社会の変動と国際化,多文化化

同調から独自アイデンティティへ

　国民国家,そして国民文化が支配的な時期には,その成員たちも文化やアイデンティティの異質性を表明することは困難だった。イギリスやフランスの国民である人々は,20世紀になるとほとんど100％が英語やフランス語の話者になり,その意味での国民文化への同化をほぼ達成する。比較的多く残ったウェールズ語(カムリー語)の話者も,ほぼすべてが英語話者でもある。アメリカでも,アングロ＝サクソンをモデルとした英語,個人主義,日常行動様式に多くの移民やその二世,三世は倣おうとして,「アングロ＝コンフォーミティ」(アングロ同調主義)という言葉もつくられた。同化が当然とされたのである。

　日本では,この同化の圧力はアイヌや沖縄住民,在日コリアンの上におよび,差別されることへの恐れとあいまって日本名の使用,日本語の完全な習得へと向かわせた。1984年に神奈川県が県内で行った在日朝鮮・中国人への調査によれば,もっぱら,または多くの場合通名(日本名)を使っていると答えたコリアンは,70％を超えた(金原ほか1986：175)。民族語の喪失も起こっていて,祖国の言葉を話せると答えたコリアンは36.7％にすぎなかった(同154)。

　それに対し,1960年代からの20～30年間は変動の時期となる。

　アメリカでは,公民権運動,公民権法制定をへて,黒人のなかには,マジョリティの白人の文化への同化ではなく,独自のアイデンティティと自尊感情を追求する動きも生まれる。ヨーロッパの国々では,地域分権の改革が行われ,ECの下で国民国家の相対化が進み,地域や民族の自由を許容する制度に移行する。イギリスで,「英語とウェールズ語は同等である」とうたうウェールズ言語法が1967年に成立するのを皮切りに,スコットランドでも,フランスの

ブルターニュやコルスでも，スペインのカタルーニャやバスクでも住民たちが民族的アイデンティティを表出するようになった。地域自治が認められ，民族語がその地域の公用語の一つとなった所も少なくない。

　もう一つの大きな変化は，国際的な人の移動（マイグレーション）あるいは移民が活発化し，アメリカにも，ヨーロッパにも，アジアの一角の日本にも，外からの移住者が増え，さらにその定住が進むことである（カースルズ，ミラー 2011）。そこには政治的・宗教的迫害や民族紛争を逃れてやってくる難民たちも数多く含まれる。

移民の増加と新たな多民族化

　「旧世界」といわれたヨーロッパにも，外国人・移民の人口が総人口の1割を超えるスイスやドイツのような国も現れる。こうして多民族化，あるいは多文化化が進み（日本では「国際化」ともいわれた），特に大都市などでは民族を異にする人々の日常的な共存が始まった。ただ，増加する移民たちの受け入れの仕方は国によってかなり異なり，大きく分けると，どちらかといえば同化を求める国と，文化多元主義の考えにもとづき移民たちの文化，宗教，生き方を許容する国に分かれた。

　前者の代表がフランスならば，後者にあたるのはイギリス，オランダで，多文化主義（multiculturalism）という言葉も使われた。フランスでは，1970年代からサハラ以南アフリカやマグレブ出身の移民たちが定住するようになって，かれらは政治と宗教の分離というこの国の原則を守るように求められ，子どもは学校でフランス語のみの教育を受ける。民族的多様性の大きな国ではあるが，同化ないし統合がつねに重視されてきた（Tribalat 1995）。A.トゥレーヌのような広い視野をもつ社会学者も，フランスが同化という閉ざされた文化世界に向かうのを戒めながら，それでも，移民の自コミュニティ中心主義（communautarisme）には強い批判をむけている（Touraine 1997: 206）。それに反しイギリスでは，地域コミュニティにもよるが，インド系，パキスタン系，バングラデシュ系などの多く住むコミュニティでは，保護者の求めにより，公立学校でも母語教育が行われ，課外には宗教教育が認められている。

　日本では1990年頃から外国人の受け入れが増加していき，今世紀に入ると

在住外国人は200万人を超えるようになった。しかしそれ以前から在住していたコリアンたちが同化への圧力を受けてきたと述べたように，やはりニューカマー外国人たちも，母語・母文化の教育の機会を与えられず，日本語習得，日本の学校教育への適応を求められている。また信教の自由は認められているが，日本人は宗教に理解があるとはいえ，クリスチャンやムスリムである外国人は多文化容認の寛容のなかに迎えられているとはいえない。

　近年，ヨーロッパでも多文化主義については，移民たちの文化を認めることの半面で定住先の社会の言語や文化の習得を不十分なままにし，それがかれらの就労や社会参加をかえって困難にしているという批判もあり，施策の見直しを行う国も出てきた。移民の定住が長くなり，二世，三世の時期になると，かれらによるエスニックな文化（母語，宗教，楽しむ音楽など）の保持が弱まっていくのも事実である。

5　社会構造のなかのエスニック・マイノリティ

エスニック・マイノリティの形成

　ある民族的特性をもつとみられる人々が，所与の社会のなかで，どういう位置を占めるか。これは社会のなかの不平等や格差を問題にする社会学の観点からは重要な点である。

　一般に，移民から定住者になった者や，その社会の支配的文化と異なる文化を保持する者に「マイノリティ」(minorities) の用語があてられる。この「マイノリティ」は，少数であるという意味よりも，弱い立場にある者という意味で使われることが多い。エスニック・マイノリティ，ナショナル・マイノリティという概念ではしばしばこの含意が勝っている。

　アメリカの西部では，メキシコやその他中南米出身のヒスパニック（ラティーノ）の人々は大きな数を示し，地域によっては圧倒的存在感を示しているところもあり，ブルーカラー労働，農業労働に従事し，密入国関連で不正規滞在の割合も高く，当局からは取り締まりの対象とされている (Cornelius 2008: 241)。日本では在日コリアンの人々は，職業的には自営業者（飲食店など）や同胞企業従業員が多く，日本の大企業従業員や公務員と推定される者は明らかに少ない

(金原ほか 1986：33~37)。その意味でエスニック・マイノリティといってよい存在である。最近では定住の度を強めている南米系やアジア系の外国人も、ひじょうに多くが非正規労働に就き、マイノリティ的な性格を帯びている。

ヨーロッパについてはナショナル・マイノリティにはすでに触れたが、イギリス、フランス、ドイツなどでは発展途上国(特に旧植民地)出身の移民が定住民となり、ブルーカラー労働を担い、また高失業に苦しむ傾向にあり、マイノリティがつくりだされている。なお、同じブルーカラー労働でも、労働市場は一つではない。分裂労働市場(split labor market)などと呼ばれ、移民・外国人は、不熟練・半熟練の労働に従事し、相対的に低賃金で、スキルアップの機会も少なく、雇用の保障の弱い労働市場に置かれることが多い(121~122頁も参照)。

現代社会のなかで、こうした不利な地位に置かれるエスニック・マイノリティがつくられる事実はどう説明されるのだろうか。

エスニック分業における格差と差別

一社会のなかでエスニックな分業が行われているという見方がある。M.ヘクターはこれを「文化的分業」と呼び、国勢調査のデータにもとづき、アメリカ社会における民族ごとの職業的偏在、職業的特化の度合いを調べている。たとえばユダヤ系は威信が高いと評価される職業に集中するという傾向があるのに対し、黒人とヒスパニックは威信が低いと評価される職業にある程度の集中を示している(Hechter 1978)。しかし、高位の職業に集中しているからといって、必ずしも差別も疎外もない世界に置かれるわけでないことは、ユダヤ系の欧米社会における従来の位置からして推測される。「文化的」分業と名付けたのは、経済合理的に説明できる職業配分原理(技能、熟練、職業経験など)と異なり、それぞれの民族グループのなんらかの特殊性(たとえば仕事を紹介し合うネットワーク、言語能力、教育の重視の度合い、社会の側の差別感情など)が関係していると考えられたからである。

一般には次のような要因があげられる。

学歴など教育水準が平均して低かったり、ホスト国言語に習熟していないため、高技能や高収入の職業に就けない場合がある。途上国の農村出身の移民労

働者などがそれで，たとえばアメリカで働くメキシコ系では不熟練労働，農業労働に従事する者が多い。ヨーロッパでも，アフリカ，トルコなどの移民労働者にこのタイプは少なくなく，二世になっても学歴にハンディキャップをもつ者は急には減少しない。

しかし，制度的に就労が制限される場合もある。外国人であれば職業の自由がなく，滞在資格によって制限があり，一般に公務員就任には制限が大きい。永住外国人にもほとんど一律に制限を加えている国もある。これは，シティズンシップの制約としてとらえることもできよう。なお，ヨーロッパ諸国を中心に，定住の要件をみたす外国人に，市町村など一定の範囲での参政権を認めているケースはある(Layton-Henry 1990；宮島 2004)。しかし，日本では地方参政権が認められず，自分たちの地位や権利の向上のために政治という回路を使うことができないということも，外国人を弱い地位に置いている。

高い教育水準でも被る民族差別

しかし，以上でも説明しきれないエスニック・マイノリティの不利がある。たとえば，日本人の平均と変わらない高学歴を示す在日コリアンは，公務員就任はもとより，前述したように日本の大企業で正社員としての就職も容易ではない。1990年代の調査でも，在日韓国人の職業構成(ただし男子)は，日本人のそれと明らかに異なり，被雇用者が少なく，殊にホワイトカラーが少なく，自営業が半分を越えるという特徴がある(表1)。平均教育年数，平均所得では日本人とほとんど差がないにもかかわらず，である(金・稲月 2000：189)。民族差別と一体となった国籍差別の結果とみられる。

表1 民族ごとの職業分類
単位：%

職業階層	日本人	在日韓国人
上層ホワイトカラー	22.40	14.20
下層ホワイトカラー	20.2	12.4
自営	23.2	52.1
ブルーカラー	28.3	21
農業	5.9	0.3
計	100	100
実数	1092	676

フランスでは，移民の第二世代で，高等教育に進んで専門的なディプロマを取得したマグレブ系青年たちが，多くがすでにフランス国籍ももちながら，教育水準に対応した職に就けず，失業したり，短期雇用に就いたりしている(宮島 2006：118〜123)。とすれば，そこには民族差別(レイシズム)の作用をみないわけにはい

かない。その差別は，欧米諸国では直接差別のかたちをとればたいてい法的制裁の対象となるため，なんらかの「合理的」な理由を設けた，いわゆる「間接差別」が増えている。一方日本では，人種民族差別禁止の国内法が整備されておらず，マイノリティの劣悪な経済的地位や権利を改善することがよりむずかしい。

6　エスニックな行為者たちとそれへのアプローチ

原初主義と手段主義

　これまでは，どちらかといえば社会構造の側からエスニシティをとらえてきたが，エスニックな行為者たちを，その意識，行動，かれらの戦略といった面から研究することも必要であり，可能なのである。その点では，次の二つのアプローチがよく古典的なものとしてあげられる(Glazer and Moynihan 1975)。

　一つは，原初主義的(primordialist)アプローチであり，人々がエスニックな紐帯を通して感じている心理的・精神的な共属の意識，連帯意識などの面からのアプローチである。その場合，自分がたとえば「ケベック人」である，または「中国系」であると感じることが，自分が何者であるかの定義または存在証明を与えてくれることになる。そこには過去の集合的記憶や，祖先へのつながりの意識や，自分の心情に応えてくれる母語への愛着などがそれぞれのモメントをなし，根源的に感じられていよう。そこから集合的な行動が生まれることもある。現代では行為者の個人化，社会的孤立化が進むなかで，心的な拠り所を求めてエスニックな自己定義を自ら構成し，あるいは仲間と共有しあう例もある。たとえばイングランドの諸都市に住むアイルランド出身者は，しばしばそのように原初的に「アイリッシュ」であることをとらえているし，フランスの都市生活に適応している住民のなかに「コルス(コルシカ人)」意識が復活したりするときも，言語，文化，芸術，風土への愛着がその内容をなしている。

　いま一つは，手段主義的(instrumentalist)アプローチと呼ばれるもので，行為者の置かれている社会的・政治的状況に応じ，利害を勘案しながらエスニックな立場や行動をとるものとみなすアプローチで，エスニシティを根源的で変わりにくいものとみる前者とは異なる。通常はエスニックな背景をほとんど意

識しない市民たちが、選挙の際に同じ民族出自のある候補者の支持に乗り出し、「○○系」を名乗り、運動を組織する場合がある。なんらかの利益が期待されていて、かれらが一種の利害集団に近付いている場合もある。その意味で、このアプローチは「状況依拠主義的」(circumstantialist)とも呼ばれる。

　逆説的だが、人種・民族差別をなくすため、または従来の差別の補償のために政府が雇用や大学入学のポジティヴ・アクションを導入すると、その基準にかなうべく人々は自分の民族出自を申告するようになる。こうしたことがかえってエスニシティの手段的重視をうながしたといわれる。これは、1960年代アメリカで進んだことである。エスニシティが動員価値をもつという認識はアメリカでは一般化しており、グレイザーとモイニハンは、民族対立の認識においてかつて文化、言語、宗教が強調されたが、いまやその比重は利益への強調へと移っていると書いた(1975 : 8)。ただしアメリカで戦略的にエスニック・シンボルを用いることが可能なのは、「ホワイトエスニクス」などと呼ばれるイタリア系、アイリッシュ系、フランス系などであり、ヨーロッパ系の行為者に限られるようである。

中間的なアプローチ

　以上の二つのアプローチをやや対照化して論じたが、中間的なアプローチや概念が必要と思われるケースもいろいろある。

　たとえば、もはや母語や独自生活習慣を保持していないが、状況によって、民族アイデンティティを表出し行動するアクターのケースは、ヨーロッパのナショナル・マイノリティによくあり、それでいて利益集団化とはほど遠いと思われる例もある。地域の自治を要求したり、地元の労働者のストライキを支援するとき、住民たちはバスク語やブルトン語をもはや話せず、原初的なものへの絆を弱めていても、「バスク人」や「ブルトン」のアイデンティティを表出しながら発言し、行動することがある。広義には利益志向といえるかもしれないが、強いアイデンティティ志向も交えている。

　また、アメリカのアフリカ系、ヨーロッパ諸社会のムスリム移民などには、原初主義的にとらえられるアイデンティティ要素はあるとしても、エスニシティは内発的に維持されているとは限らない。いわば外から押し付けられたもの

と経験されていることも少なくない。じっさい、これを自らの利益の観点から動員しうるケースはきわめて限られると思われる。おそらく在日コリアンにおけるエスニシティも、利害意識にもとづいてプラグマティックに動員されたり、操作されたりするものではないだろう。

7　エスニシティの可変性と被構築性

多アイデンティティ的存在

　複雑な社会的関係と文化のなかに生きる人間は、「多アイデンティティ」あるいは「複合アイデンティティ」的な存在であると考えるなら、ジェンダーやエスニシティの概念の使用にも一定の留保と慎重さが求められてくる。ある個人がその世代、ジェンダー、職業生活、家族生活、友人関係、出身の地域などとの関係で、それぞれのアイデンティティを形成しているとき、それらと並んで民族アイデンティティがもたれているとしても、どれだけ意識化され、重みをもっているかは一様ではない。多様な極をもつアイデンティティのなかの一つの極として、エスニックなものが単に時々意識化されるにすぎないこともある。

　いまニューヨークのあるオフィスで経理係として働くイタリア系の姓をもつ一男性を考えてみよう。かれに常時自分が「イタリア系」だと意識しているかと問えば、たぶん否と答えるだろう。東部の△△大学修了で、会計士資格をもつ「一アメリカ人」と感じているかもしれないし、楽器演奏が好きでアマチュアオーケストラの一員であることを誇りとしているかもしれない。一方、一家の父としてわが子をどう育てるかを考えるとき、祖先や係累のことを思い、イタリア史とイタリア語くらいは学ばせたいと思うかもしれない。もしかれが非イタリア系の女性を妻とし、高学歴中間階層の多い郊外住宅地に暮らしていれば、どうなるか。エスニシティは希薄化すると一概にいえないが、その集団的基盤は弱まり、個人化する可能性は大きい。かれのような存在に、「象徴的エスニシティ」(H.ガンス)の名が充てられよう(Gans 1979)。

外からの構築と内からの順応，抵抗

　けれども，エスニック・マイノリティまたはナショナル・マイノリティの位置，条件に置かれている人々は，多または複合アイデンティティのなかに生きるとしても，通常，エスニック(ナショナル)なレベルで相対的に強い恒常的なアイデンティティをもつ社会集団として存続しよう。というよりは，外からの構築と内からのこれへの順応または反発が，かれらのエスニシティを現出させるのだ。

　たとえばカナダのなかのケベック住民は，州の自治の強化(言説としては「独立」)を求め，フランス語一言語主義を推進し，その他さまざまな文化的承認を求める点で，同国内では特別視されている。ケベック側はカナダ内で「特別な社会」(société distincte)として正当性の承認を強く求め，他方では北米の経済社会の英語化が進行しているためよりマイノリティ化することへの危機感をいだき，それら両面がかれらのケベック・アイデンティティを維持させている。

　また，日本に滞在し，働いている日系ブラジル人は，日系であるから来日当初日本人に同一化する傾向もあったが，日本語が十分使えず，日本人からは「ラテン的」として距離を置かれ，日本人のそれと区別された外部労働市場に置かれる。このため，ブラジル人であることを却って強く意識させられる。一部ではあるが，子どもに母語であるポルトガル語を保持させるためにブラジル人学校に通わせるという行動もあり，ブラジル人アイデンティティの強さを物語るものである。

　けれども，エスニシティは不変ではなく，文化変容は起こりうる。ナショナル・マイノリティの一集団と言ってもよいケベック人は，より流動性を増した北米社会のなかで英米語や英米文化も拒否できず，入国する移民たちの影響も受け，より多文化的となりつつあることが，モントリオールの街の変容に感じられる。移民であれば，滞在が長期化し，世代交代が起こって，ライフスタイルや価値観がホスト社会のそれに接近する例は数多くみられる。フランスのマグレブ系移民の第二世代以下の者たちは，フランスの学校教育その他の社会化を経ることによって，ムスリムであるとしても，より個人主義化されライシテ(政教分離の規範)にも適合した信仰の持ち主となっている。

また，民族間の結婚が行われて当人たちも変われば，子どもの代になると単称のエスニック帰属はありえなくなり，複合化してエスニシティに生きる場合，脱エスニック化した別種のアイデンティティをより強く感じるようになることもある（たとえば従事する職業が与えるアイデンティティ）。この点からみて，今日，在日コリアンの若者の結婚がひじょうに高い割合で日本人との結婚になってきている事実は，何を意味するのだろうか。

エスニシティを押し付けられるマイノリティ

　しかし，エスニシティは，たびたび述べてきたように外からも構築されるものでもある以上，当人たちが容易に変化を選択できるとは限らない。

　たとえばアメリカでは，「白人中産階級の民族所属は，象徴的で，柔軟で，自発的であるが，黒人とヒスパニックのそれは正反対で，それらのカテゴリに属していることの社会的・政治的帰結は現実的なものであり，しばしば大きな苦悩の源となる」（マルティニエッロ 2002：91）。「黒人」や「ヒスパニック」は，当人たちがどんなアイデンティティをもとうと，その内部がどれほど多様化していようとも，ステレオタイプなカテゴリを押し付けられ，偏見や差別の対象とされやすい。ややこれと類似した例は，西ヨーロッパの国々のムスリム移民にも指摘できよう。移民の二世，三世の時代になって言語文化的に同化し，国籍も取得していながら，「イスラーム」あるいは「アラブ」とカテゴリ化され，有無をいわさず，周辺者的存在としてあつかわれる。これに対する反発と抗議がたとえば2005年の「パリ暴動」のような出来事を惹起し，悪循環を生んでいるともみられる（宮島 2006）。

　エスニシティの社会学的研究は，こうしたカテゴリ化への批判の目をもちながら，経験的な認識への努力を進めなければならない。

10章
グローバル化と世界社会

1 国民国家の相対化

自明視されてきた国家の枠組み

　研究の対象とする「社会」について,社会学が従来,暗に前提していた最もマクロな枠組みは,たいてい国家だった。特に日本ではこの傾向が強く,社会現象や社会問題は一国家ないし一国民社会のなかで完結するものとみなしがちだった。実は欧米でもそうした傾向は以前は一般的で,たとえばT.パーソンズが,近代社会の行為や制度の型として個人主義,業績志向,普遍主義などが優位していくと論じるとき,言わず語らずのうちにアメリカ社会を参照枠組みにしていた。または,より意識的に「アメリカが近代体系の指導的位置に立っていると信じていたからこそ」近代社会システムの例示に選ぶのだ,ともかれは書いている(パーソンズ 1977：187)。

　ある社会現象を取り上げ,一国または一国民社会のなかに要因,動因,生起の条件をさぐるという研究志向がとかく無反省にとられやすい。小倉充夫の言葉を借りれば,「方法的一国主義」ということになる(2005：308)。社会変動,とりわけ開発・発展における単位として国家を前提とする場合に,これがとられやすかった。

国民国家とは

　その場合の国家とは,たびたび触れてきた「国民国家」といってよく,18世紀から19世紀に欧米で成立した近代諸国家を典型とするものである。ある定義では,「国境線に区切られた一定の領域から成る,主権を備えた国家で,

その中に住む人々（＝国民）が国民的一体性の意識を共有している国家」（木畑 1994：5）とされる。この定義自体にはフィクションだとされる部分もあるが、いまは問わない。

　ただし、社会＝国民国家とする見方が一般的にとられたのは、必ずしも研究者たちの視野が狭く、ナショナリズムにとらわれていたためとはいえない。むしろ国民国家が過去に実現したものがきわめて重要で、社会生活を枠づける強い力をもっていたからでもある。少なくとも最近の時期までもっぱら市民としての地位、権利を実現し、人々の生活をさまざまなかたちで保障しているのは国家、ないし国家レベルの諸制度だと感じられてきたからでもある。

　民主主義の諸制度がつくられ、主権に参画する市民の権利（シティズンシップ）が認められたのはたいてい、この国家の下でだからである。社会保険が制度化され、疾病、失業、老齢などの不安を緩和し、人々の生活に一定の保障を与えたのも、また義務教育をはじめ教育制度が整えられ、次世代を育成するシステムが用意されたのも、国民国家体制の下でである。このことは今日でも変わっていないと多くの人は考えている。少なくとも参加民主主義、社会保障そして義務教育をふくむ初等基礎教育は、国民国家の成立なしにはありえなかった。

虚構性を増す三つの前提

　けれども、国民国家が前提としていた三つの原理、国民の一体性、国家主権の絶対、領土の不可侵は、現実に照らせば虚構性をまぬがれなくなっている。

　資本主義的経済活動は、周知のようにその性質上国境を越えて展開される傾向にある。古くは植民地獲得、今日では市場を獲得するために、また原料、資源の獲得のために経済は国境を越えていく。それを支援するために国家主権が発動されることも少なくない。

　「国民の一体性」といいながら、内なる異質性はほとんどつねにあった。言語（母語）を異にする、いわゆる少数民族をもたなかった近代国家は少ない。移民という現象も古くからあり、古典的な例では、19世紀のイギリスには植民地出身労働者（colonial labor）のはしりとして多数のアイリッシュが渡って来て、プロレタリアートとして生産を支え、定住していった。かれらを応じ入れたイ

ギリス資本主義の力は，遠い植民地インドの棉工業も支配し，これに打撃を与える。日本でも，植民地出身者(朝鮮人)や少数民族の存在は，同化政策によって覆い隠されながらも現実のものだった。

領土の不可侵についてはどうだろうか。戦争や紛争が今日でも完全になくならない以上各国はこれを主張するが，国境を越えて起こる人の国際移動(international migration)の量は，半世紀前の比ではない。またEU加盟の国々の多くの間では，例外はあるが国境検問が事実上なくなり，移動と滞在の自由，就労の自由も保障されている。東アジアにはそうした統合の動きはないが，日本が入国査証(ビザ)を免除している国は，韓国を含め世界で60カ国を超える。

経済，政治，社会，文化の変動が，国民国家という理念，そしてその枠組みを揺さぶり，変化させてきたとみることができる。

さらに視野に入れなければならない世界がある。従来の国民国家的な枠組みにとらわれた見方は，第三世界の国々をその視野の外に置いてきた。植民地支配を脱したこれらの国が，旧植民地時代にきわめて従属的な政治，経済，文化の状況を押し付けられ，国民国家的な内実を示していないからということもあったであろう。だが，これらの国々も，「中心」の資本主義国に影響をおよぼす国際的アクターとなっている。

2　トランスナショナル化と社会学的アプローチ

国家，国境を越える関係

トランスナショナルと形容される，国家，国境を越える社会現象は従来から種々存在していたが，気づかれないことが多かった。歴史経験や民族アイデンティティを異にする朝鮮半島出身者が，戦後50～60万人というオーダーで日本の中に暮らしていながら，日本人によって正面から認識されることは少なかった。日本式の通名の使用が多かったことが，単純にその理由とされてはならない[1]。また，経済活動の国際化，その他の理由から1980年代終わりにすでに60万人以上，そして今日では110万人以上の日本人が海外に滞在または居

---

1) 戦後日本の滞日朝鮮人への認識が一貫性を欠き，問題の直視を避け，責任を欠くものとなっていて，他方「単一民族」論の肯定が行われたことについては，宮島(2011c)で論じた。

住していて，日本－アメリカ，日本－ブラジルなど二つの世界を股にかけた生活をいとなむ人々もみられる。

じっさい，20世紀後半以降，国民国家を相対化するいくつかの変化が起こっている。その一つの過程は，前章でも触れたが，自治や連邦化のかたちで国家内で「非国家ネーション」の自立化が進んでいることにある(Smith 1981; Guibernau 1999)。国家の下方分化，または地域化などとも言われ，ケベック，カタルーニャ，ウェールズ，スコットランドなどの例があげられるが，ここではもう論じない。

条約を通してのトランスナショナル化

人の国際移動の増加は，これを受け入れる国家の側の必要からの入国や就労の規制の緩和による場合もあれば，条約による人道的義務としての受け入れによる場合もある。たとえば「難民の地位に関する条約」(1954年)に多くの国が参加している。一国家の中で政治的迫害を受け，現在その国外にある者が庇護を求めてきた場合，これに入国を認め，審査することは締約国の義務であり，そうした地位を与えられる難民申請者の数は，OECD諸国全体で36万人強となっている(2009年1年間)。一例にすぎないが，条約という国際規範が，国民国家体制を相対化していく一つの力となっている。他に国際人権規約A規約(1976年)や政府開発援助(ODA)関連の条約も，締約国に移民・外国人の人権保護，反貧困と開発のための援助義務を定めている。

S.サッセンは，これらの条約がつくりあげる「国際人権レジーム」が，しだいに国家の排他的な権能を掘りくずし，国家間の秩序を変えつつあるとみ(2004：91～92)，これを「トランスナショナル化」と呼ぶ。またアクターの面から，「国際化」との違いに言及するS.フェルトヴェクはこう書く。

> 国民的・国家的境界を越える性格の非国家的アクター間の持続的なつながりと継続的な交換があって，ビジネス，非政府レベルの諸組織，同じ利害・関心(宗教信仰，共通の文化的・地理的オリジンのような基準による)を共有する諸個人が言及されるとき，われわれは「トランスナショナルな実践および集団」として区別することができる。(Vertovec 2009: 3)

このような人権レジームの下でしだいに「脱領土化」が進むとして、では、なにが成員資格を決める中心的原理となるのか、それが議論すべく残されている(ベンハビブ 2006：10)。

もちろん、国家による成員の限定と保護という力を無視することはできない。先のような条約にしても、これを締結し遵守するのは依然として国家だからである。その意味で国際関係的アプローチや、国際社会学的アプローチが必要になる[2]。けれども、国家はそれらの条約を結ばない自由をもつともいえず、自らの主権を制限し、領土を開きやすくし、結果としてその成員の多文化化をも受け入れるから、国家の枠組みは絶対ではなくなる。国境と国籍が不連続をつくる要因としてもはや支配的ではなくなるトランスナショナル化した関係を社会学が研究するとき、複数の異なる社会、文化を視野に入れることが必要になる。

労働市場も変わる

たとえば労働市場を取り上げてみる。国内労働市場という言葉があるが、労働市場がモノエスニックである国は例外的で、欧米や、一部アジアの国々をみても、就業人口の数％から多い所では20％が外国人・移民で占められているのが現実である。国家による厳しい労働許可制度が布かれている国もあれば、そうでない国もある。難民の認定を受けた者には、原則として就労制限はない。EU内のように加盟諸国の間で入国・就労に事実上規制のない所では、トランスナショナル化が進んでいる。多くの国では、外国人に国家主権が制限を加えている分野(ある種の公務員)と、制限のゆるい分野・資格があり、滞在が長期化すると制限が緩和されるのが普通である。

方法的一国主義は妥当せず、研究では二国間の経済格差としばしば二国の雇用状況の分析を欠くことができず、労働移動のプロセスを問題にするならば、国際的な情報や移動の組織化のネットワークも分析しなければならない。日本

---

2) 「国際的」(international)というタームは国家と国家の関係が存在することを前提としている。国家の規制がいちじるしく弱まっている関係や、一国家内での民族間関係にこの言葉をあてるのは適切ではなく、トランスナショナル、多文化というタームが必要となる。

国内で就労が自由である日系ブラジル人のその就労の実態を分析した丹野清人は，「越境する雇用システム」として，トランスナショナル・アプローチを適用している(丹野 2007)。

一方，移民の出自をもちながらも，すでに定住し市民権も認められているような人々となると，国際関係的分析は従となり，社会・文化的なトランスナショナル・アプローチが主になってくる。S.ウォルマンの『ロンドンの8つの家庭』(邦訳『家庭の三つの資源』)は，ことさらに「移民」などという言葉を使わずに，西インド諸島出身のロンドン・インナーシティの住民の生活行動と経験を記述している。かれ／彼女らは地域，職業，親族，教会など多様なアイデンティフィケーションの対象をもっている。たとえばIの家族はかなり広いエスニック社会のネットワークをもっていて，属する教会ではカリブ系の人々との関係を大切にしている。だが，その関係には政治的な意味はほとんどなく，国際的な関係もかかわってこない(1996：174 以下)。

3　貧困と発展——二つの世界の関係

さまざまな状況にある途上国

アジア，アフリカ，中南米等の発展途上諸国の状況は一様ではない。表1をみられたい。なかには一人当GDPでは低くとも欧米諸国と競い合うような工業生産力をもつ国があり，また，GDPの一応の水準に達しているかにみえて，その何割かを海外送金(レミッタンス)に依存しているような国もある。だが，これらの国も，製品市場，"工場輸出"先，双方向的労働移動[3]，結婚移動などを通じて欧米・日本などと常時結びつきをもつようになっている。

経済的にみれば，地域間の不均等発展はまったく隠れもない事実である。輸入代替的工業化に成功し，さらに経済発展のはずみをつけて「準中心」国にまで達している国もある。その植民地からの独立→国家建設の過程で，工業化に失敗し，離陸がかなわず，資源や原材料の供給にとどまっている国はそれ以上

---

[3]　周辺国から中心国へのより高賃金を求めての移動，中心国からはより低廉な労働力を求めての資本の移動に伴う管理的職員や技術者の移動がある。日本の海外在留邦人の最近の増加は後者の例である。

表1 人口・経済指標からみた世界の主要国(調査年は2004~08年で国により異なる)

国 名	年間人口増加率(%)	一人当GDP(米ドル)	失業率(%)	産業別雇用(男子:%)		
				カテゴリA	カテゴリB	カテゴリC
アルジェリア	1.8	4,959	13.8	22.4	22.4	55.2
ケニア	2.7	783				
アメリカ	0.9	45,230	5.8	3.1	27.3	69.6
ブラジル	1.1	8,311		22.1	27.2	50.7
バングラデシュ	1.4	494	4.3	41.9	14.8	43.3
中 国		3,292	4.2	25.8	38.5	35.7
韓 国	0.3	19,296	3.2	6.8	32.7	60.7
日 本	0.0	38,578	4.0	4.3	34.1	61.6
フィリピン	2.0	1,866	7.4	43.6	16.3	40.1
タ イ	0.8	4,187	1.2	44.5	20.1	35.4
ドイツ	0.1	44,363	7.5	3.2	39.4	57.4
フランス	0.6	44,675	7.4	4.2	32.4	63.4

カテゴリA:農林漁業,鉱業 カテゴリB:製造業,建設業 カテゴリC:その他

に多い。雇用創出が進まないなか,人口の急増によって高失業,貧困化に拍車がかかっている国もある。以上は経済的・人口学的側面からみた問題であり,いちいち該当国をあげないが,表1を通じてそれをうかがうことができよう(国際連合2011その他)。

社会学的問題——ジェンダー,人の移動

ここで注目すべき社会学的な問題は何なのだろうか。たとえばジェンダーの問題として,自由がなく,家族や男性に従属し,教育の機会も阻まれている低開発国の女性の問題がある。国連開発計画(UNDP)のアジア地域に関する報告書によれば,ジェンダー的不平等を如実に表す「失われた女性」(missing women)[4]は,1億人に近い数に達するとされる。A.センやM.ヌスバウムらが強調してきたように,女性の潜在的能力を実現するための研究やプロジェクトはこの意味で,近年ひじょうに重要になっている。

一方,国際的に重要な現象は,すでに述べてきた人の移動であろう。途上国では,高出生率と,生産性の低い農村からのより多くの収入を求めての向都人口が急激な都市化をうながしていて,メキシコシティ(約1820万人),ムンバ

---

[4] 「失われた女性」とは,性選別による中絶,育児放棄,保健や栄養状態の不平等などによって生まれてこなかった,あるいは命を落としたと推定される女性を指す(佐野2012:241)。

イ(約1200万人),カラチ(約930万人)のような巨大都市が生まれている。欧米にみられた都市化とは性質を異にし,都市に雇用があってそれが人々を引き寄せるわけではないから,人々は不安定な就労と劣悪な居住条件の下で都市に滞留することになる(小島・幡谷1995)。その都市に集まる人口のなかから,次には国外移民が募られていく。移民の海外への送り出しをほとんど国策にしている国々もあり,人口問題対策と送金によるGDPへの付加がねらいであるとされる。フィリピンのように約900万人(国民の約1割)が海外にある場合,その送金(GDPの10%)は国家財政上も欠くことができないものとなる。

 ただし,ホスト国との関係はつねに良好とはかぎらない。受け入れの資格,条件を決定するのはつねに「中心」の側であって,「周辺」の途上国の移動者はこれを選ぶことができない。たとえば,海外に生きるフィリピン人については,20%が非正規滞在者であるといわれ,安い賃金で働くなど搾取を受けているとみられる。特に女性が高い比率を占める家事労働者(メイド),介護労働者,エンターテイナーになると,弱い立場に置かれ,低賃金であるばかりか,人権にもとるあつかいを受けることがある。アジアの女性労働者の移動過程を分析したV. ウィーとA. シムは,どこに就労するのか知らされず移動したり,外から監視が利かない個々の家庭に住み込みで働くなど,さまざまな不可視性のなかにあり,彼女らはさまざまな意味での「弱者性」を帯びているとする(Wee and Sim 2005: 171～172)。日本でもアジア人女性の「興行」の資格での受け入れは問題化し,国際的批判を浴びたことは,すでに述べた。

 なお,途上国から海外へ,特に欧米等へ移動することを決断する行為者を社会学的にとらえる際,経済的動機のみをみるのは,ことを単純化するものである。かれ／彼女たちの自国での経験は単に貧しさだけではなく,自由の欠如,自己実現の困難(高等教育を受けてもそれを活かす道がない),さらに女性であればより厳しいジェンダー差別などがあり,そのため解放と自己実現を求めて移動を試みる動機づけも軽視できないと思われる[5]。社会学的には重要な点で

---

5) たとえばシンガポールに主に家事労働者として滞在する外国人女性への移動の動機についての意識調査では,ほとんどの女性が「海外の高賃金」を理由にあげてはいるが,40%以上が「旅と冒険のチャンス」をあげているのである(Huang and Yeoh 1996)。「稼ぐ」という動機以外のものがあることがうかがわれる。

図1　国際結婚件数(日本)

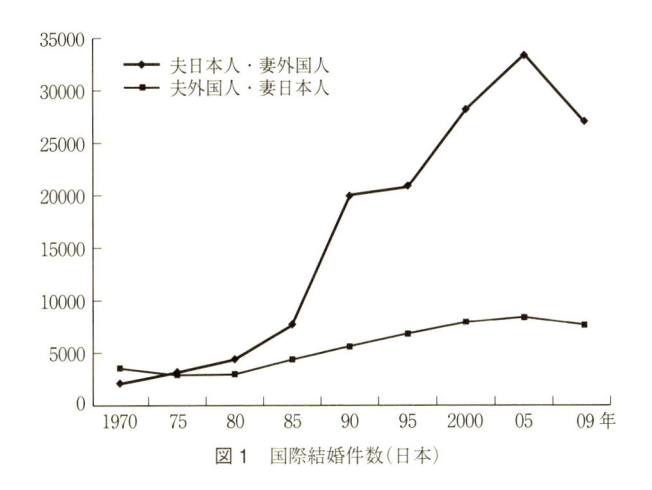

ある。移動者の主観的意味づけに着目する行為論的な考察も必要であり，であればこそ，ホスト国での人権侵害は，かれ／彼女らに深刻な問題として経験される。

国際化する家族形成

さらに途上国との関係で重視されるようになってきたのは，先進国の観点から「家族の国際化」と呼ばれる人的つながりである。言い換えれば，「国際結婚」による人の移動である。日本ばかりでなく韓国や台湾も同じ経験をしているが，図1が示すように，日本人の男性が外国人の女性を妻とする結婚が1980年代半ばから急激に増加し，2009年には日本人の婚姻の4.9％が国際結婚となり，その78％が日本人男性＋外国人女性の型で占められるようになる（国立社会保障・人口問題研究所2011）。来日する女性配偶者は，中国，フィリピン，韓国・朝鮮[6]，タイとなっている。こうして，発展途上諸社会の問題は日本にとって外的なそれであることをやめ，一部内在化するようになった。

このタイプの結婚自体は，上記のアジアの国々および欧米諸社会にも共通する，ジェンダー問題とも関連した男性の結婚困難，および貧しさゆえに先進社会の男性との結婚を望む途上国女性の行動と関連して，生み出されるものとい

---

6) 韓国は発展途上国ではない上，統計上日本人との「国際結婚」であっても，在日コリアンとの婚姻が多く，それらの結婚はここで論じているタイプに属しているとはいえない。

え，業者仲介が大きな役割を果たす。外国人妻はたいてい母国の家族への定期的送金を欠かせず，その経済的依存は，家族内では権力関係に置き換えられる恐れがあり，夫や夫の属する親族関係に妻が従属させられるケースは少なくない。また，コミュニケーションの困難や，双方の期待の食い違いから離婚や別居も起こりやすいことはすでに指摘した。両性がともに共同生活を構築するという結婚にも，中心－周辺の支配と従属の関係は影を落とす。

ただし，これを「ハイパーガミー」とのみみるのは，結婚の成立を経済格差に還元するステレオタイプの解釈となろう。ここでも，男性と配偶者女性の出会い方は多様であろうし，行為者たちの内なる動機に目を向ければ，経済的動機には尽くせない，配偶者選択における「主体性」も浮かび上がってくるという主張もある(佐竹 2011：260)。

4　グローバリゼーション，世界社会，ローカル社会

グローバリゼーションとその促進要因

グローバリゼーション(globalization)という言葉は今日きわめて頻繁に使われるが，「地球規模における相互依存の成立・深化」(正村 2009：3)という巨視的な意味で使うなら，世界史的には，「地理上の発見」から新大陸貿易の開始の時期がその端緒であろうし，E. ウォーラスティンの主張する「世界システム」の成立も，この時期のことである。またギデンズが「モダニティ」(近代)と呼び，17世紀以降のヨーロッパに出現し世界に広がっていった社会生活の型と述べたもの(1993：13)とも符合するだろう。

しかし，ここではより限定的にこの言葉を理解し，特に1990年代以降に顕著になった社会生活の再編成を理解するカギとしたい。すなわち，情報技術(IT，情報処理，衛星通信技術など)の発達とその使用の低廉化，市場経済の世界化，国民国家の相対化などによって生じた資本，商品，サービス，人の国境を越える大量の移動，およびそれによる社会，政治，経済の変化をグローバリゼーションと呼びたい。とするならば，次のような比較的最近の日付をもつ出来事が前提となろう。

- 1989年の「ベルリンの壁崩壊」後に起こった社会主義経済の消滅(ただしこれは東アジアには完全に及んでいない)と、その後に進む市場経済の世界化。
- 1990年代に可能となるインターネット技術や衛星放送による情報の高速化、大量化。次いで世界各国の言語へのアジャストメントなど、そのナショナル化[7]。
- 前節でも触れた国民国家の相対化(EUの誕生のインパクト、条約など国際規範の成立、人の移動のレジームの広がりなど)。
- WTO(世界貿易機関)の成立(1995年)など、貿易自由化推進の運動、経済への公的規制の緩和。

　この一連の変化を、生活の利便性という点から肯定的に評価することは可能だろう。比較的低価格で高速のインターネット通信が世界中のだれとでも可能になり、地球の裏側で起こっているニュースやイベントでも同時に映像で観ることができる。ビジネスに携わる人々は、旧社会主義圏の国々との接触・交渉の際にぶつかったような非経済的障壁がなくなったことに安堵し、コスト減をみているかもしれない。あるいは、ビザ免除や国境検問廃止(EU内など)により、旅行者は移動の容易さを楽しんでいるかもしれない。

不均等，不平等

　しかし他方では、次のような問題を解決しなければならないという指摘もある。高度情報の機器や技術にはだれでも容易にアクセスできるとは限らず、「デジタル・ディバイド」(情報利用能力格差)といわれる格差が、世代、階層によって、また発展途上社会で広がっている。また、アメリカニゼーションの支配といわれるように、英語支配、食生活や映画などへのアメリカ的なものの浸透がしばしば反発を呼んでいる。そして最も大きな不安は、経済活動や雇用の面で国家の規制の緩和が進むことにより国境を越えての企業間の競争や、労働

---

[7] IT化は基本的にアメリカン・スタンダードで進められ、いわゆるコンピューター上のメッセージ言語は英語だった。しかし、これが世界の各国語に置き換えられ表示されることではじめて、90年代後半利用層を急速に拡大した。このことは、グローバル化が単純にトランスナショナル化なのではなく、ナショナル化、ローカル化への適応を不可欠としていたことを物語る。

市場の開放が進むなら,ある人々はそこで不利な条件に置かれるのではないか,という点であろう。

　グローバリゼーションの不均等ということがいわれるが,ウルリヒ・ベック(2005：24)によれば,多国籍ならぬ「超国籍」企業は,政治や法の掣肘から逃れて,行動の自由を獲得し,資本を自由に移動させることができるが,中小企業はその位置する社会のなかに雇用をつくり,維持しているため,経営は脅かされている。また個人化が進み,凝集性の高かった社会集団(かつては労働組合などに担われていた)も抵抗力を奪われている。そうしたなかで雇用の不安は進まざるをえない,と。

　日本ではもともと正規雇用と非正規雇用の待遇差が大きいが,そのため競争の厳しさを理由に正規雇用を非正規雇用に切り替える企業が増えた。くわえて,経済界からの要求で労働者派遣法が制定され,製造業への派遣まで解禁されたため,その結果は全雇用の三分の一が非正規雇用という状況(2008年)に立ちいたっている。

　一方,「周辺」,つまり発展途上または未開発社会で起こっていることは,いっそうの分極化といってよいかもしれない。「中心」資本主義国への移住を試みることによって豊かさを得ようとする者,また安価で豊富な労働力を利用することを目指して行われる「中心」からの投資によって雇用に就く者もいる。他方,援助・投資は限られていて,その限られた援助が非民主的権力によって私化される場合(「開発独裁」とも呼ばれる)どうなるだろうか。一般の民衆は,豊かな「中心」への移動を望みながらその道も容易に開かれず,一日一ドルの生活も確保できないような地域もある。特にサハラ以南アフリカ諸国ではそのような地域が多い(ブリンクボイマー 2010)。

グローバル化への対抗

　こうしたグローバリゼーションのある側面は,不可逆の過程を示している。生活の利便性に資するという点にはすでに触れたが,国家主権の相対化が普遍的な人権や文化的多様性に開かれたシステムをつくりだす可能性を示している。しかしボーダレスな競争の生み出す格差,そして保護を奪われた貧困層については,グローバリゼーションの避けられぬ帰結とみるべきなのだろうか。必ず

しもそうではない。ヨーロッパでは，オランダが代表であるように，ワークシェアリングとワーク・ライフバランスの実現のために，フルタイムとパートタイムの待遇差をなくす協定に達した国もある。パートの増加を容認する労働法規の緩和がけっきょくは労働者の貧しさを生み，社会の活力を殺ぐことを認識している西欧諸国は，さまざまな規制を工夫している(熊沢 2007：137)。

　それにしても，かつて個人を保護し利益を守ってくれた共同体や組織(家族と労組をあげたい)が弱まり，個人は，自由ではあるが不確かなリスクに面しているという感情をまぬがれない。ベックとベック-ゲルンスハイムは「個人化」と「心もとない自由」を現代の人々の経験としてあげる(Beck and Beck-Gernsheim 2002)。それだけに，現実的に考えるとき，グローバリゼーションへの流れに委ねることのできない，二つの守るべきシステムがあるとみなければならない。

　一つは，各国家のなかで実現してきた参加民主主義の制度であり，これを超国家のグローバル空間のなかで実現することは——まさに EU が困難に直面しているように——不可能に近い。国単位あるいは地域単位の参政権に外国人，移民などの参加をも保障していくことは必要であり，そうした改革はヨーロッパでも行われている。だが，超国家の共同体のなかに参加デモクラシーの回路をつくることは，いまのところは夢想に近い。

　いま一つは，福祉国家の体制を維持するうえで現在の国家以外の枠組みがはたしてありうるかという問いに関わる。福祉サービスの民営化は一部進んでいるが，公的な社会保障制度の重要性は他に替えがたく，その意味で国家という枠組みの存在は欠かせない。事実として，EU その他の国際組織でこれを代替しえている例はない。生活の安定と保障という点ではさしあたり選択の余地なく国家への期待は大きいのである。グローバリゼーションが進むなか，福祉国家の基盤が掘りくずされるとすれば，看過できない。

文化の画一化に対して

　グローバル化の社会文化的側面はとかく軽視されがちだが，無視されるべきではない。経験的にみると都市文化，メディア，消費生活などに見てとれるのは，画一化と多文化的特殊化という一見相対立する両面ではなかろうか。そし

て，両者の関係はまさに，一方が他方を生み，他方にも一方の要素が反映するという意味で弁証法的ということになる。アメリカン・スタンダードとしてファストフードのチェーン店がニューヨークでも，パリでも，上海でも同じスタイルで展開されるようになっていて，進んで利用する市民もいるが，「われわれの固有の料理文化を蚕食するもの」と反発し，その国固有の料理の価値を見直す「スローフード」の運動を支持する人々もいる。グローバル化に対するナショナルあるいはローカルの対置といえよう。

しかし，そのローカルも，自らを主張するための世界的な伝達や宣伝，連携の手段をもとうとするという点では，グローバリゼーションの申し子といえなくはない[8]。

「ローカル化」の意味

日本では現在のところまだそれだけの反グローバリゼーションの意思表明はみられないが，欧米では，機能的で普遍的で世俗的な文化(もしくは非文化)の拡大に対し，自らアイデンティティの要求に応えてくれるもの，身近に感じられるローカルなものが重視される動きがある。その一つは，「ローカルな文化的アイデンティティの復興」(ギデンズ 2001：33)である。過去四半世紀来，イギリスのなかのウェールズの住民が言語など民族的なものに強く傾斜したり，スペイン，フランスのバスク系住民がバスク語の学校(イカシトラ)に子どもを送ったりする行為にそれが現れている。

いま一つは，宗教の活性化であろう。平板な没倫理の世俗化世界が広がっていくことを「神なき理性の支配」，アノミーととらえるところからの，民衆の反発といえようか。ジル・ケペルのいう『神の復讐』(邦訳『宗教の復讐』)などは，そうした文脈で理解してもよいと思われる(ケペル 1992：23)。キリスト教系の宗教保守主義の台頭もそれだろうが，他に，移民を主な担い手とするイスラームの可視化にも，そうした性格を読みとることができる。反グローバル化とまでいえるかどうかは留保したいが，「世俗的で機能的で個人の孤立を強いる異郷ヨーロッパの大都市のなかで，そのグローバル化された世界に抗しながら生

---

8) コミュニケーション手段として英語の併用，EU の地域委員会への各国の地域代表の参加，他国での現地事務所の設置，など。

きるために，維持しようとするアイデンティティの問題」(宮島 2011b)として理解されうる面はあろう。グローバル化は，逆説的ながら，対抗文化を生みだし，ローカルで特殊性をおびた文化の活性化をうながすかもしれない。

自省的な主体の可能性

欧米，日本など「先進諸社会」行為主体についてはペシミスティックな考察がある。社会的セメントは脆さを露呈するようになり，社会は集合的な自己意識を失いつつあって，それゆえに重要な争点に対して反応をリードし，組織する主体も，その場ももちえないかのようにみえる。たしかに人々の集合行動を生む基盤となっていた階級あるいは階級意識の弱体化，また脱工業化によって西欧諸国でも日本でも労働組合の組織力の低下が生じている。

しかし，ベックほか，さまざまな社会学者が指摘する個人主義化は，人々がばらばらの個人へと解体してしまう原子化，孤立化なのだろうか。

それに対しスコット・ラッシュは，むしろ「単純的」近代化の行き着いた官僚制国家の非人格性に対するリフレクシヴな反応として新たな行為が登場しているのではないか，と考える(1997：211)。その表れとしては，たとえば，受益者中心の共同生産が必要であることをよく理解し，既存福祉制度に代わる市民によるエンパワーメントを唱えていく動きがある。また地域中心の脱物質的な関心に根ざした運動もある。再帰的(自省的)モダニティはこうした新しさを示しているのではないか，と。

ベックも，現代のグローバリゼーションの下で生み出される個人主義化の意識の一つの様相を，「コスモポリタン化」と呼び，これに注目した(2002)。コスモポリタン化は国民社会の内部からの再編成であるとともに，日常的な意識とアイデンティティの転換を意味するものであり，自らの生活のなかに位置を占めるようになった複数の文化と複数の合理性の「衝突」を意識しながら，「対話的な想像力」によって内省し，理解に努め，結合していくはたらきであるとしている(同 14〜15)。多文化化，多民族化の進む現代の状況を踏まえた上での，新たな可能性の議論だといえよう。

これらの行為は，自らその振る舞いをモニターし制御し，他者との対話と調整をはかりながら続けていくもので，自省的な行為の特徴を示す。既定の規則

モデルのないところに，新たな規則の道を行為を通して見出すものでもあろう。

自省性の格差

けれども，再言すると，グローバル化を軸とする現代の社会変動がきわめて不均等に社会成員の上に作用していることも冷厳な事実である。行為を成りたたせるものとしての資源に目を向けるとき，「格差」の問題に逢着せざるをえない。このこともベックやラッシュは見逃してはいない。

現代社会を「リスク社会」ともとらえるベックは，その一つの局面を「失業の社会構造化」にもみている。それは，特定階級を超えて社会の広い範囲に発生する傾向であり，個人化されてもいるが，なかには人種，肌の色，エスニシティ，年齢など所与属性によっていっそう高い割合で不平等をこうむっている層もある(ベック 1998：173 以下)。事実，西欧諸社会では，非ヨーロッパ系の移民は，平均して半熟練のレベルにあり，しかも人種主義的な差別を受けやすく，これに抵抗する力となってきた労組も弱体化し高い失業率や貧困率を示している。かれらが自立的行為者として現れることには当然困難があるだろう。

ラッシュは，自省性との関係により焦点をあてている。行為者がそのなかに位置していて自省的であることが可能な場もあれば，これが不可能である場もあることを知らなければならない。たとえばソフトウェア開発やビジネスサービスなどの先端のセクターにおける従事者には自省的な行為者が増しているが，何百万人と生み出されている「ジャンク・ジョブ」の従事者，たとえば縫製労働者や「マクドナルド・プロレタリアート」には果たしてそうした可能性があるのだろうか，と(ラッシュ 1997：223)。所属社会の正規メンバーとは認められず，情報へのアクセスも困難で，経済的に弱者であるような諸個人は，労働をはじめとするその行為において，どれだけイニシアティヴを発揮でき，創意革新，創造の行為がとれるのか。

5 地球的規模の問題と課題

反公害から環境的公正へ

「中心」の先進的資本主義国が競ってその生産力を高め，エネルギーを大量

消費し，次いで「準中心」のなかからも製造業でいちじるしい発展をとげる国が生まれ，他方に，発展がままならず，資源や原料の供給国として乱開発，乱伐をこうむっている国がある。労働力の移出によってかろうじて存立を図っている国もある。これが戦後半世紀の世界の経済の不均等発展の構図だった。

日本では高度経済成長が進行し，生産力第一主義が押し出された結果，産業公害による健康被害等が深刻化した。「四大公害訴訟」[9]をきっかけに反公害の住民運動と認識が広がり，ようやく1970年代には公害対策が講じられるようになる。これはその後に展開される諸種の住民運動のはしりとしても，重要であった(飯島1993:107)。国民への意識調査でも，「モノの豊かさ以外の豊かさが大切」といった選択肢への回答が高くなる。しかしそれも一国としての取り組みと意識変化にすぎないという観があった。

なお，欧米では，日本の産業公害のような例は少ないとみられてきたが，1980年代から局地的な汚染や廃棄物被害が知られるようになり，「環境的公正」(environmental justice)の主張とともに問題とされるようになった(Bullard 2005)。これは，劣悪な環境がとかく民族・人種，社会・経済的条件などからみて弱者(マイノリティ)である人々の居住地域に集中しがちだという事実を認識し，これを不公正とみなすもので，黒人，ヒスパニック，先住民(インディアン)などの居住地と，有害廃棄物によると推定されるガン多発とが符合していることなどを明らかにした。多国籍の黒人など有色民(people of color)の代表たちが1991年にワシントンDCに集い，「環境的公正」宣言ともいうべき17カ条の文書を採択している[10]。その後のアメリカでは「大統領令」をもって，環境的公正を，企業が操業を開始しようとするとき考慮しなければならない条件の一つと定めている。

日本では，欧米的意味でのマイノリティ地域ではないが，一般に過疎や低所得に悩む周辺の地域に廃棄物被害がみられる。また，原子力発電所およびその

---

9) 熊本水俣病，富山イタイイタイ病，四日市喘息，新潟水俣病がそれである。それ以外にも深刻な被害から訴訟が提起された例は多く，川崎喘息や安中カドミウム公害などがあげられる。

10) その宣言「環境的公正の諸原理」(Principles of Environmental Justice)は，マイノリティの立場からの差別の糾弾にとどまらず，公正の原理による補償と，地球上の全人類にとっての環境保全の必要，後続世代への責任を説いている点で，ブルントラント委員会報告書の影響を明白にしていた(Bullard 2005: 299〜301)。

核燃料の再処理施設や，使用済み燃料の貯蔵所などが配置され，その地の出身の労働者が放射能汚染の危険を冒しつつ作業に従事していることは，現実にみるとおりである。

一国主義的発展から地球規模の連帯へ

地球環境問題はより最近に浮上してきた。画期をなしたといわれるハマーショルド財団の『もう一つの発展』(1977年)，さらに国連の「環境と開発に関する世界委員会」(通称「ブルントラント委員会」)の『われわれの共通の未来』(1987年)の両報告書が，第二次大戦後の経済発展に対する反省をうながし，物質的豊かさのみならず，精神の豊かさも大切であるとし，自立的な発展，環境保護の必要を訴えた。特にブルントラント委員会報告は，地球規模で進む過剰開発，資源費消，環境悪化が未来に，再生不能状態をつくりだすのではないかとする懸念を公にし，「持続可能な開発」(sustainable development)という考え方を打ち出している。ここでは，現に生き，生活している人々が最大限のニーズを充足しようとするのではなく，むしろ未来の世代のために節度ある充足，そのための節度ある開発を目指すべきだとし，世代的連帯の考え方を押し出している。しかし，もちろん「周辺」の国々の資源，自然環境の保全の必要を訴える国際連帯の観念も含まれていた。

重化学工業中心の生産大国となった日本が，国内で深刻な公害の問題を引き起こしたことはすでに述べたが，その一国主義的な発展の追求は，一部で「公害輸出」と呼ばれるような海外進出をも結果している。銅精錬，セメント生産，鉄の焼結工場などの東南アジア諸国への転移がそれである。また一国主義が，国外でどのような資源，原料の獲得にはしっているか，ほどなくしてその反省も登場する。身近な問題に目を向けて，何千万人という日本人の高級な品と味への志向が，アジアの農民たちを組織化し動員し，農業や流通のあり方を支配している事実を問いかけた鶴見良行の『バナナと日本人』(1982年)は画期的だった。これに続いては，日本が海外からの獲得に血道をあげる魚類や海産物についても問題提起が行われてきた(村井 1988 など)。対象となるアジア，アフリカの国々に対し，日本は「持続可能な」開発のための十分な配慮をしているとはいえない。

「まったなし」の地球規模の課題として，貧困問題と地球環境問題があることはいうまでもない。今後の人口増加が，「周辺」の貧しい国々を中心として起こり，2025年に世界の総人口が80億人を超えるときには，食糧生産の不足のような問題も伴うかもしれない。アフリカなど「周辺」の国々が少しでも内発的発展に転じうるように，技術移転や人間開発が効果をもつ援助の仕方が必要となる。だが，ODA（政府開発援助）の改善でそれが果たして可能になるか。大きな潜在的発展可能性をもつといわれながら被援助国にとどまっているブラジル，インド，中国が自立可能な国となり，最貧の国々に援助を提供できるようになることも重要な要件となるだろう。

表2 燃料燃焼による二酸化炭素排出量（100万 t）

国	1990年	2000年	2007年
中 国	2211	3037.8	6027.9
アメリカ	4863.3	5693	5769.3
ロシア	2179.9	1523.8	1587.4
インド	589.3	976.4	1324
日 本	1065.3	1181.4	1236.3
ドイツ	950.4	827.1	798.4
カナダ	432.3	532.8	572.9
イギリス	553	525.6	523

OECD, *Environmental Data Compendium, 2006/07*

削減義務をどのように共に果たすか

1990年代に，未来の地球温暖化に警鐘を鳴らし，温室効果ガス（二酸化炭素，メタンなど）の排出が問題とされるようになって以来，地球上のすべての国の排出削減への努力が唱えられてきた。しかし現在の最大の排出国の一つであるアメリカは，京都議定書（1997年）[11]に署名のみで批准を拒否しており，国際公約である削減義務も受け入れていない。その他，経済的利害をタテに消極的な国，発展途上にあり，自らの発展のために足かせとなる削減義務を受け入れたくない国もあり，経済不況時には各国とも消極的となり，各国の協調はむずかしい。

表2が示しているのは，前世紀まではまだアメリカから距離を空けられていた中国，日本の下位にあったインドが，それぞれ"排出大国"になってきたことである。両国がめざましい経済成長をとげたことは周知の通りである。他方，

---

[11] 第3回気候変動枠組み条約締約国会議（京都市開催）において採択された議案で，先進国は温室効果ガス6種の合計排出量を2008〜12年までに1990年比で少なくとも5%削減する義務を負うとする。中国，インドなど多くの途上国は同議定書で数値的な削減義務を負っていない。

アメリカ，ロシア，日本，EU 諸国は，経済不況の局面にたびたび立たされてきたことにもよるが，排出を抑える努力もあってか，量としては微増か横ばいの状態にある。

　地球温暖化の直接被害を受けやすい国には，低開発国が多い。排出量の多い国々が削減義務を受け入れることが決定的に重要であり，京都議定書の延長という事態は避けられねばならない。途上，あるいは「準中心」にある国々が削減義務を受け入れやすくするには，排出削減のための技術をもつ「中心」の国々の技術の供与などの援助がどうしても必要になってくる。

あとがきと謝辞

　社会学は，他のいくつかの社会科学に比べ，年若いディシプリンであり，本書中でも書いたようにせいぜい1世紀半程度の歴史しかもたない。そのためばかりとはいえまいが，方法，アプローチ，対象の考え方は多様で，スタンダードが確立しているとはいえない。また「近代科学」だという強いアイデンティティをもつため，テンポの速い社会変動に対応した概念，枠組みを用意しなければならないとする一種強迫観念さえもつ傾向がある。そこに社会学の魅力をみる向きも多いが，見方によっては，変化する社会現象に振り回されやすい科学という評にもなる。

　行為者，関係，相互行為，文化に主に焦点を当てることに社会学の方法的特徴が求められる以上，行為の意味の理解または説明という作業がきわめて重要な意味をもつ。ただし，その理解，説明は，単体の個人行為者にのみ向けられるのではなく，相互行為と社会関係，社会的イシューのなかで人々に共有される意味も重要であり，社会学が真に明らかにすべきは後者かもしれない。デュルケム，マックス・ウェーバー，シュッツ，ゴフマンなどの残してきた理解の社会学の成果は重要である。ブルデューやギデンズにみるそれぞれハビトゥスの社会学，自省性の社会学も，この流れを独特のかたちで引き継いでいる。

　では，どのような社会的事象や問題を重要と考え，研究の主題を設定していくかとなると，これは時代により，位置する社会的局面により，研究者の問題意識により異なってくる。私個人の場合を振り返ると，研究者として駆け出しだった1960年代は，高度経済成長の始まりの時期にあり，「豊かな社会」のバラ色像を描こうとする試みが早くも現れてはいたが(池田勇人内閣の「所得倍増」計画など)，落差の大きい現実もあった。筑豊をはじめとし各地で炭鉱の閉山が相次ぎ，多くの離職者(失業鉱夫)を生んでいた。また産業公害の健康被害が深刻化し，住民の声が起こりつつあった。大学院生の頃，公害調査の社会学グループに加えてもらい，喘息患者が多発する石油化学コンビナートの町，

四日市市の臨海地区で住民，労組員のインタビューに歩いたのが忘れられない。「企業城下町」といわれる，パターナリスティックな支配メカニズムを含んだ地域権力構造(CPS)が到るところに認められ，公害被害者住民もその支配から自由ではなかった。四日市市の場合もそうだった。

　これらの現実に対し，近代日本の社会科学に重要な位置を占めてきたマルクス主義は不可欠の分析用具を提供していた。が，同時に，「マルクスとウェーバー」という言葉の下，伝統的な社会関係と人間的状況の"近代化"への視点と相補的でなければならないという主張もあり，多くの研究者はこれに惹かれた。じっさい，社会関係の近代化，内面的尊厳の倫理を備えた自立した住民，市民の形成という課題は，かれらの関心を，「呪術からの解放」，倫理的合理化を唱えるウェーバーに向かわせた。

　私の場合，その流れに共鳴しながらも，デュルケムのアノミーの理論を資本主義的産業化の変動期の一種の疎外された意識——他律化する欲望——の解明に適用することにより，その理論的意義を取り出すことにつとめていて(「現代社会とアノミー」『社会学評論』19-2, 1968年)，私流ながら，「マルクスとデュルケム」という視点に立っていた。

　一方，60年代はタルコット・パーソンズが流行のごとく読まれた時期でもある。日本でも経済成長の進行は近代主義の受容の基盤を準備したのか，大学院ゼミでも研究会でもパーソンズが論じられることは多かった。私は『社会的行為の構造』(1937年)が，ウェーバー，デュルケムなどヨーロッパの行為理論にもとづき，功利主義的な行為観を批判しながら行為の規範的(ノーマティヴ)な志向に光をあてようとした点に注目しつつ読んだが，『社会体系論』(1951年)となると，両義的に感じられた。近代社会のモデル的(典型的)な把握として，相互依存的なシステムによる自己適応のありようを記述し，伝統的なものから近代的なものへという改革者的な見方から「普遍主義」「自己志向」「感情中立性」「限定性」といった行為ないし制度機能の型の優越を強調したことは，意義なしとしなかった。だが，機能主義の観点からのAGILの四機能図式は，その前提からして，政治権力の支配の問題や，経済的支配(搾取)の問題に接近するすべを与えてくれない。

　60年代後半，アメリカ社会の危機(人種平等の運動，ベトナム戦争の挫折，

学生運動,等々)のなかでパーソンズ離れが起こり,むしろ批判理論(しばしばマルクス主義に親近性をもつ)に人々が惹かれるのは,当然だと感じられた。

　石油危機から高度経済成長の終焉へ,これは1970年代の世界的な転換を意味した。D.ベルの『脱工業社会の到来』の刊行(1973年)と時期的にも重なるが,工業生産力第一主義からの価値の転換がさまざまな面に現れた。社会学的には,生活の質,環境問題,トゥレーヌのいう「新しい社会運動」などが研究者の関心をとらえるにいたったが,私の場合,一定の豊かさのなかで登場する「中間層」のゆくえが関心の焦点にあった。ジャーナリズムは「総中流化社会」のような言説をつくりだしたが,私としては,J.ゴールドソープの『豊かな労働者』シリーズなどを手がかりにし,日本の該当層のライフスタイルと社会意識の検討を行い,疑問を提示した。ライフスタイルにおいて長時間の職場拘束下にありながら,意識の上で,公的なイシューから退き,私化が進むという特徴を呈していて,その問題点を『現代社会意識論』(日本評論社,1983年)のなかで論じたのである。

　ところで,現実の解明の理論として,この70年代から私がひそかに関心を向けていたのは,言葉の上ではどう表現してもよいが,再生産(reproduction)の理論である。この考え方は,本書でも重視している。純理論的にこれに関心を抱いたわけではなく,近代社会が解消しえず,むしろ維持・再生産しているある不平等を認識することを通して,である。70年代初め,「五月革命」後の議論が活発な時期に,私はフランスで勉学と研究の機会を与えられた。無償の公教育が確立していて教育達成,地位獲得の平等が実現されているかにみえる同社会で,「学校的成功」にはなはだしい階層差がある実際を知り,子ども,生徒たちの実践(pratique)もそれに関係していることを教えられた。イギリスのB.バーンスティンの理論もこの頃に知った。再生産理論,それは,自省性を重視する行為の理論,資源の動員の理論,構造化と変動の理論などを含む総合的なもので,主にブルデューとギデンズを通じて,これらを受け止めることとなった。

　再生産は,三つほどの意味で解されうる。あらゆる社会的行為,社会現象はおよそ無からは生じえず,先行状態に条件づけられているという意味で。また行為者に注目すると,いかに個人的,先天的とみえようとも当人の行為性向は,

かれの置かれてきた環境からの習得の所産(それが「資本」化されるとブルデューらは論じた)であるという意味で。そして,この行為の再生産においては変換および,獲得した若干の規則から状況に応じた多数の規則を生みだしていく生成的(generative)な編成がはたらくという意味において。したがって,本書で重視した行為論的アプローチおよび自省性に媒介された構造変動という考え方にとって,再生産の視点は欠かせない。ブルデューらが論証したように,親から子へとパフォーマンスが類似したかたちで維持されるという,結果の再生産が重要である場合でも,それが生じる過程の理解のうえで上記の変換と再編成はなんらかの役割をはたす。のち,その実証も試み,藤田英典氏らと,学生を対象に世代間の文化的再生産を検証する調査を実施した(『文化と社会』1991年)。方法的個人主義でもなく,構造的決定論でもなく,また規範の内面化というスタティックな一種の文化決定論によるのでもなく,社会の諸過程を理解しようとするとき,このアプローチは欠かせない。

　1980年代,特にその後半,社会学があつかう問題,主題は目に見えて変わる。「文化」「環境問題」「ジェンダー」「エスニシティ」などが浮かび上がってくるわけで,その背景には脱工業化,「知識社会」化,生産力主義から生活の質重視への価値転換,グローバリゼーションなどがある。上記の主題は,それまでは明示的に取り出された社会学の研究テーマをなしてはいず,教科書の中にも,大学の講義分野にも正面から取り上げられていなかった。包括的な社会学の講座としては,おそらく『岩波講座現代社会学』(1995-97年)が,「ジェンダー」「エスニシティ」「環境」などを巻別構成に反映させた初めてのものであろう。実はこの点は,欧米の社会学書や大学教育でも大同小異だった。

　また,「社会」というタームが出来事や問題の背景として用いられるとき,従来たいてい研究者の属する国民社会(日本,アメリカ,フランス……)を自明のごとく指していて,文化的同質性の高い成員を前提とした考察が行われてきた。だが,今日,国家と国家を分かつ国境は,文化や民族の境界と必ずしも重ならず,社会それ自体が多文化化という特徴を示すにいたっている。たとえば最近の数字では日本で行われる婚姻の17件に1件がいわゆる「国際結婚」となり,家族研究はしばしばマルティナショナルな考察なしにはすまない。「国

あとがきと謝辞

際私法」あるいは「国際家族法」という専門分野があるが，それに類した社会文化関係の研究が必要になっている．また「地球環境問題」と呼ばれる問題群をあつかおうとするとき，国境をもって画されたテリトリーの中でのCO_2排出量や，一国の環境政策だけを論じるのは，まったく不十分となっている．

とはいえ，そうした国境を越える関係が，近年になって初めて成立したと考えるのも短見だろう．従来社会学がなじんできた一国主義的な考察は，しばしば，そのような関係が存在していることに目をつぶってきたのである．以前から存在してきた関係が，均質とみなされる国民国家イメージによって覆い隠されてきたといってもよい．社会学古典にも，完結的な国家像が一種フィクションであることに気づいているものは少なくない．マルクスは英国の資本主義がアイリッシュ労働者やインドという市場と切っても切れない関係にあることを知っており，マックス・ウェーバーの『経済と社会』は，国家の構成に反映されない多様な民族の関係をあつかった第Ⅱ部3，4章の考察（濱島朗訳『権力と支配』）を含んでいる．デュルケムやジンメルは，自らがユダヤ系であるところから，フランス，ドイツを一枚岩の国民社会とはみていず，時に反ユダヤ主義の台頭による社会危機が起こることも知悉していた．ただ，民族的な多様性が明示的な研究対象とされることはなかった．

文化，価値，アイデンティティにおいて均質であるような国民社会を前提とする社会へのアプローチをいま乗り越えることの必要を強調するため，序章の冒頭にあえてアーレントの言葉を引用した．均質な社会という前提は，少数市民（マイノリティ）の要求や権利を気づかせないばかりか，社会のなかの言論を不活発化し，合意の形成も困難にするからである．

そして社会学研究の現代的条件を考えるとき，平等さらには公正な社会秩序を問うことは避けられなくなっている．少なくとも階級・階層，ジェンダー，エスニシティ，グローバリゼーションへの社会学的接近を論じた本書諸章ではこのことを意識している．各章のなかではあまり触れなかったが，機会の平等のみでは形式的平等（実質不平等）をもたらすにすぎず，それがはなはだしいとき，ポジティヴ・アクションを行政，地域社会，各組織（政党や企業），大学が行うのは，必要であり，許容すべきだと私は考えている．だが，それを正当化するのに，社会学は貢献できるだろうか．ヌスバウムらの潜在能力アプローチ

がもつであろう意義については言及したが，現代社会ではどうみられているか。有名な論客，哲学者マイケル・サンデルは，アメリカ的文脈ではあるが，アファーマティヴ・アクションを行う根拠について，①マイノリティへの過去の累積した差別への補償，②異なる人種，民族，出自の者が共存し活動できる多様性という社会的目的(共通善)の促進，をあげる(『公共哲学』筑摩書房，2011 年)。そして後者の理由こそ説得力をもつとする。ただし，就職や入学はひとえに本人の努力に応える報償であるとみなすアメリカ的な観念からの抵抗に出遭うだろうが，と。

　日本でも抵抗はあり，政治の場や雇用の機会における衡平のためのポジティヴ・アクションの提案や主張はあるが，受け入れられているとはいえない。たぶん個人的能力主義の観点からと，伝統的な秩序観や役割観の双方からの抵抗のために。差異をもつさまざまな行為主体が相互作用しつつ共存することが，平等への道を開くとともに，社会・文化生活を豊かにし活性化すること，このことは社会学が論証し，意義づけるべきことである。

＊

　さて，この一書をまとめるにあたり，大学で行ってきた社会学の基礎的な講義を反芻し，整理し，下敷きにした。その科目名は，「社会学」(東京大学)，「現代社会分析」(お茶の水女子大学)，「社会学原論」(立教大学)，「社会学入門」「社会学理論」(法政大学)とさまざまであったが，内容的に最も近いのは立教大学社会学部で担当してきた「社会学原論」である。それに因んで，また「はしがき」に書いたように本書を担当された岩波書店編集部の佐藤司氏からの勧めもあり，書名を「社会学原論」とした。

　なお，これらの講義では，私は社会学の理論あるいは学説の紹介を中心とすることは望まず，現実の社会的諸問題への接近と分析の有効性という点から理論の意義を問うという方式をとった。だから，本書 1 章があつかっている社会学の歴史については，講義でそのような形式では触れたことはない。したがってここは本書のためのまったく新たな執筆である。現実の社会的問題として何を取り上げ講義したかを，いま振り返ると，ずいぶん変遷があった。繰り返しになるが，当初の 1960 年代には，重化学工業中心の急激な経済成長が，四大

あとがきと謝辞

公害裁判で知られるように産業公害を引き起こし,住民運動を惹起しつつあった。産業の二重構造が労働者の格差を広げ,地域の問題としては「過密」と「過疎」が論じられはじめていた。時間は一挙に飛ぶが,それから30年後には私の講義ノートは大幅に書き換えられていた。少なくとも80年代の後半から脱工業化の社会的帰結,文化的再生産,ジェンダー,エスニシティ,国際社会,グローバリゼーションなどの新しいテーマが加えられなければならなかった。その理由を一点に絞って述べれば,グローバル化の影響として,現代社会のなかにはたらく不平等,異化,排除などの問題が生じていて,これらを具体的に考察しようとすれば,社会の諸成員の置かれている社会的条件とその文化背景を均質と想定してはならないことが,いよいよ明らかになってきたからである。

*

未熟な研究者としての出発の時以来,私は実に多くの人から教えられてきた。大学院生の頃,調査に参加しながらデュルケムやベルクソンやギュルヴィッチを読むという風変わりな勉強をしていた私を理解してくださった日高六郎先生,故高橋徹先生の存在をいま改めて思い起こしている。アメリカ社会学とその成果を示され,的確な理解に導いてくださった青井和夫先生,綿貫譲治先生,故本間康平氏も,この時期の筆者にとり忘れがたい師である。次いで,敬称を略させていただくが,大学の研究室内外で折原浩,見田宗介,元島邦夫,石川晃弘,古城利明,庄司興吉,矢澤修次郎,杉山光信,厚東洋輔などの諸氏とは議論させていただく機会をもち,色々と教えられた。また故吉田民人氏,藤田英典氏,江原由美子氏,専門は異なるが金原左門氏,樋口陽一氏,広渡清吾氏との刺激にみちた意見交換から学んだことも少なくない。私が,文化および移民,マイノリティの研究に専攻を定めていくに際し,故梶田孝道,伊藤るり,佐久間孝正,太田晴雄,樋口直人の諸氏とは関心を共有し合ったり議論をしたりと,教えられることが多かった。頻繁に,ないし継続的に交流があったわけではないが,故ピエール・ブルデュー,エドワード・ティリアキアン,アンソニー・ギデンズ,ディートリヒ・トレンハルト,ミシェル・ヴィヴィオルカ,フランソワ・デュベ,フェリーチェ・ダセット,パトリック・シャンパーニュなどの諸氏とは,印象的な意見交換の機会があり,そこで与えられた示唆は私の社会

学的思考の滋養分となっている。

　大学での講義が基礎となっている以上，私の講義を聞いて，質問や試験答案提出などによってフィードバックしてくれた学生諸君の貢献も決して無視できない。講義とは，まさしく相互行為の一形式である。講義をしたお茶の水女子大学，東京大学，立教大学，法政大学の学生諸君も，アノニマスな対話者としてではあるが，この本の成立に寄与してくれていると思う。

引用・参考文献目録

著者姓のアルファベット順に配列（日本人著者姓も同様）
翻訳書（論文）の[　]内の数字は，原書（論文）の刊行年を示す

阿部彩 2008『子どもの貧困』岩波新書
アドルノ，T. 編 1980[1950]（田中義久・矢澤修次郎・小林修一訳）『権威主義的パーソナリティ』青木書店
秋元律郎 1989『都市社会学の源流——シカゴ・ソシオロジーの復権』有斐閣
天野正子 1993「フェミニズム／セクシズム」森岡清美ほか編『新社会学辞典』有斐閣
Archer, M. 1988, *Culture and Agency: the Place of Culture in Social Theory*, Cambridge University Press.
アーレント，H. 1994[1958]（志水速雄訳）『人間の条件』ちくま学芸文庫
アーレント，H. 2008[2005]（J. コーン編，高橋勇夫訳）『政治の約束』筑摩書房
Aron, R. 1950, Social Class and the Ruling Class, in *British Journal of Sociology*, Vol. 1, No. 1.
アロン，R. 1984[1967]（北川隆吉ほか訳）『社会学的思考の流れ』Ⅱ，法政大学出版局
浅井美智子 2005「ジェンダー」宮島喬編『改訂版・現代社会学』有斐閣
オースティン，J. L. 1978[1962]（坂本百大訳）『言語と行為』大修館書店
馬場靖雄 2001『ルーマンの社会理論』勁草書房
バウマン，Z. 2008a[2001]（奥井智之訳）『コミュニティ——安全と自由の戦場』筑摩書房
バウマン，Z. 2008b[2001]（澤井敦・菅野博史・鈴木智之訳）『個人化社会』青弓社
ボーヴォアール，S. ド 1966[1949]（生島遼一訳）『第二の性』人文書院
ベック，U. 1998[1986]（東廉・伊藤美登里訳）『危険社会——新しい近代への道』法政大学出版局
Beck, U. 2000, *What is Globalization?*, Polity Press.
ベック，U. 2002（小井土彰宏訳）「コスモポリタン社会とその敵——世界市民主義宣言」小倉充夫・梶田孝道編『グローバル化と社会変動』（国際社会 5），東京大学出版会
ベック，U. 2005[1997]（木前利秋・中村健吾監訳）『グローバル化の社会学』国文社
Beck, U. and E. Beck-Gernsheim 2002, *Individualization: Institutionalized Individualism and its Social and Political Consequences*, SAGE Publications.
ベル，D. 1975[1973]（内田忠夫ほか訳）『脱工業社会の到来』上，ダイヤモンド社
ベル，D. 1976-77[1976]（林雄二郎訳）『資本主義の文化的矛盾』全 3 巻，講談社学術文庫

ベラー，R. ほか 1991［1985］（島薗進・中村圭志訳）『心の習慣――アメリカ個人主義のゆくえ』みすず書房

Bender, S. and W. Seifert 2003, On the Economic and Social Situations of Immigrants Groups in Germany, R. Alba, P. Schmidt and M. Wasmer(eds.), *Germans or Foreigners?: Attitudes toward Ethnic Minorities in post-reunification Germany*, Palgrave.

ベネディクト，R. 1948［1946］（長谷川松治訳）『菊と刀――日本文化の型』社会思想研究会出版部

ベネディクト，R. 1973［1934］（米山俊直訳）『文化の型』社会思想社

ベンハビブ，S. 2006［2004］（向山恭一訳）『他者の権利――外国人・居留民・市民』法政大学出版局

Benton, T. 1977, *Philosophical Foundations of the Three Sociologies*, Routledge & Kegan Paul.

バーンスティン，B. 1981［1971］（萩原元昭編訳）『言語社会化論』明治図書出版

バーリ，A. A., G. C. ミーンズ 1958［1932］（北島忠男訳）『近代株式会社と私有財産』文雅堂書店

ベナール，P. 1988［1973-84］（杉山光信・三浦耕吉郎訳）『デュルケムと女性，あるいは未完の『自殺論』――アノミー概念の形成と転変』新曜社

ブルーマー，H. 1991［1969］（後藤将之訳）『シンボリック相互作用論』勁草書房

ボットモア，T. B. 1965［1964］（綿貫譲治訳）『エリートと社会』岩波書店

Boudon, R. et F. Bourricaud 1982, *Dictionnaire critique de la sociologie*, Presses Universitaires de France.

Bourdieu, P. 1972, *Esquisse d'une théorie de la pratique, précédé de trois études d'ethnologie kabyle*, Droz.

Bourdieu, P. 1977, L'économie des échanges linguistiques, *dans Langue Française*, mai.

Bourdieu, P. 1986, Postface à E. Panosky, *Architecture gothque et pensée scolastique*, Ed. Minuit, 1986.

ブルデュー，P. 1988［1987］（石崎晴己訳）『構造と実践――ブルデュー自身によるブルデュー』新評論

ブルデュー，P. 1990［1979］（石井洋二郎訳）『ディスタンクシオン』ⅠⅡ，藤原書店

ブルデュー，P. 1993［1977］（原山哲訳）『資本主義のハビトゥス――アルジェリアの矛盾』藤原書店

Bourdieu, P.(ed.) 1993, *La misère du monde*, Seuil.

ブルデュー，P. 2001［1980］（今村仁司・港道隆訳）『実践感覚』ⅠⅡ，みすず書房

ブルデュー，P. 2007［2002］（丸山茂・小島宏・須田文明訳）『結婚戦略――家族と階級の再生産』藤原書店

ブルデュー，P., J.-C. パスロン 1991［1970］（宮島喬訳）『再生産』藤原書店

引用・参考文献目録

ブルデュー, P., J.-C. パスロン 1997[1964] (石井洋二郎監訳)『遺産相続者たち』藤原書店

ボールズ, S., H. ギンティス 1986-87[1976] (宇沢弘文訳)『アメリカ資本主義と学校教育』ⅠⅡ, 岩波書店

ブリンクボイマー, K. 2010[2006] (渡辺一男訳)『出口のない夢――アフリカ難民のオデュッセイア』新曜社

ブルッカー, P. 2003[1999] (有元健・本橋哲也訳)『文化理論用語集――カルチュラル・スタディーズ＋』新曜社

Bryant, C. G. A. 1985, *Positivism in Social Theory and Research*, St. Martin's Press.

Bullard, R. D.(ed.) 2005, *The Quest for Environmental Justice*, Sierra Club Books.

分田順子 1998「北アイルランド紛争の基底――分断社会の形成と職場分離・雇用関係」宮島喬編『現代ヨーロッパ社会論――統合のなかの変容と葛藤』人文書院

バージェス, E. W. 1965[1925] (奥田道大訳)「都市の発展」鈴木廣訳編『都市化の社会学』誠信書房

バトラー, J. 1999[1990] (竹村和子訳)『ジェンダー・トラブル――フェミニズムとアイデンティティの攪乱』青土社

Butterwegge, C. und G. Hentges(Hrsg.) 2000, *Zuwanderung im Zeichen der Globalisierung: Migrations-, Integrations- und Minderheitenpolitik*, Leske Budrich.

バーン, D. 2010[2005] (深井英喜・梶村泰久訳)『社会的排除とは何か』こぶし書房

カステル, M. 1989[1978] (石川淳志監訳)『都市・階級・権力』法政大学出版局

カースルズ, S., M. J. ミラー 2011[1993] (関根政美・関根薫訳)『国際移民の時代　第4版』名古屋大学出版会

Cohen, A. K. 1955, *Delinquent Boys: The Culture of the Gang*, Free Press.

Coleman, J. S. 1990, *Equality and Achievement in Education*, Westview Press.

クーリー, C. H. 1974[1909] (大橋幸・菊池美代志訳)『社会組織論』青木書店

コリー, L. 2000[1992] (川北稔監訳)『イギリス国民の誕生』名古屋大学出版会

コリンズ, R. 1992[1982] (井上俊・磯部卓三訳)『脱常識の社会学――社会の読み方入門』岩波書店

Collins, R. 1992, Women and the Production of Status Culture, in M. Lamont and M. Fournier(eds.), *Cultivating Differences: Symbolic Boundaries and the Making of Inequality*, The University of Chicago Press.

コント, A. 1970a[1822] (霧生和夫訳)「社会再組織に必要な科学的作業のプラン」(世界の名著36　コント・スペンサー), 中央公論社

コント, A. 1970b[1839] (霧生和夫訳)『実証哲学講義』第4巻(世界の名著36　コント・スペンサー), 中央公論社

コント, A. 1970c[1844] (霧生和夫訳)『実証的精神論』(世界の名著36　コント・スペンサー), 中央公論社

コンネル,R. W. 1993[1987](森重雄ほか訳)『ジェンダーと権力』三交社
Cornelius, W. 2008, US Immigration Control Policy, in A. Kondo(ed.), *Migration and Globalization: Comparing Immigration Policy in Developped Countries*, Akashi Shoten.
Coser, L. 1960, Durkheim's Conservatism and Its Implications for His Sociological Theory, in K. H. Wolff(ed.), *Emile Durkheim, 1858-1917*, The Ohio State University Press.
コーザー,L. 1988[1984](荒川幾男訳)『亡命知識人とアメリカ——その影響とその経験』岩波書店
Crowder, K and S. J. South 2006, Wealth, Race, and Inter-Neighborhood Migration, in *American Sociological Review*, Vol. 71, No. 1.
DiMaggio, P. 1982, Cultural Capital and Social Success, in *American Sociological Review*, Vol. 84, No. 6.
ドンズロ,J. 1991[1977](宇波彰訳)『家族に介入する社会——近代家族と国家の管理装置』新曜社
ドーア,R. 1990[1976](松居弘道訳)『学歴社会——新しい文明病』岩波書店
デュベ,F. 2011[1994](山下雅之監訳)『経験の社会学』新泉社
デュボイス,W. 1992[1961](木島始ほか訳)『黒人のたましい』岩波文庫
デュルケム,E. 1971[1893](田原音和訳)『社会分業論』青木書店
デュルケム,E. 1974[1950](宮島喬・川喜多喬訳)『社会学講義——習俗と法の物理学』みすず書房
デュルケム,E. 1978[1895](宮島喬訳)『社会学的方法の規準』岩波文庫
デュルケム,E. 1985[1897](宮島喬訳)『自殺論——社会学研究』中公文庫
ドゥオーキン,R. 2002[2000](小林公・大江洋・高橋秀治・高橋文彦訳)『平等とは何か』木鐸社
江原由美子 2001『ジェンダー秩序』勁草書房
江原由美子 2005「行為・相互行為・社会的場面」宮島喬編『改訂版・現代社会学』有斐閣
江原由美子 2008「ジェンダーとは?」江原由美子・山田昌弘『ジェンダーの社会学入門』岩波書店
エルダー,G. H. 1986[1984](本田時雄ほか訳)『新装版・大恐慌の子どもたち——社会変動と人間発達』明石書店
エリアス,N. 1977[1937](赤井慧爾・中村元保・吉田正勝訳)『文明化の過程』上,法政大学出版局
エリアス,N. ほか 2009[1965](大平章訳)『定着者と部外者——コミュニティの社会学』法政大学出版局
エツィオーニ,A. 1966[1961](綿貫譲治監訳)『組織の社会学的分析』培風館

Fischer, C. S. 1975, Toward a Subcultural Theory of Urbanism, in *American Journal of Sociology*, Vol. 80, No. 6.
フランク, G. 1980[1978](吾郷健二訳)『従属的蓄積と低開発』岩波書店
フロム, E. 1951[1941](日高六郎訳)『自由からの逃走』創元社
藤田英典 1991 「文化的活動および文化的知識の世代間継承性」宮島喬・藤田英典編『文化と社会――差異化, 構造化, 再生産』有信堂高文社
藤田英典 2005 「階級・階層」宮島喬編『改訂版・現代社会学』有斐閣
Gans, H. J. 1979 Symbolic Ethnicity: The future of ethnic groups and cultures in America, in *Ethnic and Racial Studies*, 2, 2.
ギアーツ, C. 1987[1973](吉田禎吾ほか訳)『文化の解釈学』Ⅰ, 岩波書店
Gerhardt, U.(ed.) 1993, *Talcott Parsons on National Socialism*, Aldine de Gruyter.
Gerhardt, U. 2002, Worlds Come Apart: Systems Theory versus Critical Theory. Drama in the History of Sociology in the Twentieth Century, in *American Sociologist*, Vol. 33, No. 2.
Giddens, A. 1982, *Sociology: A Brief but Critical Introduction*, Macmillan Education.
Giddens, A. 1984, *The Constitution of Society: Outline of the Theory of Structuration*, Polity Press.
ギデンズ, A. 1986[1977](宮島喬ほか訳)『社会理論の現代像』みすず書房
Giddens, A.(ed.) 1986, *Durkheim on Politics & the State*, Polity Press.
ギデンズ, A. 1987[1976](松尾精文・藤井達也・小幡正敏訳)『社会学の新しい方法規準』而立書房
ギデンズ, A. 1989[1979](友枝敏雄・今田高俊・森重雄訳)『社会理論の最前線』ハーベスト社
ギデンズ, A. 1993[1990](松尾精文・小幡正敏訳)『近代とはいかなる時代か?』而立書房
Giddens, A. 1996, *In Defence of Sociology: Essays, Interpretations & Rejoinders*, Polity Press.
ギデンズ, A. 2001[1999](佐和隆光訳)『暴走する世界――グローバリゼーションは何をどう変えるのか』ダイヤモンド社
ギルロイ, P. 2006[1993](上野俊哉・毛利嘉孝・鈴木慎一郎訳)『ブラック・アトランティック』月曜社
ジラール, A. 1968[1967](寿里茂訳)『エリートの社会学』クセジュ文庫, 白水社
グレイザー, N., D. モイニハン 1986[1963](阿部齊・飯野正子訳)『人種のるつぼを越えて』南雲堂
Glazer, N. and D. Moynihan 1975, *Ethnicity: Theory and Experience*, Harvard University Press.
Goffman, E. 1967, *Interaction Ritual: Essays on Face-to-Face Behavior*, Pantheon Books.

ゴフマン, E. 1980[1963] (丸木恵祐・本名信行訳)『集まりの構造――新しい日常行動論を求めて』誠信書房

ゴフマン, E. 1985[1961] (佐藤毅・折橋徹彦訳)『出会い――相互行為の社会学』誠信書房

ゴフマン, E. 1986[1967] (広瀬英彦・安江孝司訳)『儀礼としての相互行為』法政大学出版局

Goffman, E. 1990, Out-of-frame Activity, in C. Alexander and S. Seidman (eds.), *Culture and Society: Contemporary Debates*, Cambridge University Press.

Goldthorpe, J. H. et al. 1969, *The Affluent Worker*, Cambridge University Press.

ゴールドソープ, J. 編 1987[1984] (稲上毅・下平好博・武川正吾・平岡公一訳)『収斂の終焉――現代西欧社会のコーポラティズムとデュアリズム』有信堂

グールドナー, A. 1975[1970] (矢澤修次郎・矢澤澄子訳)『社会学の再生を求めて』2, 新曜社

Guibernau, M. 1999, *Nations without States: Political Communities in a Global Age*, Polity Press.

ハバーマス, J. 1994[1990] (山田正行訳)「1990年新版への助言」同『新版 公共性の構造転換』未来社

Halle, D. 1992, The Audience for Abstract Art: Class, Culture, and Power, in M. Lamont and M. Fournier (eds.), *Cultivating Differences: Symbolic Boundaries and the Making of Inequality*, The University of Chicago Press.

濱嶋朗 1991『現代社会と階級』東京大学出版会

He, B. and W. Kymlicka 2005, Introduction to Kymlicka and He (eds.), *Multiculturalism in Asia*, Oxford University Press.

原純輔・盛山和夫 1999『社会階層――豊かさの中の不平等』東京大学出版会

橋本健二 2001『階級社会日本』青木書店

橋本健二 2011「労働者階級はどこから来てどこへ行くのか」石田浩・近藤博之・中尾啓子編『階層と移動の構造』(現代の階層社会 2), 東京大学出版会

Hechter, M. 1978, Group Formation and the Cultural Division of Labor, in *American Journal of Sociology*, Vol. 84, No. 2.

ホルクハイマー, M. 1994[1968] (森田数実訳)『批判的社会理論』恒星社厚生閣

Huang, S. and B. Yeoh 1996, Ties That Bind: State Policy and Migrant Female Domestic Helpers in Singapore, in *Geoforum*, Vol. 27, No. 4.

ヒューズ, S. 1978[1975] (生松敬三・荒川幾男訳)『大変貌――社会思想の大移動 1930-1965』みすず書房

ハムフェリー, C. R., F. R. バトル 1991[1982] (満田久義・寺田良一・三浦耕吉郎・安立清史訳)『環境・エネルギー・社会――環境社会学を求めて』ミネルヴァ書房

Ibarra, M. 2008, The Social Imaginary and Kin Recruitment: Mexican Women Re-

shaping Domestic Work, in K. Ferguson and M. Mironesco(eds.), *Gender and Globalization in Asia and the Pacific*, University of Hawai'i Press.
飯島伸子 1993『環境社会学』有斐閣
石田浩・三輪哲 2011「上層ホワイトカラーの再生産」石田浩・近藤博之・中尾啓子編『階層と移動の構造』(現代の階層社会 2), 東京大学出版会
伊藤公雄 1993『〈男らしさ〉のゆくえ――男性文化の文化社会学』新曜社
Janowitz, M. 1967, *The Community Press in an Urban Setting*, University of Chicago Press.
梶田孝道 1981「業績主義社会のなかの属性主義」『社会学評論』127 号
梶田孝道 1985「テクノクラートと現代フランス――グラン・ゼコール, グランコールとフランス政治」宮島喬・梶田孝道・伊藤るり『先進社会のジレンマ――現代フランス社会の実像をもとめて』有斐閣
梶田孝道 1988『エスニシティと社会変動』有信堂
Keating, M., J. Loughlin and K. Deschouwer 2003, *Culture, Institutions and Economic Development: A Study of Eight European Regions*, Edward Elgar.
ケペル, G. 1992[1991](中島ひかる訳)『宗教の復讐』晶文社
木畑洋一 1994「世界史の構造と国民国家」歴史学研究会編『国民国家を問う』青木書店
金明秀・稲月正 2000「在日韓国人の社会移動」高坂健次編『階層社会から新しい市民社会へ』(日本の階層システム 6), 東京大学出版会
金原左門・石田玲子・小沢有作・梶村秀樹・田中宏・三橋修 1986『日本のなかの韓国・朝鮮人, 中国人――神奈川県内在住外国人実態調査より』明石書店
喜多加実代 2012「家庭教育への要請と母親の就業――母親の就業を不利にする教育のあり方をめぐって」宮島喬・杉原名穂子・本田量久編『公正な社会とは――教育, ジェンダー, エスニシティの視点から』人文書院
キツセ, J. I., M. B. スペクター 1990[1977](村上直之ほか訳)『社会問題の構築――ラベリング理論をこえて』マルジュ社
コバヤシ, コリン 2003「フランス・アソシエーション活動の歴史的変遷――大革命から今日まで」コリン・コバヤシ編『市民のアソシエーション――フランス NPO 法 100 年』太田出版
Kofman, E., A. Phizacklea, P. Raghuram and R. Sales 2000, *Gender and International Migration in Europe: Employment, Welfare and Politics*, Routledge.
小島麗逸・幡谷則子編 1995『発展途上国の都市化と貧困』アジア経済研究所
国際連合 2011『世界統計年鑑 2009』(54 集) 原書房
国立社会保障・人口問題研究所編 2011『人口統計資料集』(人口問題研究資料 324 号)
厚生労働省『国民生活基礎調査』
厚生労働省大臣官房統計情報部 2008『平成 19 年度日本における人口動態――外国人を

含む人口動態統計』厚生統計協会
近藤潤三 2007『移民国としてのドイツ——社会統合と平行社会のゆくえ』木鐸社
Kühl, J. 1987 Zur Bedeutung der Ausländerbeschäftigung für die Bundesrepublik Deutschland, in H. Reimann und H. Reimann(Hrsg.), *Gastarbeiter: Analyse und Perspectiven eines sozialen Problems*, Westdeutscher Verlag.
熊沢誠 2007『格差社会ニッポンで働くということ』岩波書店
Kymlicka, W. and B. He(eds.) 2005, *Multiculturalism in Asia*, Oxford University Press.
ラッシュ，S. 1997[1994]（叶堂隆三ほか訳）「再帰性とその分身——構造，美的原理，共同体」U.ベック，A.ギデンズ，S.ラッシュ『再帰的近代化——近現代における政治，伝統，美的原理』而立書房
Layton-Henry, Z.(ed.) 1990, *The Political Rights of Migrant Workers in Western Europe*, SAGE Publications.
ライター，K. 1987[1980]（高山眞知子訳）『エスノメソドロジーとは何か』新曜社
レヴィ=ストロース，C. 1972[1958]（荒川幾男ほか訳）『構造人類学』みすず書房
ルーマン，N. 1993[1984]（佐藤勉監訳）『社会システム理論』上，恒星社厚生閣
ルーマン，N. 2003[1992]（馬場靖雄訳）『近代の観察』法政大学出版局
ルーマン，N. 2007[2002]（D.ベッカー編，土方透監訳）『システム理論入門——ニクラス・ルーマン講義録(1)』新泉社
前田信彦 2000『仕事と家庭生活の調和——日本・オランダ・アメリカの国際比較』日本労働研究機構
マルティニエッロ，M. 2002[1995]（宮島喬訳）『エスニシティの社会学』クセジュ文庫，白水社
マルクス，K. 1969[1867]（向坂逸郎訳）『資本論』第1巻，岩波文庫
正村俊之 2009『グローバリゼーション』有斐閣
松原治郎 1969『核家族時代』日本放送出版協会
モース，M. 1976[1968]（有地亨・山口俊夫訳）『社会学と人類学』Ⅱ，弘文堂
ミード，G. H. 1973[1934]（稲葉三千男・滝沢正樹・中野収訳）『精神・自我・社会』青木書店
マートン，R. 1961[1957]（森東吾・森好夫・金沢実・中島竜太郎訳）『社会理論と社会構造』みすず書房
Merton, R. and R. Nisbet(eds.) 1961, *Contemporary Social Problems*, Harcourt, Brace & World.
ミヘルス，R. 1973, 74[1911]（森博・樋口晟子訳）『現代民主主義における政党の社会学』ⅠⅡ，木鐸社
ミルズ，W. 1969[1956]（鵜飼信成・綿貫譲治訳）『パワー・エリート』上下，東京大学出版会

宮島喬 1977『デュルケム社会理論の研究』東京大学出版会
宮島喬 1987『デュルケム理論と現代』東京大学出版会
宮島喬 1994『文化的再生産の社会学――ブルデュー理論からの展開』藤原書店
宮島喬 1999『文化と不平等――社会学的アプローチ』有斐閣
宮島喬 2004『ヨーロッパ市民の誕生――開かれたシティズンシップへ』岩波新書
宮島喬 2006『移民社会フランスの危機』岩波書店
宮島喬 2007「社会学のアイデンティティ――ブルデューとギデンズの理論的交錯点を通して」『応用社会学研究』49号, 立教大学社会学部
宮島喬 2009「雇用と失業からみる社会的統合の現状」宮島喬編『移民の社会的統合と排除――問われるフランス的平等』東京大学出版会
宮島喬 2011a「再帰性, 行為, 規則――現代的文脈のなかで」『社会志林』57巻4号, 法政大学社会学部学会
宮島喬 2011b「移民政策と"イスラーム問題"の構築――グローバリゼーションとフランス」『社会学研究』89号, 東北社会学研究会
宮島喬 2011c「国民国家パラダイムから見えていたこと, 見えなかったこと」『UP』466号, 東京大学出版会
宮島喬 2011d「ネオ・ナショナリズム」『UP』469号, 東京大学出版会
宮島喬・藤田英典編 1991『文化と社会――差異化・構造化・再生産』有信堂高文社
宮島喬・杉原名穂子・本田量久編 2012『公正な社会とは――教育, ジェンダー, エスニシティの視点から』人文書院
水島治郎 2010「雇用多様化と格差是正――オランダにおけるパートタイム労働の「正規化」と女性就労」安孫子誠男・水島治郎編『労働――公共性と労働-福祉ネクサス』勁草書房
両角道代 2012「第二世代の両立支援と労働法――スウェーデン法を参考に」法政大学大原社会問題研究所／原伸子編『福祉国家と家族』法政大学出版局
モスカ, G. 1973[1939]（志水速雄訳）『支配する階級』（清水幾太郎責任編集『現代思想』9）, ダイヤモンド社
マンフォード, L. 1974[1938]（生田勉訳）『都市の文化』鹿島研究所出版会
マードック, G. P. 1978[1949]（内藤莞爾監訳）『社会構造――核家族の社会人類学』新泉社, 1978年
村井吉敬 1988『エビと日本人』岩波新書
牟田和恵 2005「現代の家族」宮島喬編『改訂版・現代社会学』有斐閣
内藤莞爾 1994『デュルケムの近代家族論』恒星社厚生閣
中井美樹 2011「ライフイベントとジェンダー格差――性別役割分業型ライフコースの貧困リスク」佐藤嘉倫・尾嶋史章編『格差と多様性』（現代の階層社会1）, 東京大学出版会
二宮周平 2007『家族と法――個人化と多様化の中で』岩波新書

ヌスバウム，M. 2005[2000]（池本幸生・田口さつき・坪井ひろみ訳）『女性と人間開発——潜在能力アプローチ』岩波書店
Nussbaum, M. 2010, Women's Education: A Global Challenge, in J. Goodman(ed.), *Global Perspectives on Gender and Work*, Rowman & Littlefield.
入管協会各年度『在留外国人統計』
OECD 2008, Jobs for Immigrants, Vol. 2: *Labour Market Integration in Belgium, France, the Netherlands and Portugal*.
OECD編 2010[2009]（連合総合生活開発研究所訳）『社会的企業の主流化——「新しい公共」の担い手として』明石書店
OECD, *SOPEMI(Trends in International Migration: Annual Report)*.
小熊英二 1995『単一民族神話の起源』新曜社
小倉充夫 2005「社会変動と国際社会——国際社会学の誕生」宮島喬編『改訂版・現代社会学』有斐閣
大石亜希子 2010「育児休業制度からみる女性労働の現状」安孫子誠男・水島治郎編『労働——公共性と労働‐福祉ネクサス』勁草書房
太田晴雄 2005「日本的モノカルチュラリズムと学習困難」宮島喬・太田晴雄編『外国人の子どもと日本の教育——不就学問題と多文化共生の課題』東京大学出版会
大山七穂・国広陽子 2010『地域社会における女性と政治』東海大学出版会
パレート，V. 1981[1900]（川崎嘉元訳）『エリートの周流』垣内出版
Parsons, T. 1942, Some Sociological Aspects of the Fascist Movements, in *Social Forces*, 20.
パーソンズ，T. 1958[1955]「アメリカにおける社会的緊張」D.ベル編（斎藤真・泉昌一訳）『保守と反動——現代アメリカの右翼』みすず書房
パーソンズ，T. 1970-71[1955]（橋爪貞雄ほか訳）『核家族と子どもの社会化』上下，黎明書房
パーソンズ，T. 1974[1951]（佐藤勉訳）『社会体系論』青木書店
パーソンズ，T. 1976[1937]（稲上毅・厚東洋輔訳）『社会的行為の構造 1・総論』木鐸社
パーソンズ，T. 1977[1971]（井門富二夫訳）『近代社会の体系』至誠堂
パーソンズ，T. 1984（倉田和四生編訳）『社会システムの構造と変化』創文社
パーソンズ，T.ほか 1960[1954]（永井道雄・作田啓一・橋本真訳）「行為理論の基本的範疇——総合的宣言」パーソンズ，シルス編『行為の総合理論をめざして』日本評論新社
Phizacklea, A. 2003, Gendered Actors in Migration, in J. Andall(ed.), *Gender and Ethnicity in Contemporary Europe*, Berg.
ピアジェ，J. 1970[1968]（滝沢武久・佐々木明訳）『構造主義』クセジュ文庫，白水社
ポッジ，G. 1986[1972]（田中治男・宮島喬訳）『現代社会理論の源流——トクヴィル，

マルクス,デュルケム』岩波書店
ポラニー,M. 1980［1966］(佐藤敬三訳)『暗黙知の次元——言語から非言語へ』紀伊國屋書店
ロールズ,J. 1979［1955-69］(田中成明編訳)『公正としての正義』木鐸社
ロールズ,J. 2010［1999］(川本隆史・福間聡・神島裕子訳)『正義論・改訂版』紀伊國屋書店
Reid, I. 1989, *Social Class Differences in Britain: Life-chances and Life-styles*, Fontana Press.
ルナン,E. 1997［1990］(鵜飼哲訳)「国民とは何か」ルナンほか『国民とは何か』インスクリプト
Robins, K. 1996, Interrupting Identities: Turkey/Europe, in S. Hall and P. du Gay(eds.), *Questions of Cultural Identity*, SAGE Publications.
サン＝シモン,C. H. ド 2001［1823-24］(森博訳)『産業者の教理問答 他一篇』岩波文庫
斎藤修・P. ラスレット 1988『家族と人口の歴史社会学——ケンブリッジ・グループの成果』リブロポート
斎藤友里子・大槻茂実 2011「不公平感の構造——格差拡大と階層性」齋藤友里子・三隅一人編『流動化のなかの社会意識』(現代の階層社会3),東京大学出版会
佐久間孝正 2000,「エスニシティ・ネイションの「政治・国家社会学」としての『経済と社会』」橋本努・橋本直人・矢野善郎編『マックス・ヴェーバーの新世紀——変容する日本社会と認識の転回』未来社
佐野麻由子 2012「開発・発展におけるジェンダーと公正——潜在能力(ケイパビリティ)アプローチから」宮島喬・杉原名穂子・本田量久編『公正な社会とは——教育,ジェンダー,エスニシティの視点から』人文書院
サピア,E., B. L. ウォーフ 1970［1929-53］(池上嘉彦訳)『文化人類学と言語学』弘文堂
サッセン,S. 2004［1998］(田淵太一ほか訳)『グローバル空間の政治経済学——都市・移民・情報化』岩波書店
佐竹眞明編 2011『在日外国人と多文化共生——地域コミュニティの視点から』明石書店
佐藤香 2011「学校から職業への移行とライフチャンス」佐藤嘉倫・尾嶋史章編『現代の階層社会』(現代の階層社会1),東京大学出版会
佐藤毅 1990『マスコミの受容理論——言説の異化媒介的変換』法政大学出版局
佐藤慶幸 1976『行為の社会学——ウェーバー理論の現代的展開』新泉社
Sayad, A. 1999, *La double absence: des illusions de l'émigré aux souffrances de l'immigré*, Seuil.
シュッツ,A. 1980［1970］(森川眞規雄・浜日出夫訳)『現象学的社会学』紀伊國屋書店
スコット,J., 渡辺雅男ほか 1998『階級論の現在』青木書店

セン，A. 1999[1992]（池本幸生ほか訳）『不平等の再検討――潜在能力と自由』岩波書店
セネット，R. 1991[1977]（北山克彦・高階悟訳）『公共性の喪失』晶文社
ショウ，C. R. 1998[1930]（玉井真理子・池田寛訳）『ジャック・ローラー――ある非行少年自身の物語』東洋館出版社
Shibutani, T. 1955, Reference Groups as Perspective, in *American Journal of Sociology*, Vol. 60-6.
篠原一 2004『市民の政治学――討議デモクラシーとは何か』岩波新書
ショーター，E. 1987[1975]（田中俊宏・岩橋誠一・見崎恵子・作道潤訳）『近代家族の形成』昭和堂
ジンメル，G. 1994[1908]（居安正訳）『社会学――社会化の諸形式についての研究』下巻，白水社
Smith, A. D. 1981, *The Ethnic Revival*, Cambridge University Press.
シュタマー，O. 編 1976, 1980[1965]（出口勇蔵監訳）『ウェーバーと現代社会学――第15回ドイツ社会学会大会議事録』上下，木鐸社
総務省統計研修所編 2010『世界の統計』
総務省統計局『労働力調査年報』
杉原名穂子 2011「親の教育行動と地域差」石川由香里・喜多加実代・杉原名穂子・中西祐子『格差社会を生きる家族――教育意識と地域・ジェンダー』有信堂
杉浦敏子 2002『ハンナ・アーレント入門』藤原書店
サムナー，W. G. 1975[1906]（園田恭一・山本英治・青柳清孝訳）『フォークウェイズ』青木書店
Swartz, D. 1997, *Culture and Power: the Sociology of Pierre Bourdieu*, University of Chicago Press.
Tabouret-Keller, A. 1981, Regional languages in France, in *International Journal of the Sociology of Language*, 29, Mouton.
武川正吾 2007『連帯と承認――グローバル化と個人化のなかの福祉国家』東京大学出版会
Tam, T. 1997, Sex Segregation and Occupational Gender Inequality in the United States: Devaluation or Specialized Training?, in *American Journal of Sociology*, Vol. 102, No. 6.
丹野清人 2007『越境する雇用システムと外国人労働者』東京大学出版会
テイラー，C., J. ハバーマスほか 1996[1994]（佐々木毅・辻康夫・向山恭一訳）『マルチカルチュラリズム』岩波書店
トマス，W. I., F. ズナニエツキ 1983[1918-20]（桜井厚訳）『生活史の社会学――ヨーロッパとアメリカにおけるポーランド農民』御茶の水書房
トックヴィル，A. ド 2008[1840]（松本礼二訳）『アメリカのデモクラシー』第二巻（下），

岩波文庫
テンニース, F. 1957[1887]（杉之原寿一訳）『ゲマインシャフトとゲゼルシャフト』岩波文庫
トゥレーヌ, A. 1970a[1968]（寿里茂・西川潤訳）『現代の社会闘争——五月革命の社会学的展望』日本評論社
トゥレーヌ, A. 1970b[1969]（寿里茂・西川潤訳）『脱工業化の社会』河出書房新社
トゥレーヌ, A. 1982[1980]（平田清明・清水耕一訳）『ポスト社会主義』新泉社
Touraine, A. 1997, *Pourrons-nous vivre ensemble?: Egaux et différents*, Fayard.
Tribalat, M. 1995, *Faire France: une enquête sur les immigrés et leurs enfants*, La Découverte.
トラッドギル, P. 1975[1974]（土田滋訳）『言語と社会』岩波新書
辻村みよ子 2007「政治・行政とポジティブ・アクション」田村哲樹・金井篤子編『ポジティブ・アクションの可能性——男女共同参画社会のデザインのために』ナカニシヤ出版
辻村みよ子 2011『ポジティヴ・アクション——「法による平等」の技法』岩波新書
鶴見良行 1982『バナナと日本人』岩波新書
Vertovec, S. 2009, *Transnationalism*, Routledge.
ウォーラスティン, E. 1987[1979]（日南田靜眞監訳）『資本主義世界経済』Ⅱ, 名古屋大学出版会
ウォルマン, S. 1996[1984]（福井正子訳）『家庭の三つの資源——時間, 情報, アイデンティティ：ロンドン下町の8つの家庭』河出書房新社
ウェーバー, M. 1955, 62[1905]（梶山力・大塚久雄訳）『プロテスタンティズムの倫理と資本主義の精神』上下, 岩波文庫
ウェーバー, M. 1960[1921]（世良晃志郎訳）『支配の社会学』Ⅰ, 創文社
ウェーバー, M. 1965[1918]（中村貞二・山田高生訳）「新秩序ドイツの議会と政府」『ウェーバー政治・社会論集』（世界の大思想23）, 河出書房新社
ウェーバー, M. 1968[1913]（林道義訳）『理解社会学のカテゴリー』岩波文庫
ウェーバー, M. 1970[1922]（世良晃志郎訳）『支配の諸類型』創文社
ウェーバー, M. 1972[1922]（清水幾太郎訳）『社会学の根本概念』岩波文庫
ウェーバー, M. 1980[1924]（濱島朗訳）『社会主義』講談社学術文庫
ウェーバー, M. 2012[1924]（濱島朗訳）『権力と支配』講談社学術文庫
Wee, V. and A. Sim 2005, Transnational Networks in Female Labour Migration, in A. Ananta and E. N. Arifin (eds.), *International Migration in Southeast Asia*, Institute of Southeast Asian Studies, Singapore.
ヴァイス, A. 2006[2004]「区別する区別——ブルデューとルーマンの理論における階級状況」A. ナセヒ, G. ノルマン編『ブルデューとルーマン——理論比較の試み』新泉社

ウィットワース, S. 2000[1994,1997]（武者小路公秀・野崎孝弘・羽後静子監訳）『国際ジェンダー関係論——批判理論的政治経済学に向けて』藤原書店

ホワイト, W. F. 1974[1943]（寺谷弘壬訳）『ストリート・コーナー・ソサイエティ』垣内出版

Wieviorka, M. 2008, *Rapport à la Ministre de l'Enseignement supérieur et de la Recherche sur la diversité*, Robert Laffont.

ヴィヴィオルカ, M. 2009[2001]（宮島喬・森千香子訳）『差異——アイデンティティと文化の政治学』法政大学出版局

ウィリス, P. 1985[1977]（熊沢誠・山田潤訳）『ハマータウンの野郎ども——学校への反抗，労働への順応』筑摩書房

Willis, P. 1990, Masculinity and Factory Labor, in C. Alexander and S. Seidman(eds.), *Culture and Society: Contemporary Debates*, Cambridge University Press.

ワース, L. 1978[1938]（高橋勇悦訳）「生活様式としてのアーバニズム」鈴木廣訳編『都市化の社会学』誠信書房

ワース, L. 1981[1928]（今野敏彦訳）『ゲットー——ユダヤ人と疎外社会』マルジュ社

ヴィトゲンシュタイン, L. 1976[1958]（藤本隆志訳）『哲学探究』（ウィトゲンシュタイン全集第8巻），大修館書店

山田昌弘 2008「「男」とは何か——「男らしさ」の代償」江原由美子・山田昌弘『ジェンダーの社会学入門』岩波書店

Yeoh, B., S. Huang and T. W. Devasahayam 2004, Diasporic Subjects in the Nation: Foreign Domestic Workers, the Reach of Law and Civil Society in Singapore, in *Asian Studies Review*, Vol. 28.

ヤング, M. 1982[1958]（窪田鎮夫・山元卯一郎訳）『メリトクラシー』至誠堂

Zolberg, V. L. 1992, *Barrier or Leveler? The Case of the Art Museum*, in M. Lamont and M. Fournier(eds.), *Cultivating Differences: Symbolic Boundaries and the Making of Inequality*, The University of Chicago Press.

人名索引

あ行

浅井美智子　147, 148
アーチャー, M.　42
アドルノ, T.　35
天野正子　143
アーレント, H.　1, 8, 45, 89, 201
アロン, R.　24, 30
ウィー, V. とシム, A.　184
ヴィヴィオルカ, M.　203
ヴィトゲンシュタイン, L.　52, 53
ウィリス, P.　129, 131, 137
ウェーバー, M.　iii, v, 9, 11, 12, 16, 24-26, 28, 30, 34, 36, 43, 44, 47, 51, 52, 55, 57, 58, 61, 83, 97-99, 105, 106, 141, 160, 197, 198, 201
ウォード, L. P.　iii, 23, 26
ウォーラスティン, E.　39, 186
ウォルマン, S.　182
エツィオーニ, A.　97
江原由美子　v, 147, 203
エリアス, N.　2, 128
オースティン, J. L.　65
小倉充夫　v, 177

か行

カステル, M.　95
ガーフィンケル, H.　63
ギアーツ, C.　50, 125
ギデンズ, A.　v, 14, 38, 39, 44, 45, 51, 67, 74, 186, 197, 199, 203
ギルロイ, P.　132
クーリー, C. H.　27, 83, 84
グールドナー, A. W.　19, 36
グレイザー, N. とモイニハン, D.　161, 172
ケペル, G.　190

ゲルハルト, U.　19, 35
ゴフマン, E.　14, 46, 50, 60, 78, 197
コリンズ, R.　106, 148
ゴールドソープ, J.　101, 116, 199
コント, A.　iii, 8, 16, 22, 23, 103
コンネル, R. W.　80, 147

さ行

サッセン, S.　91, 180
佐藤毅　135
サピア, E. とウォーフ, B.　125
サムナー, W. G.　iii, 23, 26
サン＝シモン, C. H. ド　22, 23, 103
ジェームズ, W.　iii, 27
シブタニ, T.　80
ジャノヴィツ, M.　94
シュッツ, A.　62, 64, 68, 197
ショウ, C. R.　33, 130, 131
ショーター, E.　86
ジンメル, G.　iii, 31, 32, 201
スターラー, R.　146
ズナニエツキ, F.　33
スペンサー, H.　23
スミス, A.　162
セネット, R.　47
セン, A.　3, 18, 44, 158, 183

た行

丹野清人　182
鶴見良行　194
テイラー, C.　6
デュベ, F.　39, 46, 203
デュボイス, W.　165
デュルケム, E.　iii, v, 9, 12, 14-16, 24, 28, 31, 34, 59, 60, 75, 84, 127, 128, 141, 197, 198, 201
テンニース, F.　iii, 83, 84

ドゥオーキン, R.　43
トゥレーヌ, A.　37, 167, 199
ドーア, R.　113
トックヴィル, A. ド　75
トマス, W. I.　iii, 33
トラッドギル, P.　132
ドンズロ, J.　88

　　　な　行

ヌスバウム, M.　158, 183, 201

　　　は　行

バウマン, Z.　90, 93, 120
パーク, R. E.　iii, 32
バージェス, E. W.　32, 91, 92
橋本健二　115
パーソンズ, T.　2, 12, 15, 16, 18, 19, 34-39, 65, 66, 86, 177, 198
バトラー, J.　149
馬場靖雄　66
ハバーマス, J.　36, 37
バーリ, A. A. とミーンズ, C.　104
パレート, V.　29, 30, 112
バーンスティン, B.　36, 38, 112, 134, 137, 199
ピアジェ, J.　53
フィッシャー, C.　93
フェルトヴェク, S.　180
藤田英典　v, 5, 200, 203
ブードン, R.　127
ブルデュー, P.　v, 2, 4, 17, 36, 50, 51, 53, 74, 105, 113, 128, 129, 132-134, 197, 199, 200, 203
ブルデュー, P. とパスロン, J.-C.　v, 1, 38, 48, 67, 117, 136, 137, 149
ブルーマー, H.　59
フロイト, S.　12
フロム, E.　12
ヘクター, M.　169
ベック, U.　v, 39, 188, 189, 191, 192

ベネディクト, R.　126
ベラー, R.　50
ベル, D.　111, 112, 124, 199
ボーヴォアール, S. ド　148
ポッジ, G.　59, 76
ボットモア, T. B.　30
ポラニー, M.　52
ホルクハイマー, M.　35, 36
ボールズ, S. とギンティス, H.　138
ホワイト, W. F.　33, 131

　　　ま　行

マードック, G. P.　84
マートン, R.　1, 2, 19, 34, 79, 100
マートン, R. とニスベット, R.　142
マルクス, K.　16, 21, 30, 37, 103, 104, 116, 141, 198, 201
マルクス, K. とエンゲルス, F.　160
マルクーゼ, H.　36
マルティニエッロ, M.　163
マンフォード, L.　95
ミード, G. H.　27, 58
ミヘルス, R.　29, 98
ミルズ, W.　30
メイヨー, E. とレスリスバーガー, F. J.　77
モース, M.　128
モスカ, G.　29, 30, 112

　　　や・ら・わ行

ヤング, M.　111, 112
ライター, K.　63
ラッシュ, S.　191, 192
リントン, R.　123
ルナン, E.　15
ルーマン, N.　v, 18, 19, 38, 65
レイド, I.　105
レヴィ＝ストロース, C.　126
ロビンズ, K.　132
ワース, L.　32, 91

事項索引

あ行

IQ(知能)プラス努力　111
"I"と"me"　28
アクター，エイジェント，エイジェンシー　43
新しい社会運動　37
新しい地域主義　162
アノミー　24, 35, 92
──論　34
アメリカへのヨーロッパ理論の導入　34
アルジェリア　17
アングロ＝コンフォーミティ　166
アンシュタルト　83, 96, 97
逸脱行動　1, 33
一般化された他者　28
イーミックとエティック　127
移民と階層構造　121
移民の自コミュニティ中心主義　167
移民の増加　167
移民問題　40
イモ洗い文化　123
インターネット　72, 136, 187
ヴァーチャル・リアリティ　135
失われた女性　183
営利階級　105
SSM調査　109, 113, 114, 117
エスニシティ　159-175
　──研究　iv
　──の可変性と被構築性　173-175
　──の構築　165, 174, 175
　──の動員価値　172
　──を押し付けられるマイノリティ　175
　象徴的──　173
エスニック分業　169
エスニック・マイノリティ　93, 115, 155, 156, 168-171
エスノメソドロジー　62, 63
越境する雇用システム　182
エリート　29
　──階級支配社会　111
　──の周流　29
　──理論　30
エンターテイナー　155, 157, 184
親子関係　84

か行

階級・階層の概念　103-108
階級状況　105
階級の古典的定義と分類　104
外国人参政権　170
外国人労働者　121
介護労働者　158, 184
下位集団　5, 6
階層　104
　──化の一要因としての威信　106
　──間移動　115-117
　──と教育水準　110-112
　──の構造的移動　116
　──の個人的移動　116
下位文化　5, 6, 33, 34, 93, 129-132
　──研究の意義　130
　──の対抗性　131
解放と自己実現を求める移動　184
鏡に映った自己　27
核家族-拡大家族　84
学歴資格病　113
家事労働者　184
家族　81-87
　──に介入する社会　88
　──の国際化　185
　──の多文化化　88

──の表出的な機能　86
　型の文化　128
　活動　45
　寡頭制の鉄則　29
　カリスマ的正統支配　30
　カルチュラル・スタディーズ　38
　環境的公正　192-194
　環境破壊　95
　関係のなかの行為者　2, 43
　関係のハイブリッド化　8
　慣習行動　38
　間主観性の成立または不成立　63
　間接差別　171
　間接的社会関係と理解　68-70
　官僚制　29
　　──と民主化の齟齬　100
　　近代──　97, 98
　議員に占める女性の比率　144
　企業の規模による賃金格差　110
　規則を知っていること　52
　規範と行為，相互行為　58-61
　規範の相対性，可変性　77
　規範を通して行為の意味をつかむ　59
　逆機能　100
　客観的・主観的アプローチ　4
　教師と生徒のコミュニケーション　134
　強制的組織，功利的組織，規範的組織　97
　共同主観的なもの　4
　京都議定書　195
　教養（主義）　127
　儀礼主義というパーソナリティ型　100
　儀礼的無関心　50
　近代主義批判　37, 38
　近代的行為者　41-43
　苦難の神義論　13
　クレデンシャリズム　113
　グローバリゼーション（グローバル化）　17, 40, 177-196

──と社会学　7
──の促進要因　186
──の不均等，不平等　187
──への対抗　188
経験主義　18
経済人　11, 45
『経済と社会』　9
ゲゼルシャフト行為　48
結社　75
　──の自由　75
ケベック住民　174
ゲマインシャフト行為　48
『ゲマインシャフトとゲゼルシャフト』　iii
『権威主義的パーソナリティ』　35
言語の優劣の判断の社会性　132
原初主義的アプローチ　171
言説的意識，実践的意識　51
現代社会と不平等　108-110
権利としての近代的行為者　41-43
行為　45
　──，相互行為　6
　──者間の非対称な関係　48
　──者と文化　49
　──と再生産　51-54
　──の意味理解　10
　──の合理的モデル　45
　──の動機づけ　11
　──論的アプローチ　4, 10
　──論的な〈階級・階層〉の捉え方　5
　価値合理的──　11
　行動と──　43
公害　95
　──輸出　194
公正な社会秩序　16
構造化　74, 75
　「──する構造」と「──された構造」　75
　──の理論　38
構造主義　126

事項索引

構造の操作的性質　53
拘束的分業　24
構築　165
　　──としての集団　80
公民権運動　16, 161, 166
公民権法　16, 166
合理化　26
　　──される差別　145
国際化，多文化化　166-168
国際結婚　185
国際人権レジーム　180
国際的　181
国民　15
　　──の生存権の保障　119
国民国家　160, 177-179
　　──イデオロギー　8
　　──の相対化　39, 177-179, 186
　　──の三つの原理　178
個人的なことは政治的なことである
　　144
コスモポリタン化　191
国家と民族　160-163
孤独死　96
子どもの貧困　109
コーポラティズムと組織　100
コミュニケーションと力　67
コミュニティ　90
　　──解体の危機　94
　　有限責任の──　94
コミューン　90
雇用における性差別　145
コントの経済学批判　23

さ　行

再生産　38
　　──的性向　7
　　──としての社会的行為　53
　　──の視点　38, 40
再生する民族　162
在日コリアン　164, 166, 168, 170, 185
差異の「社会的・政治的定義」　164

サピア／ウォーフの仮説　125
参加民主主義　178
産業主義の思想家　22
サンクション　14
三段階の法則　16
ジェニソン法　145
ジェンダー　141-143
　　──秩序　146
　　──と社会　141-158
　　政治，雇用の世界と──　143-146
シカゴ学派　iii, 32
自殺における男女と女性　141
『自殺論』　9, 25
事実的な秩序　2
市場経済の世界化　186
自省性の格差　192
自省的な主体の可能性　191
自然的態度　62
持続可能な開発　194
自治都市から産業都市へ　90
失業の社会構造化　192
実証的　22
　　──精神　22
実践的合理性　26
実践倫理　57
支配階級　30
資本主義のエートス　25
資本主義の文化的矛盾　124
シミュレーション　135, 136
社会移動　115-117
社会階級　106
社会階層と文化の価値づけ　133
社会学　8-13
　　──における理解　55-58
　　──のレゾンデートル　2
　　自省的──　39
　　資本主義的産業化と──　21-24
　　心理学的──　27
社会構造感　5
社会静学　23
社会秩序　2

223

社会的企業　101, 102
社会的行為　45, 47, 52
　　——の理解　11
　　——の理念型に照らして　57
社会的自我　27
社会的ダーウィニズム　23, 26
社会的に決められた意味の構造　50, 125
社会の再組織化　22
『社会分業論』　9
社会変動　16, 17
社会保障　119, 178
『ジャック・ローラー』　33, 130
主意主義的行為理論　12
19 世紀的な階級間の構造的移動　116
宗教教育　167
宗教の活性化　190
従属的発展　17, 40
従属理論　39
集団　71
　　——と境界　71-74
収入五分位階級　108
主観性からの出発　46
手段主義的アプローチ　171
主婦　118, 145
準拠集団　80, 81
状況の定義　33
少子高齢化　7
　　——と福祉国家　119
上昇移動　116
少数支配への傾向　98
象徴的相互行為論　58
象徴的暴力　48, 68
情報の秘匿　99
条約という国際規範　180, 187
職業　105
　　——階層と教育水準の対応　107
　　——集団の組織化　25, 28
植民地出身労働者　178
女性移住者の「弱者性」　184
女性の労働力率　145

所得の再分配　118
新国際分業　120
『人種のるつぼを超えて』　161
親族　84
身体化された文化　129
身体技法　128
スティグマ化　73
『ストリート・コーナー・ソサエティ』　33, 131
「スローフード」の運動　190
「生活様式としてのアーバニズム」　32, 91
正規雇用と非正規雇用の待遇差　114, 188
政・産・軍複合のエリート集団　30
『精神，自我，社会』　28
生成的な諸規則および資源　74
正統な言語とパトワ　133
制度化　13, 14
精密コードと限定コード　134
世界資本主義論　39
世帯　85
セルビア人とクロアチア人　164
潜在能力（ケイパビリティ）アプローチ　18, 158
先住民　162
送金による GDP への付加　184
相互行為の儀礼的要素　60
相互理解の暫定性　63
相互理解の事後発見性　66
属性　163
　　——と獲得されるもの　49
　　——と行為者　48
組織と官僚制化　96-102

た　行

多アイデンティティ　173
第一次集団　83
大恐慌の時代　13
対自の階級　104
対話的な想像力　191

脱工業化　3, 16, 17, 37
WTO(世界貿易機関)の成立　187
ダブル・コンティンジェンシー　38, 65
多文化主義　167
単一民族　159, 163, 179
地位の一貫性・非一貫性　117
地位文化　107
地球温暖化　195
地球的規模の問題と課題　192-196
知識社会　3, 111
　——化と技術・専門職　112
中間集団　28
抽象言語や教育言語の使用能力　137
「中心」と「周辺」の不平等　40
中範囲の理論　19
朝鮮半島出身者　179
町内会　94
通名(日本名)の使用　166, 179
テクノクラート　17, 113
デジタル・ディバイド(情報利用能力格差)　187
テーブルマナー　128
天与の才のイデオロギー　113
ドイツ　8, 121
　——社会学会の設立　iii
動機的理解　55, 56
「統合－無規制(アノミー)」という図式　35
都市化の社会問題　31-34
都市コミュニティ　89-96
都市生活(urbanism)研究　32
都市生活の不平等　95
都市と異質性　32, 91
都市と下位文化　33, 34, 93
都市におけるコミュニティの追求　92
途上国　182
　——出身の外国人・移民　120
　——の都市化　184
トランスナショナル・アプローチ　182
トランスナショナル化　179-182

　　な　行

難民の地位に関する条約　180
二重の解釈学　45
二大革命　31
日常行為に埋め込まれた文化　128, 129
日常知　61, 62
日本の文化状況　137
ニューメディア　135
人間開発　195
人間生態学　32
ネーション　160, 162
ネットワーク　72
ノーマティヴ(規範的)な態度　12

　　は　行

ハイパーガミー　157, 186
PACS(民事連帯契約)　85
『バナナと日本人』　194
ハビトゥス　6, 38, 50, 53, 75, 113, 128, 137, 147
パリティ　144
パワー・エリート　30
『パンセ』　124
非行下位文化　131
非国家ネーション　160, 180
ヒスパニック　138, 168, 175
非正規雇用　114, 115, 154, 188
人の国際移動　7, 179
批判理論　34-36
非法律婚　85
平等のための社会的規制　120
貧困の定義　109
ファシズムと反ユダヤ主義　35
夫婦別姓の権利　88
フェミニズム　89, 142, 143
『フォークウェイズ』　26
福祉国家　118-120, 189
複数の文化の併存　129, 130

225

普通選挙権と女性　143
フランクフルト学派　36
フランス式の伝統的教育方法論　138
フレームと場ちがいな行為　77-79
『プロテスタンティズムの倫理と資本主義の精神』　9, 25
プロレテール　22
文化　3, 50, 123, 129
　——主義　126, 127
　——相対主義　124
　——多元主義　167
　——的恣意　134-136
　——的多様性　6
　——的分業　169
　——と社会　123-139
　——と選別　132-134
　——における差異と通底性　127
　——の意味の相対性　125
　——のデュアリズム　130
　——のヒエラルキー　132-134
　——の普遍的構造の想定　126
文化資本　1, 136, 138
文化的再生産　136-139
分業の危機　24
文法上の性　142
分裂労働市場　169
ベルギー　164
ベルリンの壁崩壊　187
変換　54
方法的一国主義　177
方法論的個人主義　58
母語教育　167
ポジティヴ・アクション　144, 172
ポスト・コロニアルな状況　130
ホーソン工場実験　77
没意味的な事象　12, 13
ホッブズ的問題　2

ま　行

マイノリティ　49, 168

マッカーシズム　19
身分状況　105
民族　159-165
　——語の喪失　166
　——語の地域の公用語化　166, 167
　——再生　162
　——差別　122, 170
　——人種的セグリゲーション　95
無規制的分業　24
メディアが提供するリアリティ　135
メリトクラシー　111, 112
『もう一つの発展』　194
モダニティ　186

や　行

役割距離　46, 47, 80
輸入代替的工業化　182
四大公害訴訟　193

ら　行

ライシテ　174
ライフスタイル　107
利害集団　172
離婚　85
リスク社会　192
領域か，アプローチか　9
るつぼ神話　161
労働者の貧困　22
労働の人間化　102
ローカル化　187, 190
『ロンドンの8つの家庭』　182

わ　行

ワークシェアリング　114, 189
ワーク・ライフバランス　114, 189
『われわれの共通の未来』　194

宮島 喬

1940年生まれ．
東京大学文学部卒．同大学院社会学研究科博士課程中退．
お茶の水女子大学教授，立教大学教授，法政大学教授を歴任．現在，お茶の水女子大学名誉教授．
専攻 社会学．
著書『デュルケム社会理論の研究』（東京大学出版会，1977年），『現代フランスと社会学』（木鐸社，1979年），『デュルケム理論と現代』（東京大学出版会，1987年），『外国人労働者迎え入れの論理』（明石書店，1989年），『文化的再生産の社会学』（藤原書店，1994年），『ヨーロッパ社会の試練』（東京大学出版会，1997年），『文化と不平等――社会学的アプローチ』（有斐閣，1999年），『共に生きられる日本へ』（有斐閣，2003年），『岩波小辞典 社会学』（編著，岩波書店，2003年），『ヨーロッパ市民の誕生』（岩波新書，2004年），『移民社会フランスの危機』（岩波書店，2006年），『一にして多のヨーロッパ』（勁草書房，2010年）ほか．

社会学原論　岩波テキストブックス

2012年10月18日　第1刷発行

著　者　宮島　喬
発行者　山口昭男
発行所　株式会社　岩波書店
　　　　〒101-8002　東京都千代田区一ツ橋2-5-5
　　　　電話案内　03-5210-4000
　　　　http://www.iwanami.co.jp/

印刷・理想社　カバー・半七印刷　製本・三水舎

© Takashi Miyajima 2012
ISBN 978-4-00-028909-2　Printed in Japan

R〈日本複製権センター委託出版物〉　本書を無断で複写複製（コピー）することは，著作権法上の例外を除き，禁じられています．本書をコピーされる場合は，事前に日本複製権センター（JRRC）の許諾を受けてください．
JRRC　Tel 03-3401-2382　http://www.jrrc.or.jp/　E-mail jrrc_info@jrrc.or.jp

◆岩波テキストブックスα ジェンダーの社会学入門	江原由美子 山田昌弘	A5判 180頁 定価 2310円
◆岩波テキストブックスα 歴史学入門	福井憲彦	A5判 174頁 定価 1785円
岩波小辞典 社会学	宮島喬編	B6新判 300頁 定価 3150円
移民社会フランスの危機	宮島喬	四六判 266頁 定価 2940円
ヨーロッパ市民の誕生 —開かれたシティズンシップへ—	宮島喬	岩波新書 定価 777円
社会学入門 —人間と社会の未来—	見田宗介	岩波新書 定価 819円
パーソンズとウェーバー	高城和義	B6判 251頁 定価 2835円

―――― 岩波書店刊 ――――

定価は消費税5%込です
2012年10月現在